遥望与亲历

一个西方家庭眼中的中国
（1887—1950）

程方毅 著

四川人民出版社

图书在版编目（CIP）数据

遥望与亲历：一个西方家庭眼中的中国：1887—1950 / 程方毅著. -- 成都：四川人民出版社，2025.
1. -- ISBN 978-7-220-13817-1

Ⅰ. K250.6

中国国家版本馆 CIP 数据核字第 2024H3V436 号

YAOWANG YU QINLI: YIGE XIFANG JIATING YANZHONG DE ZHONGGUO (1887—1950)

遥望与亲历：一个西方家庭眼中的中国（1887—1950）

程方毅　著

出 品 人	黄立新
责任编辑	薛玉茹
特约编辑	梁　明
装帧设计	李其飞
特约校对	陈　静
责任印制	祝　健

出版发行	四川人民出版社（成都三色路 238 号）
网　　址	http://www.scpph.com
E-mail	scrmcbs@sina.com
新浪微博	@ 四川人民出版社
微信公众号	四川人民出版社
发行部业务电话	（028）86361653　86361656
防盗版举报电话	（028）86361661
照　　排	成都木之雨文化传播有限公司
印　　刷	四川华龙印务有限公司
成品尺寸	170mm×240mm
印　　张	19.75
字　　数	300 千字
版　　次	2025 年 1 月第 1 版
印　　次	2025 年 1 月第 1 次印刷
书　　号	ISBN 978-7-220-13817-1
定　　价	68.00 元

■版权所有·侵权必究

本书若出现印装质量问题，请与我社发行部联系调换
电话：（028）86361656

盈亨利（James Ingram）（1858—1934）

盈亨利一家人在1912年左右的合影。前排从左到右分别是罗伯特（Robert Ingram），梅塔（Myrtle Ingram），路易斯（Lewis Ingram），盈亨利（James Ingram），伊萨贝尔（Isabel Ingram），后排从左到右分别为米莉安（Miriam Ingram），凯瑟琳（Kathryn Ingram），茹丝（Ruth Ingram）。

婉容（右）与伊萨贝尔合影

盈亨利一家做客载涛家

序言

我的祖父威廉·梅迩（William Mayer）和祖母伊萨贝尔·梅迩（Isabel Ingram Mayer）很爱中国。在中国生活的几十年塑造了他们。通过他们，中国也给整个家族留下了独特印记。

移居中国之所以能塑造他们，有一部分原因是这让他们过上了在美国没法获得的富裕生活。威廉·梅迩出身于一个来自俄罗斯的犹太移民家庭，居住在纽约市一个贫穷的犹太社区。从他妹妹安齐亚·叶莎斯嘉（Anzia Yezierska）的记录中我们可以知道，他成长中能够得到的资源很少。据说他是在1908—1912年参军的，年龄在18岁到22岁（他的出生日期无法确定，可能是1890年或1892年）。从1929年起，他作为陆军上尉驻扎中国。他在当时的中国过上了有仆人服侍的生活,这是他在美国负担不起的。而伊萨贝尔就是在这种优渥的生活条件下出生成长的。从他们二人在中国的来往书信可知,他们会派一个仆人专门送信,以实现每天多次通信。正因为伊莎贝尔在这样一个中国贵族式的生活方式中成长,她看到的都是保姆和家庭教师在抚养教育孩子,而不是父母。正因如此,当她和她的丈夫在华盛顿特区为弗利尔美术馆和陆军情报部门工作时,我的父亲和叔叔从六岁起就被他们送到了一所军事寄宿学校。育儿和家务从来都不是我祖母优先考虑的事情。

也许中国给我的直系亲属们留下的第一个也是最突出的印记是,我们所有人都称呼我的祖母为"太太(Taitai)",这是我祖父对她的爱称。20世纪20年代,祖父在中国为美国陆军情报部门工作时遇到了我祖母。显然,他中文学得很好。祖母也是在中英双语环境下成长的。我的父亲和叔叔好像在很小的时候会说中文,但稍微长大一点他们就离开了中国,不再会说这门语言。然而,每逢全家人聚在一起时,我们都是吃中国菜。"太太"会在餐馆里讲中文,她在康涅狄格州和佛罗里达州经营亚洲古董店的数十年间一直在阅读中文、讲中文。

我的祖父母密切关注来自中国的消息,并经常与在中国待过的朋友和其他人交流。这些人包括通过曾祖父或其他人认识的传教士们。1972年毛泽东和尼克松会晤后,我的祖母见证了中国对美旅行的开放,但她还是决定不去了,一则因为她上了年纪,二则也因为她认为现在的中国已经不是她记忆中的中国了。盈亨利一家和我的祖父从1887年开始,几乎一直在中国生活,直到1950年。从那以后,家里再没有人到过中国,除了我的父母在2000年时在中国有过一个短暂假期,以及1989年我在台湾教英语待过一个夏天。

我的祖父在我很小的时候就去世了,我的祖母一直活到1988年我大学毕业时。在她生命的最后五年,她搬到了离我家很近的地方。她是一位和蔼的祖母,虽然个子不高,但能给人留下深刻印象。对我的母亲和其他亲戚来说,她的教育经历和生活经历令人尊敬。当我从大学回到家,告诉

序　言

她我选择学习古希腊语和拉丁语时，她什么也没说。她那时已经看不见了，耳朵也不好。所以我更大声地说了一遍，但她依旧保持沉默。我父亲又给她重复了一遍："太太，你听到了吗？肯（Ken）以后要学习希腊语和拉丁语。"她回应道："我听到了，但没觉得这有什么。"她曾说她很高兴我在大学参加了击剑队。我还没来得及告诉她我即将跟随她的脚步到中国台湾去教英语，她就去世了。

我们都感到遗憾的是，家里没有人和我的祖父母谈论他们在中国的时光，以及塞满他们家中的那些中国纪念品。我们没能和他们一起给照片贴上标签，把信件分类排序。唯一想到整理这些材料的人是我的母亲，她最终转录了一些材料，但不让我们把它们捐赠和保存在图书馆。祖父母从中国带回来的很多相册保存条件都很差。在我扫描了一些之后，许多相册在一次搬家后丢失了。随着我母亲患上帕金森综合征，一些照片、信件和其他物品都丢失了。我们最后清理她的公寓时，这些东西都不在她的公寓里。我特别后悔弄丢了照片中皇后婉容送给"太太"的礼服，2017年它还在我母亲的衣橱里，可惜我们没有珍视。

我们全家人都万分感激程方毅花时间研究我们家族在中国的历史，以及祖父母的艺术收藏品。在他的建议下，我们决意将我祖父母的照片和档案捐赠给中山大学博物馆。将这些物品归还给祖父母热爱并生活了几十年的中国。我们很高兴，也很自豪。

肯尼斯·梅迩（Kenneth Mayer）

前言

这是一段在华的美国医疗传教士家庭的历史，但是与传教士相关的医疗及传教活动只是本书讨论的一个侧面，医疗传教士也只是这个家庭的身份之一。本书试图全面地呈现一个从晚清到民国在华居住与工作超过六十年的美国传教士家庭。这个家庭的两代人，第一代人，即年轻的盈亨利夫妇受美部会（美国公理会差会）的派遣来到中国，一直在中国工作与生活，其间经历了义和团运动、辛亥革命、第一次世界大战、军阀混战等，直到二人先后在中国逝世，并且被安葬在位于通州的传教士墓地。第二代人，即盈亨利夫妇的子女，他们也都在中国出生、成长，在完成中小学学习后便返回美国接受高等教育，但他们其中有些未再返回中

国，有些又回到中国生活与工作，他们经历了辛亥革命、大革命运动、抗日战争（第二次世界大战）、解放战争等，并最终在新中国成立前后离开中国，又重新回到美国生活。

本书的写作得益于中山大学博物馆于2019年底接收的一批由一个美国家庭捐赠的资料。这批资料主体构成是民国时期的照片、盈亨利家庭的通信资料，以及盈亨利家庭关于其中国经历的个人回忆录。其中，包括民国时期的相册5本、照片1267张，有盈亨利家庭在北京及周边的旅行相册，梅迩夫妇于20世纪20年代在承德、西安等地的旅行相册，在北京颐和园、圆明园等地活动的相册，梅迩在1946年作为中国方面的顾问参与杜鲁门总统的特使和同盟国赔偿委员会美方首席代表鲍莱（Edwin W. Pauley）所组的调查团留下的相册，茹丝1946—1949年在甘肃、青海等地进行医疗活动的相册。另外，还有与溥仪小朝廷相关的照片67张，分散的云冈石窟、热河、北京西山等地的风景照42张等。盈亨利家庭的通信资料主要包括1920—1950年梅迩家族成员之间的通信110封、茹丝1946—1950年从中国发出的信件6封、庄士敦（Regional J. Johnston）于1922—1930年致伊萨贝尔的信件128封、兰登·华尔纳于1925—1929年致伊萨贝尔的信件19封，此外还有当时其他学者、收藏家及博物馆，如安特生（Johan G. Andersson）、史克门（Laurence Sickman）、耶鲁大学博物馆等致梅迩夫妇的信件共205页。个人回忆录包括盈亨利在1930年完成的个人自述、伊萨贝尔在20世纪30年代完成的关于溥仪小朝廷的回忆录、茹丝在20世纪50年代完成的关于其在中国的医疗活动及对中国的观察的回忆录。这些回忆录均未公开发表。这三类资料之外，还有一部分零散的资料，如伊萨贝尔1922—1924年的个人日记本、20世纪30年代的个人护照、梅迩的服役档案183张、梅迩所获得的国民党政府授予其的云麾勋章证书及相应照片、婉容赠予伊萨贝尔的衣物等。

本书共分为两篇，第一篇描绘了这个美国家庭在中国比较完整的生活图景，除了在教会医院和教会学校的医疗及教学活动，还有他们在中国的家庭生活与社会生活，他们有自己的生活圈，有自己的社交、旅行、写作和分享。他们在中国旅行的范围覆盖了北方大部分区域，除了常见的知名景点，如北京山水园林寺庙，山西大同云冈石窟，陕西碑林、昭陵，还有北京西山、香山樱桃沟、内蒙古、北戴河等避暑胜地，以及在外国人圈子中流传的所谓的"失落的部落（Lost Tribe）"。而因为盈亨利夫妇医疗传教士的身份以及他们的热情，这个家庭在北京城的住所还是在北京的外国人一个经常聚会的场所，参加聚会的既有教会成员，还有外交人员、学者、旅行探险家等。可以说，围绕着这个美国家庭，构建了一个庞大的在华外国人的社交圈。同时，这个美国家庭还与中国人产生了关联，其中既有清朝的满族宗室成员，还有民国的知识分子，这也让这个家庭第二代伊萨贝尔得以进入溥仪小朝廷，与他们产生交往。在抗日战争和解放战争期间，这个家庭的成员通过各种方式在乱局中周旋，但最终都离开了中国。

本书的第二篇是资料汇编，包括盈亨利的自述，他两个女儿伊萨贝尔和茹丝的回忆录，伊萨贝尔的日记，以及部分家庭通信。这些资料不仅分别反映了他们在中国的不同经历，从最早作为医疗传教士的盈亨利，到婉容的英文教习伊萨贝尔，再到作为世界卫生组织派驻到中国的护理教师茹丝，而且还反映了近代中国变化的诸多层面。第二篇中的资料原文均为英文，其中第一、二、三、四部分由我翻译完成；第五部分"茹丝回忆录——当人们握手时"由中山大学文献与文化遗产管理部主任何韵博士完成；第六部分"盈亨利家庭通信"先由叶佳睿和谭潇璟同学完成翻译初稿之后，我再进行校对修改。

近代以来，西方传教士，无论是新教还是天主教，都在社会的各个层面较为深入地参与了中国近代化的进程。因此，一方面，关于近代传教士这个群体各个层面的史料可谓汗牛充栋；另一方面，无论是在中国学界还是西方学界，对于近代欧美传教士的研究也可以说是蔚为大观，探讨了传教士在华活动的方方面面，并由此深入诸多学科与跨学科各自相应的研究主题。本书所讨论的虽然是一个传教士家庭，但传教士和传教活动只是本书涉及的主题之一。

整体来看，一方面，本书可谓是一个关于"西方人眼中的中国"的研究。因为本书在呈现这个美国家庭生活图景的基础上，试图去理解这些不同代际的家庭成员是如何认识和呈现他们所看到的中国。在中国不断发生剧变的年代，他们是如何理解中国的历史、文化、习俗、道德传统与政治体制的，中国对于他们来说意味着什么，他们又在何种意义上建立了他们的中国认同，而对于中国的认识与认同又是如何影响了他们对不同政府的态度。这些问题的回答自然与这个家庭的两代人不同的成长环境有关，也与他们各自在不同行业的不同经历有关，还与他们作品的目标阅读对象有关。

盈亨利的家庭成员都在中美之间扮演着沟通者的角色，且传递着不同的信息。盈亨利向美国受众介绍当时中国落后的医疗状况，以及教会所扮演的"拯救者"的角色；伊萨贝尔则试着传递遥远的传统"东方"面貌，向美国民众讲述清帝国的"余晖"；梅塔则在卢沟桥事变后试图向美国受众讲述日本的残暴，但又不得不做出妥协；而当茹丝看到解放区完全不同于国统区的面貌时，则试图对抗当时美国的冷战思维叙事，讲述她所看到的中国共产党。

由此出发，另一方面，本书也可以是国际关系史中近代美国在中国的"失败"的一个片段研究。当然，以"失败"作为起点进行提问是一种辉格式的历史叙事。但本书的研究确实让我们看到了这个美国家庭，作为在华美国人群体的代表，他们是传教士、军人、医生、世卫组织工作人员等，他们对于中国的认识各有不同。这代表了美国对于中国认识的诸多层面。但是这些认识，尤其在20世纪三四十年代对于国共两党的认识，来自这些"中国通"们的信息却并没有得到太多向美国政府和民众进行有效的传递与反馈的机会。

即便上述种种无法在学界荡起任何涟漪，但本书如实讲述了一个美国家庭在华六十年的故事。这其中有他们在日常生活中的平静、喜悦，也有他们在面对社会剧变时的恐慌、无奈。跟随他们走完六十三年，同时也能够看到近代中国的六十三年。至于其他，则需要各位读者来评述了。

家庭树

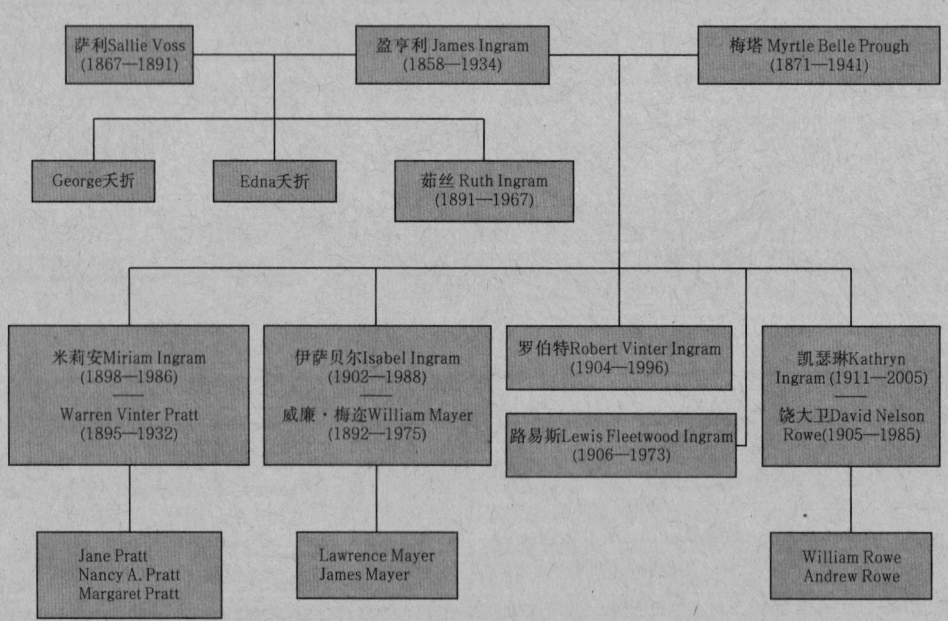

目 录

第一篇 / 1

医疗传教士 —————————————— 3

    一　选择中国 / 3

    二　潞河医院 / 8

    三　协和医院 / 13

家庭与旅行 —————————————— 20

    一　通州家庭 / 20

    二　北京生活 / 29

    三　"消失的部族" / 41

"皇后"教习 —————————————— 51

一 成为教习 / 51

二 溥仪大婚 / 61

三 "任萨姆"之辨 / 69

四 英语教学 / 77

战争与和平 —————————————— 84

一 平静的打破 / 85

二 战争中的旅途 / 91

三 生离与死别 / 99

尾 声 —————————————— 105

一 军事援助 / 105

二 医疗援助 / 110

三 回响 / 114

第二篇 / 117

盈亨利回忆录 —————————————— 119

伊萨贝尔回忆录（节选） —————————————— 130

一 毓朗贝勒一家 / 130

二 在帽儿胡同上课 / 135

溥仪大婚记录 —————————— **139**

  一 梅塔对溥仪大婚的记录 / 139

  二 伊萨贝尔对溥仪婚礼的记录（1934年）/ 144

伊萨贝尔日记（节选，1922—1924） —————— **152**

茹丝回忆录——"当人们握手时"（节选） —— **179**

  一 重返烽烟中国 / 181

  二 "下江人" / 185

  三 在歌乐山之巅 / 189

  四 责怪伊娃 / 192

  五 流亡者的归途 / 197

  六 贫富悬殊的上海 / 200

  七 暗流涌动的北平 / 204

  八 有志者事竟成 / 209

  九 在中国的后方——兰州 / 214

  十 由丝绸之路到山丹 / 219

  十一 山墙之外 / 225

  十二 寻访兴隆山上的古庙 / 231

  十三 广州的挫折 / 233

  十四 任务受阻 / 237

  十五 西井之行受阻 / 244

  十六 翻身做主之地 / 251

盈亨利家庭通信（部分） ——————————— **260**

  信件一 梅塔约于 1937 年 11 月对卢沟桥事变后旅程的记录 / 260

  信件二 摘自梅塔于 1937 年 11 月 29 日和 12 月 12 日的信件 / 269

  信件三 伊萨贝尔于 1940 年 7 月 31 日从北京发出的信件 / 273

后记 / 281

附录：伊萨贝尔的鄂尔多斯式青铜器收藏 / 285

第一篇

医疗传教士

家庭与旅行

"皇后"教习

战争与和平

尾　声

医疗传教士

1887年秋天,一位刚从宾夕法尼亚大学毕业不久、正在新泽西地区行医的医学博士被美国公理宗海外传道部(American Board of Commissioners for Foreign Missions;简称American Board Missions,缩写A. B. C. F. M.,简称美部会、美国公理会差会)派往中国,开启了他在中国长达39年的医疗传教士生涯。

一

选择中国

虽然盈亨利是一名医师,但他前往中国的身份首先是一名传教士。无论是天主教徒还是新教徒,传教士们的传教热情都源自信仰教条本身。这一直激励着基督教徒向全世界传播基督教信仰。但是美国公理会差会传教活动的兴起又有着其具体的历史背景。18世纪末,美国本土发生了基督教的第二次大觉醒运动。与第一次大觉醒运动相比,第二次大觉醒运动中的基督教徒们开始避免使用过于激烈的个人情绪来表达他们的宗教信仰,开始强调对于情绪表达的节制,同时还将他们的宗教热情往外扩散,投入到"拯救"更多异教徒的活动上,期待他们的宗教信仰活动能够引起相应的社会和政治方面的回应。因此,他们开始努力推进一些社会风俗的改造和政治改革,如废奴运动与禁酒运动,以求拯救更多的灵魂。与此同时,向异教徒传播基督教的热情也随之高涨。①

1858年,正是美国本土废奴运动的高潮时期。该年的9月21日,盈亨利出生于美国俄亥俄州里奇兰县(Richland County)克里尔克里克镇(Cleercreek Township)。盈亨利的祖父母于19世纪早期从苏格兰迁移到美国。俄亥俄州位于美国中东部,是北部五大湖地区的组成部分之一,也是当时北方主张废奴的联邦州之一。盈亨利出生后不久,1861年,美国内战爆发。虽然俄亥俄州并非美国内战的主战场,但是在1863年夏天,南方联盟军约翰·摩根(John H. Morgan)将军率军突袭了印第安纳州和俄亥俄州。盈亨利自己回忆道:"内战初期,当摩根突袭该州时,我感受到我的家受到了威胁,我痛苦的胸膛里发出了可怜的哀号。"

1865年4月,美国内战以联邦军的胜利而结束。同年秋天,7岁的盈亨利跟随父母罗伯特(Robert Ingram,1823—1916)和凯瑟琳(Catherine Jacobs,1827—1885)搬到美国东北部的新泽西州的温岚地(Vineland)。温岚地位于新泽西州的南端,在当时以及之后很长一段时间都属于新泽西州开普梅县(Cape May County)。当盈亨利搬到温岚地时,这个城镇才刚刚由查尔斯·兰蒂斯(Charles Landis)建立。1863年,温岚地才盖起第一栋房子。之所以这个地方被兰蒂斯命名为温岚地,是因为他发现这个地方的土壤和气候适合种植葡萄(vine)。盈亨利父母的这次搬迁可能是为了寻找更好的生活机会。温岚地位于开发较早、基础设施完善的美国东北部。虽然是新建城镇,但是到盈亨利家搬过来的1865年,该镇已经聚集了5500人。② 同时,受到第二次大觉醒运动的影响,温岚地在建立之初,

---

① Emily Conroy-Krutz, *Christian Imperialism: Converting the World in the Early American Republic* (Ithaca and London, Cornell University Press), pp. 1-19.
② 新泽西政府网站。Our People of the Century: Charles K. Landis-Founder of a City, Creator of a Dream, Cumberland County, New Jersey. http://www.co.cumberland.nj.us/Charles-K-Landis.

便被兰蒂斯规定为禁酒镇，即镇上严禁销售含酒精饮品。在温岚地成长起来的盈亨利同样也终生保持了不饮酒的习惯。

在温岚地的中学毕业后，盈亨利选择了与新泽西州仅有一河之隔的费城宾夕法尼亚大学（以下简称"宾大"）学习医学。当时从温岚地到费城的火车已开通，交通十分便利，盈亨利因此在上学时可以不在学校住宿，他选择了每日通勤。盈亨利自己也提到直到他从宾大毕业时，他才搬离温岚地。① 当盈亨利入学宾夕法尼亚大学时，这所学校刚从费城东部市中心的狭小老城区搬到今天的地址——西费城，因此当时宾大也还并没有为本科生们建好宿舍，供学生居住。与今日闻名世界的常春藤大学之一不同的是，19世纪后期的宾夕法尼亚大学还只是一个美国东北部的地方性大学，绝大多数学生都是来自费城和新泽西地区。盈亨利选择的医学专业却是一个例外，当时超过一半的医学生都来自美国南部。② 这主要是因为宾夕法尼亚大学拥有当时在美国知名的医学专业，这也是伴随着宾大建校便存在的专业。自建校之初，宾大创始人本杰明·富兰克林便将宾大的培养模式与早期培养神职人员的高校区分开来，强调培养注重实际应用、不脱离现实生活的人才。

1883年，盈亨利从宾大毕业，获得医学博士学位，之后便搬离了温岚地，开始到新泽西的其他地方行医。在1973年3月1日出版的开普梅当地的报纸中，记者采访到了盈亨利当时接生的几个小孩。1883年10月1日，盈亨利在格里克里克（Green Creek）接生了第一个小孩。孩子的父母为了感谢他，还用盈亨利的姓"Ingram"作为这个小孩的中间名（middle name）。③ 在美国行医三年多以后，盈亨利决定成为一名医疗传教士，前往海外进行传教活动。1887年秋天，他作为美部会的医疗传教士出发

---

① 见本书"盈亨利回忆录"部分。
② Linck, Elizabeth. "The Quadrangle" (University of Pennsylvania Archives & Records Center, 1990).
③ Cape May County Gazette, Cape May Court House, N. J., March 1, 1973, section C-p2.

来到中国。

美部会最初虽然是以美国公理宗的教会成员为主,但其发展早期联合了如美国长老会、归正会的教派。1870年以后,公理宗才成为美部会的主体。美部会的成立也是来自前文提到的第二次大觉醒运动的影响。1810年,五位威廉斯学院(Williams College)的毕业生聚集到一起,讨论《马太福音》中的"田地就是世界(the field is the world)"的教条,并因此成立了美国公理会的海外传教组织。在选择传教的"田地"时,热情的传教士发现他们之前在美国本土对印第安人的传教努力并没有太大成效。对本土印第安人的传教失败让美国的基督教徒将传教区域投向海外,尤其是在他们看来文明程度比印第安人更高的亚洲。这一选择的背后所基于的文明程度高低的逻辑自然是以英美自身的文明作为参照的,所考虑的因素包括人口规模、气候、已有的教育程度、民众状况等。因此在这一作为参照的等级体系下,英美自然成了"文明的最高地"。传教士们因为印第安人的"低文明程度"而感到传教工作的无效。而对于当时的亚洲,传教士虽然认为他们的文明程度不及英美,但还是属于金字塔的中部,因为亚洲地区的人群有语言文字,人口规模大且受教育程度相对较高。同时英国海外传教团体伦敦会从亚洲传来的传教成功的消息,也让美部会成员决定往亚洲派遣传教士。① 于是,1812年,美部会往当时英国的印度殖民地派遣了第一批传教士,之后又陆续往其他地区派出传教士。1829年,在伦敦会传教士马礼逊的介绍和接引下,美部会首次向中国派出了传教士。到1890年,美部会已经在中国的直隶、福建、山西、山东、广东5省建立了14个总堂,派遣了54名传教士,其中有10名医疗传教士,盈亨利便是其中一员。②

盈亨利为何会选择成为一名海外传教士?这无疑与其基督教信仰有

---

① Emily Conroy-Krutz, *Christian Imperialism: Converting the World in the Early American Republic* (Ithaca and London, Cornell University Press), pp. 19-50.
② Townsend (1890), pp. 233-234.

关。虽然我们对于盈亨利父母的宗教信仰所知甚少，但他的哥哥乔治·英格拉姆（George H. Ingram）后来也成为新泽西州的首府城市特伦顿（Trenton）的长老会教堂的一位牧师（pastor）。1887 年被派出的盈亨利也是长老会教会成员。但是从盈亨利的教育背景来看，他并没有接受系统性的神学教育，而是一名专业医生。也正因如此，盈亨利的医疗特长让他能够在海外传教士的选拔中脱颖而出。成为一名海外传教士在 19 世纪的美国青年人群体中是一件流行之事。事实上，美部会本身便是由一群刚毕业不久的青年人建立的。正因为这是一个青年人群体，宗教意识的觉醒才能够最大程度地激发了他们的宗教热情，去全身心地投入到社会改革、宗教传播等运动中。

虽然在申请成为一名海外传教士时申请人可以提出自己想要去的传教地域，但传教士的具体传教地点是由美部会安排且最终确定的。在前往中国之前，当时的盈亨利对中国所知甚少，也未曾学习过中文，所以他的传教地点应该是由美部会具体指派。1860 年，第二次鸦片战争以英法联军逼迫清政府签署不平等条约《天津条约》《北京条约》而结束。通过这些条约的签署，西方传教士获得了在中国内陆购买地产、建造教堂与自由传教的权利，因此，西方多个传教组织纷纷开始在中国内陆攻城略地，在华的新教传教士从 1860 年的约 80 人扩展至 1900 年前后的超过 3000 人。其中，美部会一个重点扩展的区域便是直隶省。[①] 1864 年美部会进入北京城，1867 年入驻直隶通州，而盈亨利正是被派往北京城东边的通州。盈亨利并非独自来到中国，而是与夫人一起抵达的。这是因为美部会一般不会往海外派遣单身传教士，更倾向于派遣已婚传教士，并将夫妻同时派出。1887 年 9 月 21 日，盈亨利乘坐"老北京城"（The Old City of Beijing）号邮轮横渡太平洋，途经日本，最后抵达中国。当时这艘"老北京

---

① R. G. Tiedemann edit, *Handbook of Christianity in China*, Volume 2, 1800-Present, Brill, 2009, pp. 175 – 176.

城"邮轮还正在举行它的五十周年庆祝活动,同船旅行的还有同属美部会的福开森(John Calvin Ferguson,1866—1945)和麦美德博士(S. Luella Miner,1861—1935)。

潞河医院

1867年,江戴德(L. D. Chapin)夫妇受美部会派遣前往通州建立传教站,他们在进行传教工作的同时,也会发放一些免费药物。1869年,谢卫楼(Devello Z. Sheffield)也受派来到通州传教,开始进行一些教学工作,他的夫人也是一位医务工作者。1887年,当盈亨利到达通州市时,通州传教站除了有教堂和学校外,还有一所有12张病床的小型医院。这家医院是由医疗传教士侯美丽(Mary Anna Holbrook)于1882年开办的,是一家妇科诊所。① 这家妇科诊所是由一位来自美国新英格兰的女性捐资设立的。盈亨利的到来让这家诊所能够接收男性患者,为此美部会专门拨款1000美元提供设立男性诊疗服务。② 但是在盈亨利到达之初,他的首要任务其实是学习语言。③ 虽然盈亨利自认为其学习中文时表现平平,但经过数年的学习,他的中文水平已经足够能让他在中国助手的帮助下进行许多翻译工作。

盈亨利的语言学习告一段落后,他便开始在诊所接诊男性。诊所主要是进行门诊治疗,时间一般是下午。先由谢卫楼的夫人花一大半时间接诊

---

① 毕晓莹:《从潞河医院看教会医院与地方社会》,《史学月刊》2012年11月。
② The American Board of Commissioners for Foreign Misions, The Seventy-Nine Annual Report of the American Board of Commisioners for Foreign Missions, Boston: Press of Stanley and Usher, 1889, p. 83.
③ The American Board of Commissioners for Foreign Misions, The Seventy-Eight Annual Report of the American Board of Commisioners for Foreign Missions, Boston: Press of Stanley and Usher, 188, p. 76.

女性和儿童，之后便由盈亨利为男性开药。① 每天下午一般接诊 30 到 300 名患者不等。在 1898 年以前，这些诊疗医药服务都是免费的。从 1898 年开始，盈亨利才尝试着收取小额费用。② 在盈亨利的自述中，早期的通州教会医院所遇到的困难主要缘于中西方社会生活观念的不同以及民众对于西方医学的陌生。他提到在当时要说服病人进医院，尤其是住院是非常困难的。到 1888 年时，虽然医院可以做包括截肢、肿块切除、关节复位等一系列外科手术，③ 但是在接待病人时，尤其是在可能需要进行手术的外科，医生需要十分谨慎，稍有不慎便会带来各种麻烦。盈亨利还提到如果病人病情比较严重，那病人家属或者朋友便会带走病人，拒绝医院的医治。与此同时，医院同时还面临着人手不足的问题，虽然他们从教会学校选择了两名毕业生作为助手，但是这些毕业生缺乏医学方面的训练，所以盈亨利还需要额外花很多时间来培训他们。因为当时没有中文课本，学生又不懂英文，每次课程都需要翻译，培训进展并不理想。④

除了诊所经营遇到的困难，外国传教士有时也会遇到人身危险。1895 年，谢卫楼被两个当地人突然攻击，差点死亡。⑤ 虽然在美部会的年度报告中这起攻击事件被记录为"无缘无故的攻击（unprovoked attack）"，但其实这次攻击应该是由教会与清代地方势力之间的不和谐所带来的，可以被视为义和团运动的前兆。但作为医疗传教士，盈亨利并没有被授予圣职，更多的只是在医疗层面与民众接触。虽然教会诊所也会进行一些比如

---

① The American Board of Commissioners for Foreign Misions, The Seventy-Nine Annual Report of the American Board of Commisioners for Foreign Misions, Boston: Press of Stanley and Usher, 1889, p. 83.
② The American Board of Commissioners for Foreign Misions, The Eighty-Eight Annual Report of the American Board of Commisioners for Foreign Misions, Boston: Press of Stanley and Usher, 1898, p. 98.
③ 王康久主编：《远古—1948：北京卫生大事记》，北京科学技术出版社，1994，第 22 页。
④ 见本书"盈亨利回忆录"部分。
⑤ The American Board of Commissioners for Foreign Misions, The Eighty-Six Annual Report of the American Board of Commisioners for Foreign Misions, Boston: Press of Stanley and Usher, 1896, p. 82.

宣讲福音的传教活动，这些活动主要由中国医疗助手进行，盈亨利只是会偶尔在需要的时候加以协助。① 也正是盈亨利将自己的活动集中在医疗层面，这让他有机会能够使用自己的医疗特长来为教会获得来自普通民众甚至官员的支持。在美部会 1888 年的年度报告中，提到盈亨利曾被召至城中协助一个官员家庭的主人及其夫人戒断鸦片，由此与官员建立起来的联系为教会的活动提供了一些帮助。②

上述种种原因造成了盈亨利所处的教会医院的规模在 1900 年以前一直很小，而这些困难到 1900 年时变成了灾难。随着义和团运动的到来，美部会在通州所建的医院、学校、教堂等都被摧毁，所有活动都被迫暂停。盈亨利则因为拳民在诊所搜出的一副从美国购买的用于教学的完整人体骨骼支架而被当地官府悬赏缉拿。③ 因为这些动荡，美部会的传教士们和其他教会成员都被转移到了北京城内的英国使馆避险，在那里被围困了 56 天。

在发表于 1922 年、对当时中国的基督教事业的调查统计的著作《中华归主》中，传教士乐灵生（Frank Joseph Rawlinson，1871—1937）提到义和团运动的那年是"曾经的中国与将来的中国之间的分界线（a divide between the China was and the China will be）"，也是传教士在华事业的一个分水岭。④ 从 1900 年至 1929 年，欧美教会在中国新建传教站（station）

---

① The American Board of Commissioners for Foreign Misions, The Eighty-Eight Annual Report of the American Board of Commisioners for Foreign Missions, Boston: Press of Stanley and Usher, 1898, p. 96.
② The American Board of Commissioners for Foreign Misions, The Seventy-Eight Annual Report of the American Board of Commisioners for Foreign Missions, Boston: Press of Stanley and Usher, 1888, p. 76.
③ 见本书"盈亨利回忆录"部分。
④ Milton T. Stauffer edit, *The Christian Occupation of China: A general survey of the numerical strength and geographical distribution of the Christian forces in China made by the special committee on survey and occupation China continuation committee 1918—1921*, Shanghai: China Continuation Committee, 1922, p. 32.

337个，相当于西方教会之前93年的工作成果。① 就美部会通州传教站而言，《辛丑条约》签订以后，利用清政府的赔款，美部会教会的教堂、医院和学校都在通州城南门外被重建，并且规模比之前更大。盈亨利同时参与了北京城和通州的教会产业重建的施工过程。1902年，在北京避险的传教士们陆续迁回通州，到当年10月时，迁移工作完成。② 新医院建成后更名为潞河医院，盈亨利成为该医院的首任院长。

之所以在庚子事变后欧美的传教活动进展如此迅速，是因为之前对于传教士活动的诸多限制被取消，尤其是在传教士医院，之前培养的中国助手在这时开始被允许独立行医。但当时的清廷却并没有对医疗行业设立标准化的从业许可制度。最初，传教士们都是分散在自己的诊所或医院培养中国本土

图1　庚子事变前的茹丝（9岁）

---

① Milton T. Stauffer edit, *The Christian Occupation of China: A general survey of the numerical strength and geographical distribution of the Christian forces in China made by the special committee on survey and occupation China continuation committee 1918—1921*, Shanghai: China Continuation Committee, 1922, p. 34.
② The American Board of Commissioners for Foreign Misions, *The Ninty-Three Annual Report of the American Board of Commisioners for Foreign Missions*, Boston: Press of Stanley and Usher, 1903, p. 109.

的"医院助手"(hospital assistant),前文提到盈亨利便是如此行事。根据1907年的教会记录,当时中国的各传教士医院共有7000名医院助手记录在案,但是如何将这些医院助手培养成合格的医生是教会医院所面临的难题。1906年,在清政府的支持与认可下,公理会(美部会)联合长老会、伦敦会及其他三个教会合作开办了"协和医学堂"(Union Medical College),尝试在中国建立一套本土化的完整且标准的西医医疗人才培养体系,而且中文是主要教学语言。在这种情况下,盈亨利被邀请去参与协和医学堂的建设和教学工作。从1907年开始,盈亨利每周要从潞河医院进北京城两次,直到1914年美部会将他潞河医院的职务卸去,将其全职安排在北京城内的协和医学堂从事教学工作。

图2　义和团运动后的传教士家庭合影(茹丝和米莉安分别是前排左一、左二的小朋友)

三

协和医院

事实上,当时中国北方的包括公理会、伦敦会、长老会在内的英美教会所组成的教育"协和"(union)并不仅限于医学方面,而是一个广泛的教育协和(Education Union)。因为一方面随着清政府对教会活动限制的大幅解除,这些英美教会在中国的传教、医疗等事业不断扩大,教会人手短缺较严重;另一方面这些教会知道如果要增强中国的基督教力量,就不能仅仅依靠派往中国的外国传教士,而是需要教育培养出优秀的本土基督教力量,从而让中国的基督教事业能够发展壮大,代代相续。因此,一场以"教育"为主题的协和运动(Union Movement)最初由公理会、伦敦会和长老会这三个教会在北京地区发起,在1908年时所包括的学校有在北京城的神学院(Theological Seminary)、女子学院(College for Girls)、男子医学院(Medical College for Young Men)和女子医学院(Medical College for Girls),以及在通州的华北协和书院(North China Union College)等。① 其中,医学院即协和医学堂的发展得到了清政府的支持与认可,发展得十分顺利。1908年,男子协和医学堂(Union Medical College for Men)便有75个正式学生,其中56个为基督徒。② 到1910年,该校有来自6个英美教会的17位教师,学生100名,编成5个班,其中五分之四的学生为基督徒。1911年1月,该校第一届学生毕业。而女子协和医学

---

① The American Board of Commissioners for Foreign Misions, The Ninty-Eight Annual Report of the American Board of Commisioners for Foreign Missions, Boston: Press of Stanley and Usher, 1908, p. 117.
② The American Board of Commissioners for Foreign Misions, The Ninty-Nine Annual Report of the American Board of Commisioners for Foreign Missions, Boston: Press of Stanley and Usher, 1909, p. 120.

堂开办稍晚，到 1910 年才正式开学，且当年仅有两名学生。①

早期在潞河医院培养医院助手时，盈亨利便开始将一本美国的医学教材口译为中文，由通州的管全国整理成册，以便学生阅读和理解。因为盈亨利的专业和语言能力，他于 1904 年被京师大学堂的医学馆邀请，每周从通州前往北京城给医学馆的学生上课一次。② 1907 年，协和医学堂在北京城正式开学后，他便每周都要从通州前往学堂授课，并还在 1909 年负责整个学堂的医疗与教师工作。③ 与此同时，他还承担着在潞河医院行医的任务。同一年，即光绪三十三年，盈亨利的教材翻译工作完成并出版，即《贺氏疗学》(*Hare's Therapeutics*) 一书。管全国在书中序言写道："兹有美国医学博士盈亨利者，本其爱人之心，欲广行济世之术，将美国贺德所著疗学一书，精心考究，译成汉语，口授记者而笔削之。"④ 贺德即美国费城杰弗逊医学院 (Jefferson Medical College of Philadelphia) 的教授，该书全名为 *A Textbook of Practical Therapeutics*，是当时美国医学教育知名的通行教材之一。《贺氏疗学》于 1907 年由公理会资助首次出版后，便在当时的医学教育中被广泛采用并且多次重印，到 1935 年 6 月还出版了第五版增订本。⑤

1914 年 10 月，盈亨利翻译出版了另一本医学著作，为詹姆斯·索灵顿 (James Thorington) 博士的《屈光学全卷》(*Refraction and How to Re-*

---

① The American Board of Commissioners for Foreign Misions, The One Hundred Annual Report of the American Board of Commisioners for Foreign Missions, Boston: Press of Stanley and Usher, 1910, p. 174.
② The American Board of Commissioners for Foreign Misions, The Ninty-Five Annual Report of the American Board of Commisioners for Foreign Missions, Boston: Press of Stanley and Usher, 1905, p. 103.
③ The American Board of Commissioners for Foreign Misions, The One Hundred Annual Report of the American Board of Commisioners for Foreign Missions, Boston: Press of Stanley and Usher, 1910, p. 166.
④ ［美］贺德：《贺氏疗学》，［美］盈亨利编译，上海广协书局，1935，原序。
⑤ 1934 年 6 月盈亨利在与入室匪徒搏斗时不幸去世。因此他对《贺氏疗学》的修订工作便由其他人完成，最终第五版于 1935 年 6 月出版，在第五版序言中，中华医学会编辑部鲁德馨在说明此事后，最后说："并以志盈博士贡献吾华医界之功于不朽矣！"

fract)。在该书序言中，盈亨利提到这本书的翻译从他开始为协和医学堂授课时便已开始，花了 7 年时间完成这本书的翻译工作。① 之所以选择翻译这本关于眼科的书，是因为他刚到中国开始行医时便发现，虽然接触到的各种疾病都有，但是眼部疾病十分突出。② 在《屈光学全卷》的序言中，他便写道："数千年来，中国都是一个有文字的国家，正因为如此，这个国家的男性近距离使用眼睛工作的历史比其他任何国家的人都要长。同时，虽然女性被剥夺了接受文化教育的权利，但她们从远古时期开始就在丝绸和其他精细布匹上做刺绣工作，所以他们的视力所承受的负担并不比异性轻。中国屈光不正的人群比例要大于西方，让这数千年的眼疲劳所造成的影响十分突出。"③ 正因为如此，盈亨利既翻译了《屈光学全卷》这本书，同时还花了很大气力建设了潞河医院的眼科，让潞河医院也成了当时以眼科而闻名的医院，许多北京城的病人都会选择来潞河医院治疗。④ 除此之外，为了配合他的教学工作，盈亨利还翻译了一些精神病学方面的作品、美国医学协会的伦理手册，并同他的传教士同事万卓志（George D. Wilder）一起写作出版了一本名为《中国汉字分析》（Analysis of Chinese Characters）的书，书中分析了 1002 个汉字的结构，并进行了词源学分析。该书在 1922 年首次出版，并被华北协和华文学校（North China Union Language School）使用的。据盈亨利自述，该书"在英国、美国、日本、印度、海峡殖民地和中国各地都有很好的销售"⑤。

在经过两年多时间的考察后，1915 年，洛克菲勒基金会（the Rockefeller Foundation）即刚成立不久的美国中华医学基金会（China Medical

---

① ［美］詹姆斯·索灵顿：《屈光学全卷》，［美］盈亨利译，博医会印发，1914，盈亨利序言。
② 见本书"盈亨利回忆录"部分。
③ ［美］詹姆斯·索灵顿：《屈光学全卷》，［美］盈亨利译，博医会印发，1914，盈亨利序言。
④ The American Board of Commissioners for Foreign Misions, The One Hundred and Six Annual Report of the American Board of Commisioners for Foreign Missions, Boston: Press of Stanley and Usher, 1916, p. 160.
⑤ 见本书"盈亨利回忆录"部分。

Board）购下了协和医学堂的全部资产，并将其定名为北京协和医学院（Peking Union Medical College），开始全面资助协和医学院的发展。但是，医学院的董事会（board of trustees）成员依旧需要由美国中华医学基金会与之前创设医学院的6个英美教会联合任命。洛克菲勒基金会的资助让北京协和医学院的办学资金更加充足，办学条件大大改善。1915年，医学院加盖了结核病疗养院，新的教学楼也被启用。① 1914年，可能考虑到盈亨利年事已高，每周在北京城与通州之间奔波过于劳累，美部会将盈亨利完全转移至北京城内，他开始全职在协和医学堂工作。在协和医学堂改制为北京协和医学院后，盈亨利作为师资依旧被留任，且获得了更高的薪资。② 搬到北京城后的盈亨利几乎没有时间行医，除了教学工作，他还需要投入时间进行翻译工作以及术语命名工作。当时医学院成立了一个"命名委员会"，专门进行医学术语的中文命名。③

除了办学条件大大改善外，民国政府对于医学院教学方面的限制进一步减少，尤其是在医学解剖方面。1910年，东北鼠疫暴发，清政府向协和医学堂求助，学堂共有5名教师和超过30名学生参加到了疫情防控救治，其中有两名学生甚至因不幸感染鼠疫而身亡。在鼠疫暴发之前，协和医学堂因为政府不允许进行尸检和尸体解剖，所以无法进行病理学研究工作，同时也没办法让学生进行解剖学的实操练习。但在鼠疫暴发后，伍连德进行了多例尸体的病理解剖，当时协和医学堂便希望政府能以此打开缺

---

① The American Board of Commissioners for Foreign Misions, The One Hundred and Five Annual Report of the American Board of Commisioners for Foreign Misions, Boston: Press of Stanley and Usher, 1915, p.181.
② The American Board of Commissioners for Foreign Misions, The One Hundred and Seven Annual Report of the American Board of Commisioners for Foreign Misions, Boston: Press of Stanley and Usher, 1917, p.284. 美部会1917年的年度报告记录了盈亨利从洛克菲勒基金会获得的薪水为2082.05美元。
③ 见本书"盈亨利回忆录"部分。The American Board of Commissioners for Foreign Misions, The One Hundred and Five Annual Report of the American Board of Commisioners for Foreign Misions, Boston: Press of Stanley and Usher, 1915, p.183.

口，允许对尸体进行医学解剖。① 但是希望在当时落空了，一直到1913年11月，当时的北洋政府才允许医学院和医院进行尸体解剖。② 至此，北京协和医学院才能够进行手术、解剖和病理学方面的教育培养，这在当时被认为是具有里程碑意义的。③ 1917—1918年，中国内蒙古、山西、河北等地再次出现鼠疫，北京协和医学院再次参与到抗疫工作中。1918年，盈亨利被当时的京汉铁路局临时聘用前往协助抗击鼠疫。他提到当时会为感染者建造凉棚，当患者去世后，尸体被掩埋，凉棚和被褥会被就地焚烧，以完成消毒工作。而在鼠疫平息后，因为1917年夏季海河流域发生洪水灾害，盈亨利又率队前往灾区开办粥厂，进行赈灾工作。此外，随着北洋政府的军阀混战，盈亨利还经常需要去军队医院中行医照顾病人，并针对战地医院经常出现的斑疹伤寒设计了一种去虱剂。④

1927年，在分别为美部会服务了39年与31年后，盈亨利及其夫人进入了美部会的荣休传教士名单（Roll of Honor）。但是盈亨利夫妇并没有选择回美国，而是继续留在中国，并继续在华北协和华文学校兼职从事教学工作。⑤ 1932年，当时已经74岁高龄的盈亨利回到新泽西探亲，他的一个朋友邀请他到家中晚餐，并问他是否真的喜欢中国以及中国人。他回答说："如果我知道我只剩下十年的寿命了，那我肯定会选择在中国度过这十年。" 1933年9月，在盈亨利75周岁生日时，华文学校的裴德士

---

① The American Board of Commissioners for Foreign Misions, The One Hundred and One Annual Report of the American Board of Commisioners for Foreign Missions, Boston: Press of Stanley and Usher, 1911, p. 130.
② 王扬宗：《民国初年一次"破天荒"的公开尸体解剖》，《中国科技史杂志》2001年第22卷第2期，第14-17页。
③ The American Board of Commissioners for Foreign Misions, The One Hundred and Five Annual Report of the American Board of Commisioners for Foreign Missions, Boston: Press of Stanley and Usher, 1915, p. 181.
④ 见本书"盈亨利回忆录"部分。自述中还提到盈亨利曾被美国红十字会派往西伯利亚救治捷克斯洛伐克士兵，并跟随他们横跨太平洋与大西洋、返回捷克的经历。
⑤ The American Board of Commissioners for Foreign Misions, The One Hundred and Sixteen Annual Report of the American Board of Commisioners for Foreign Missions, Boston: Press of Stanley and Usher, 1926, p. 158.

（William B. Pettus）夫妇为盈亨利举办了一场庆祝活动，时任美国驻华大使纳尔逊·詹森（Nelson Trusler Johnson）夫妇、福开森夫妇、李治（William Sheldon Ridge）夫妇、万卓志夫妇都出席了这场庆祝活动。① 一年后，1934年6月，盈亨利在自己的西山四望顶度假别墅中遭遇入室抢劫，为了保护妻子和两个年幼的孙辈，他在与劫匪搏斗中被枪击中，不幸身亡。②

图3 报纸刊载的盈亨利75岁生日当天与福开森夫妇的合影

---

① The Peiping Chronicle, Sep. 22, 1933.
② Cape May County Gazette, Cape May Court House, N. J., March 1, 1973, section C-Page 2.

Birthday Party

Guests at the luncheon given by Dr. and Mrs W.B. Pettus of the College of Chinese Studies, in honour of the seventy-fifth birthday anniversary of Dr. J.P. Ingram.

Front Row: Mrs. Nelson T. Johnson, Dr. Ingram, Mrs. Ingram, H.E. Mr. Nelson T. Johnson, Mrs. Miriam Ingram Pratt, the Rt. Rev. Bishop Norris.

Back Row: Dr. Robert Gailey, Miss Gailey, Dr. W.B. Pettus, Mrs. Pettus, Mrs. Ferguson, Dr. J.C. Ferguson, Mrs. Gailey, Miss Ferguson, Mrs. Wilder, Dr. George Wilder, Mrs. Ridge, Mr. W. Sheldon Ridge.

图 4　盈亨利 75 岁生日当天的聚会

家庭与旅行

盈亨利不幸去世后,好友福开森为其撰写了讣告,他的中外同事朋友们为他募集捐款,成立了"盈亨利医师纪念金永久委员会",将这些纪念金一小部分捐给了盈医师服务了 25 年的潞河医院,一大部分用来投入他一直心心念念的中国精神类疾病的治疗与研究。① 而他也被安葬在离潞河医院不远的在庚子事变中遇难的传教士墓地。通常,对于一个医疗传教士的记述会以此画上句号,他也会因所从事的医疗活动而被后人记述。但是医疗传教士并非盈亨利在中国生活的全部,他在中国的生活还有其他角色,比如作为丈夫与父亲的家庭角色,以及作为一个旅行者的角色。

一

通州家庭

1887 年秋季,盈亨利与他的夫人萨利(Sally Voss Ingram)一起来到通州,但无疑最初几年在中国的家庭生活并不太顺利。在接下来的 4 年时间里,萨利先后生下 3 个孩子,但头两个都在出生后不久便不幸夭折。

---

① "盈亨利医师纪念金永久委员会启示",中山大学博物馆。

1891年1月21日，萨利产下女儿茹丝（Ruth Ingram，1891—1967），而萨利在孩子出生后不久便撒手人寰。这些无疑都让盈亨利在中国最初几年的生活变得十分艰难。按照美部会规定，海外传教士在服务满6年时，便可以回本国休假一次。在通州服务了6年以后，1893年9月，当时在中国鳏居的盈亨利带着不到3岁的女儿茹丝回到美国新泽西休假（furlough）。在休假时，盈亨利遇到了他的第二任妻子梅塔（Myrtle Belle Prough）。梅塔毕业于位于费城市中心的哈尼曼医院（Hahnneman Hospital）的护理专业，① 并且曾在盈亨利的家乡做过一段时间护士，后来又搬到了宾州哈里斯堡（Harrisburg）。1895年9月21日，盈亨利与梅塔在哈里斯堡举行了一场只有少数亲人和朋友参加的安静婚礼。婚后不久两人便带着茹丝横跨美国，从旧金山坐邮轮回到了北京。②

1898年，盈亨利与梅塔的第一个孩子米莉安（Miriam Ingram）在通州出生。米莉安出生后不久，义和团运动在山东爆发，后来转移进入直隶地区。当时，美部会在通州的所有产业都被夷为平地。米莉安曾向她的孩子讲述道："没有剩下一块砌起来的石头或者立起来的树，甚至所有的井都被填上了，从而抹去一切外国人的痕迹。"③ 1900年6月，在米莉安不到两岁时，便同父母亲以及姐姐茹丝一起搬到了北京城避险，最初是在教堂区，后来集中在英国使馆区，与其他近千名外国人和两千名本土基督徒一起被围困了56天。围困期间，使馆召集了412名战斗人员，但盈亨利及其家人并非其中一员，而是负责食物补给。在此期间，使馆内共宰杀了150多头马和骡子来保障肉类供应。盈亨利则负有检查肉类供应的责任。盈亨利自述："我的每日所见让我无法享用这些肉类，我脑海中充斥着各种画面。即使在烹饪后，我仍然可以看到蠕虫在爬行。这纯粹是个人感

---

① 哈尼曼医院最早创办于1848年。2019年8月，该医院由于出现财务问题而宣布破产且停止经营。
② "Ingram-Prough Nuptials", from a Harrisburg Pa paper, Sept. 22, 1895, 中山大学博物馆。
③ 这句话引自米莉安的女儿Nancy A. Pratt写给伊萨贝尔的儿子的信。Letter from Nancy Pratt to Larry and Jim, November 8, 1993, 中山大学博物馆。

受；没有其他男性、女性或孩子也有类似感受。就肉类而言，我们别无选择——要么吃这个，要么没得吃。"① 到围困结束时，盈亨利的体重下降超过了9公斤。当时已经9岁的茹丝也以小朋友的视角记录了她在围困期间的经历。"我们要帮忙照顾婴儿。每次轮到我母亲去收拾房子的时候，我就会照顾我的小妹妹（米莉安，当时2岁）。我母亲每逢五就要去收拾打扫。""我们还帮忙制作沙袋。我忘了我做了多少个了。那些太短了没办法做沙袋的绸子我们会用来做洋娃娃的裙子。"② 尽管如此，对于盈亨利一家，在围困期间印象更为深刻的应该是隆隆炮声。在较为单调的传教士生活中，这次围困是难得的特殊且"惊险"的经历。在之后的生活和回忆中，拳民、围困都成为盈亨利及其家人不断在聚餐、聚会中的谈资与回忆录中的"高光"片段。

八国联军的登陆虽然为英使馆解了围，但由于教会产业都被铲平，盈亨利一家只能继续待在北京一段时间。1902年3月7日，盈亨利的第三个女儿伊萨贝尔（Isabel Ingram）在北京城出生，之后不久，盈亨利一家又搬回到了重新建好的通州传教士居住地。在通州，盈亨利与梅塔又陆续生下了两个儿子罗伯特（Robert Vinter Ingram，1904—1996）、路易斯（Lewis Fleetwood Ingram，1906—1973）和女儿凯瑟琳（Kathryn Ingram，1911—2005）。

庚子事变之后，清政府尤其是满族宗室对于在华西方人的态度也发生了很大变化。盈亨利家族后人至今仍保留着一张拍摄于1903年12月26日的照片，该照片是荣寿固伦公主一行访问美国领事馆，参加康格夫人举

---

① 见本书"盈亨利回忆录"部分。
② Ruth Ingram, "A little girl's Story of the siege of Peking" in Mission Daspring, Vol. XX, No. 1, American Board and Woman's Boards of Mission, Boston: Congregational House, January 1901, pp. 8-10.

办的午餐会（tiffin）时的合影。① 照片中前排左五即为荣寿固伦公主，其身旁的外国女士即为康格夫人。除此之外，前排左二位为庆亲王奕劻的"四格格"，深受慈禧宠爱，常被称为"晚清第一美人"；前排左六位瓜尔佳氏是溥仪生母，慈禧的干女儿；前排右一、右二、右三应皆为庆亲王奕劻的女儿。中排左一即为美国画家（Katharine Carl，1856—1938）（即所谓的"柯姑娘"），康格夫人介绍其给慈禧画像，所作肖像画参加了1904年在美国圣路易斯举办的世博会；中排左四与左五为裕容龄和裕德龄；中排右二为元大奶奶。后排外国女士从左至右分别为 Maurer Cambell 女士、West 女士、McConnell 夫人（康格夫人的亲属）、Ament 夫人、Headland 夫人、Porter 女士、Whiting 夫人。这张照片所反映的历史事件是庚子事变后，慈禧太后本人开始改变对西方的态度，开始更多地接触西方国家的外交使团，并且与美国驻华公使的夫人康格夫人建立了一定的私人关系。慈禧太后曾邀请以康格夫人为首的驻华公使夫人访问紫禁城，作为回礼，康格夫人也从紫禁城邀请了一些人前往美国领事馆。而这张照片反映的便是荣寿固伦公主率人访问美国领事馆的留影。同时，康格夫人还推荐了"柯姑娘"为慈禧太后绘制肖像，试图帮助慈禧改变其在欧美国家公众中的形象。② 在慈禧太后的示范下，满族宗室也试图做出相应的改变。正是在此契机下，盈亨利家庭结识了清朝宗室大臣爱新觉罗·毓朗一家。

---

① 清末驻华公使康格（Edwin H. conger，1843—1907）的夫人 Sarah Pike Conger（1843—1932）在其作品《北京来鸿》（*Letters From China*）中附有该场景照片的没有外国女士的不同版本，因此可以判断该照片的拍摄时间。该照片的摄影师应为日本摄影师山本赞七郎。当时北京的王公贵族常邀其摄影。清人徐珂《清稗类钞》载："日人某精摄影，庆王为之介绍于孝钦后，令至颐和园为照一簪花小像，即在庆邸消夏园洗晒。已许以千金之赏矣，内廷传谕又支二万金。"其中的"日人"即为山本赞七郎。Letters From China, 227.
② 关于这一历史事件，可参考康格夫人所著的《北京来鸿》、裕德龄和裕容龄的回忆录《德龄公主回忆录》（错误较多，朱家潽：《德龄、容龄所著书中的史实错误》，《故宫博物院院刊》1982 年第 4 期，第 25－46 页）和《在太后身边的日子》；相关研究可参考王正华：《走向公开化：慈禧肖像的风格形式、政治运作与形象塑造》，《美术史研究集刊》2012 年第 32 期；Hayter-Menzies、Grant, Empress and Mrs. Conger, *The Uncommon Friendship of Two Women and Two Worlds* (Hong Kong University Press, HKU, 2011).

图5　荣寿固伦公主（前排左五）与康格夫人（前排左四）等的合影

在伊萨贝尔的回忆录中，她描述了在1908年前后毓朗携其家眷到通州拜访他们的场景。

> 我的童年记忆之一，就是当年我们住在通州的时候，毓朗与他的夫人以及女儿们的一次到访。经过十五英里的旅程后，他们乘着一长串一尘不染、光洁如玉的"北京车"抵达，这些车由漂亮的骡子拉着，并由骑手护送。第一辆车上载的是贝勒，他急忙向我父亲打招呼，从第二辆车上下来的是福晋，从接下来的两辆车上下来的是他们的四个女儿。他们就像一束鲜花，穿着可爱的长及脚踝的礼服和亮色丝绸无袖夹克，小而未裹的脚穿着漂亮的绣花鞋，黑色的头发用红色流苏绳系成一根长辫子。她们风度翩翩，却又充满乐趣，自然不压抑，因为满族女孩与男孩一样享

有教育和继承的特权，不被约束在闺中。

　　后面跟着一群太监和婢女。吵吵嚷嚷地高声问候，车夫解开骡子时的呼喝，太监们从车上拿下礼物跑前跑后：用红纸齐整地裹着的圆形果篮；红色漆盆中的蛋糕；芦苇篮子里盖着红纸的烤鸭；还有一匹丝绸和一块同样包裹着红色的缎子；每个包裹上都贴着写着贝勒名字的长长红色纸条。客人们终于被领进了屋子，仆人跟在后面。我记得有个高个子太监，他的任务就只是负责贝勒的水烟管和他的小银痰盂。我父亲和贝勒坐在房间的一端聊天，而我们这些孩子也被领进来让福晋和她的女儿们欣赏。他们抚摸着我们的手，对我母亲称赞我们的容貌，对着米莉安的红色长辫子、我棕色的大眼睛、我弟弟的金头发、我们的礼貌、我们的大个头等，都赞叹不已，仆人们以本地方式对每一声惊叹都随之附和。当这些礼仪终于结束后，我们带着年轻的格格们去看我们的秋千、宠物和玩具，留下母亲带着福晋和好奇的仆人参观整个房子。应她的要求，从阁楼到地窖无一遗漏。她是一个矮小活泼的人，非常机智，很爱笑，对每一个话题都充满疑问；她聪明的好奇心没有尽头。她一定要亲眼看看并了解我们的炉子和供暖系统、厨房设备、浴缸、苗圃，母亲如何种植如此可爱的花朵和蕨类植物，地毯和地板如何保持得如此干净。晚餐时，她急切地品尝每一道菜，并询问她最喜欢的那些菜的菜谱。她称赞我母亲调教中国厨师的能力，还在饭桌上时就吩咐太监给厨房打赏了许多。她也喜欢吃西药，我相信她甚至会装出一些症状以从我父亲那里新开一些药。有一次，我父亲只给她开了个包括简单食物和居家休息的处方，她毫不掩饰她的失望。她把我拉到一边，不断地抱怨，坚持要我向他要药。"我一吃他的药就好了。"她说。

遥望与亲历 | 一个西方家庭眼中的中国（1887—1950）
Outsider and Insider: China from a western family's records (1887—1950)

她最终拿到了药。①

从这段描述可以看出，由于当时政治氛围的变化，此时的盈亨利一家在通州的生活环境也得到了改善。作为清末重要宗室大臣的毓朗，他在光绪末年被授民政部侍郎、步军统领，宣统二年（1910年）又被授军机大臣。这样一位清廷要人，却主动前往距离北京城约24公里（15英里）远的通州拜访盈亨利一家。这是一次私人拜访，所以毓朗携带了妻女，还有诸多礼物，就是为了跟盈亨利一家建立私交。这次拜访之后，毓朗一家还多次到来，并且农历新年时都会派人送来礼物。② 伊萨贝尔着重描述了毓朗的福晋赫舍里氏的活动。清末由于慈禧太后的影响，女眷在清朝宗室中的政治影响力变得很大，而她们也越来越有政治野心。慈禧太后去世后，隆裕太后便试图扮演类似慈禧太后的角色。在伊萨贝尔的回忆中，赫舍里氏也是一个十分活跃之人。在进入民国以后，毓朗变得十分衰颓且常因病卧床。但伊萨贝尔提到，是赫舍里氏"在精干地处理他们日渐衰败的家业。这位了不起的小老太太似乎永远不会真正变老，而这些艰难岁月所带来的负担只会增加她的精力和能力。她从未表现出挫败感。如今，在政治风暴间的每一个平静时期，她都会像以前一样经常出去参加外国公馆和私人宅邸的晚宴、招待会和麻将派对；没有比她更受欢迎的客人了，她高亢欢快的声音和难以抑制的笑声让所有人都喜欢她。作为北京最被钟爱的女主人卡尔霍恩夫人（Mrs. Calhoun）③ 以及我们亲爱的邻居谢菲尔德夫人（Mrs. Sheffield）④ 都是她忠实的朋友，后者总是称她为维多利亚公主（Princess Victoria）"。

---

① 见本书"伊萨贝尔回忆录"部分。
② 见本书"伊萨贝尔回忆录"部分。
③ 卡尔霍恩夫人是指露西·卡尔霍恩（Lucy Monroe Calhoun，1865—1950）。她是威廉·詹姆斯·卡尔霍恩（William J. Calhoun，1848—1916）的妻子，威廉于1909—1913年任美国驻华大使（U. S. Minister）。威廉1921年去世后，卡尔霍恩夫人于1921年重返北京。她的住处西山大觉寺成为当时在北京的外国人的重要社交场所，她也跟多位中国艺术品收藏家来往密切。
④ 谢菲尔德夫人是传教士谢卫楼的夫人。

26

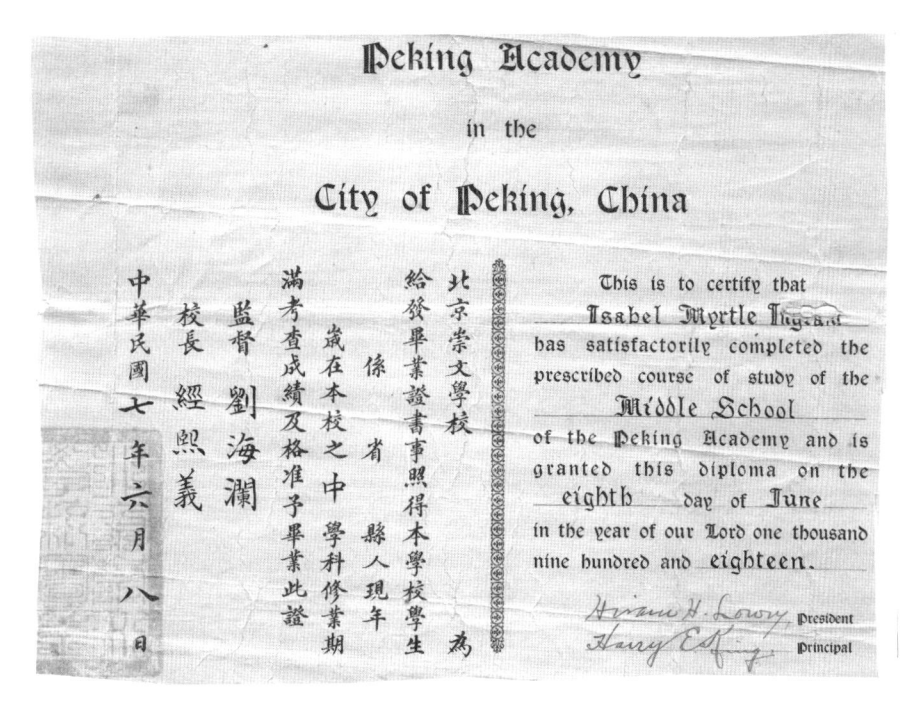

图 6　伊萨贝尔在北京崇文中学的毕业证

当然，毓朗一家与盈亨利一家的交往还有医疗需求的缘故。上面的引文提到赫舍里氏对于盈亨利医术的信赖，所以经常从盈亨利这里开药，并且特别强调盈亨利所开的西药对她的效用。这与盈亨利初到通州时诊所面临的困难形成了鲜明对比，但其实一般而言，患者对于医药功效都是一种务实的态度，正如赫舍里氏自己所说的"我一吃他的药就好了"，因此才能产生对于盈亨利医术的信任。1908 年，盈亨利向美部会报告说潞河医院接受的 90% 的病人在来医院之前都曾寻求巫师或者其他超自然力量的帮助。① 这既可以理解为拜神求佛以治病的思想仍然在当时的患者群体中深入人心，但同样也可以解读为患者对于获取治疗方式的开放性，无论科

---

① The American Board of Commissioners for Foreign Misions, The Nighty-Eight Five Annual Report of the American Board of Commisioners for Foreign Missions, Boston: Press of Stanley and Usher, 1908, p. 123.

学神学、中医西医，都可以成为选择对象。盈亨利几乎成了毓朗一家的家庭医生。赫舍里氏和她的女儿们经常到通州来看病开药，盈亨利也时而被召到北京城内的毓朗宅邸治疗病人。①

图7 毓朗福晋赫舍里氏

---

① 见本书"伊萨贝尔回忆录"部分。

第一篇 | 家庭与旅行

二

北京生活

1914年,美部会将盈亨利的服务地点转移到了北京城内,居住地便是公理会在北京所建的灯市口教堂的附属院落。灯市口教堂位于皇城东侧

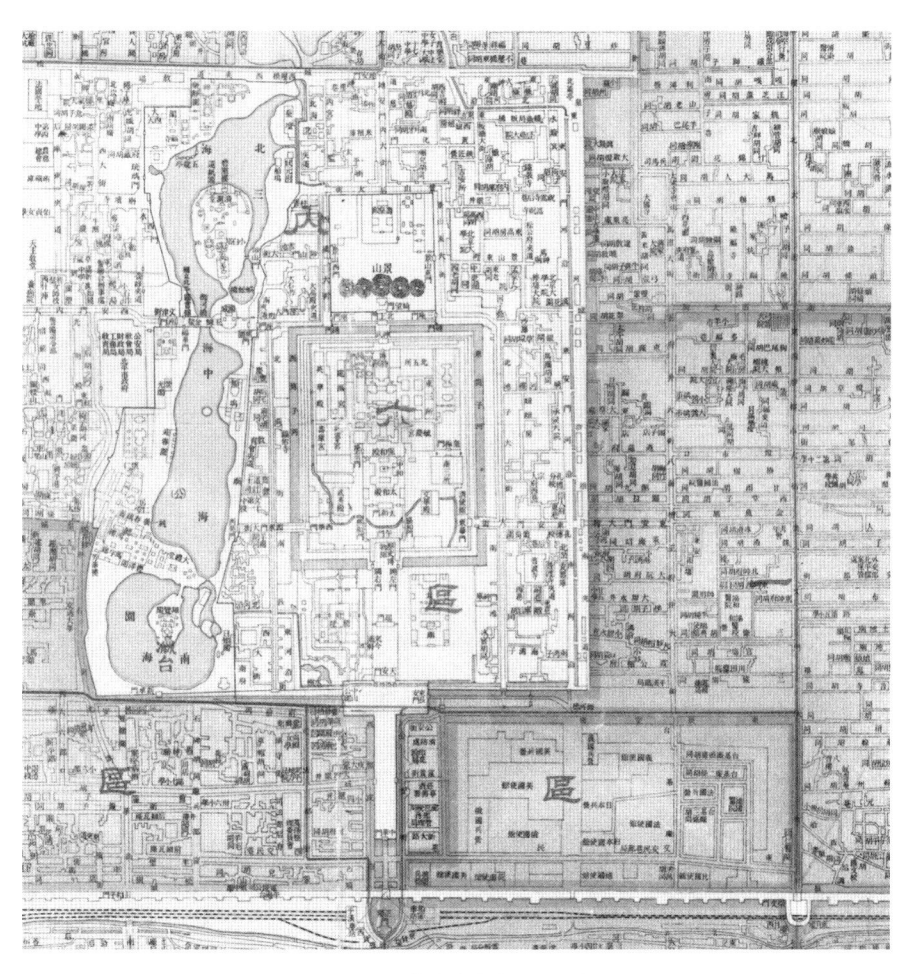

图8 1934年北京城地图(局部)

(资料来源:最新北平全市详图,比例尺为1:15000,北平西单牌楼迤南建设图书馆发行,1934年。)

的东安门附近,灯市口大街的中段北侧。此时的教堂已是庚子事变后重建的,除了教堂建筑外,旁边还有同属公理会的贝满女中以及其他院落住宅,可以说公理会的建筑几乎占据了整条灯市口大街。盈亨利家便在灯市口公理会建筑群中的一栋。此时,盈亨利的工作地点——协和医学院在灯市口的南面,豫王府东侧大和俱乐部隔壁的一个小院落。1916年末,洛克菲勒基金会买下了豫王府,拆除原有建筑后在原址上修筑了新的协和医学院。对于盈亨利,这两个地址距离他在灯市口的家的距离几乎一样,并无差别。

此时的中国已经进入中华民国,民国早期的混乱让满族宗室十分不安,他们经常会为自身的人身和财产安全而担忧。而盈亨利所住的灯市口教堂区域作为外国人聚集地,由于外国人的在华特权此时反而变得更加安全了。这时,盈亨利家庭与毓朗家庭的友好关系便发展出了另一个功能——盈亨利家成了毓朗家庭在危急时的避难所。伊萨贝尔便记载了赫舍里氏曾有一次因为担心她们的五女儿恒馥的人身安全,便拜托梅塔让恒馥在他们家避居一段时间。

搬到北京城的另一个结果便是让盈亨利夫妇尤其是梅塔的社交才能得到了充分的施展。住在通州时,虽然是传教士聚居,但毕竟只是小团体,社交范围比较有限。搬到北京城后,盈亨利夫妇的住所成为在北京的外国人群体的一个社交枢纽。这首先应与盈亨利的医疗传教士的身份有关。每到礼拜天,外国人便会自然地聚集在灯市口教堂。而梅塔热情友好的天性与组织聚会的能力,让盈亨利夫妇的住所成为在北京的西方人,尤其是美国人自然都会拜访的场所。在梅塔去世后,万卓志在为她写的悼词中写道:

> 盈夫人的训练和天生的能力使她成为一名优秀的家庭主妇。她鲜花盛开的美丽住宅和她的热情好客,将游客和传教士都吸引到了他们位于灯市口教会区的房子。在从传教士的服务工作中退

休后,他们又在灯市口附近建造了自己的房子,里面散发着同样的精神品质。

……

她的勇气、信念和生活中的快乐帮助了许多人。她有一个异常广泛的朋友圈,他们总是能在她家中找到热烈地欢迎和一个乐于助人的朋友。①

盈亨利一家之所以能够提供帮助,还因为盈亨利一家在华时间已经很长,对北京地区非常熟悉,比如他们的中文能力能够让他们为这些初到中国的外国人提供一些向导服务。这个在华外国人群体中有外交人员、探险家、收藏家、汉学家等,比如美国驻华大使纳尔逊·詹森,欧文·拉铁摩尔、斯文·赫定等。

除了自己家中的聚会活动,盈亨利一家自然还会去参加北京城内其他的聚会社交活动。溥仪的教习庄士敦也是一个非常积极的聚会组织者,他在北京时会定期举办圣安德鲁舞会(St. Andrew's Ball),这是当时北京的一项大型社交活动,活动参与人数超过500人。因为庄士敦是苏格兰人,所以整场活动充满了苏格兰风情。伊萨贝尔描绘道:"圣安德鲁舞会是一场喜庆的活动,长长的餐厅挂满了旗帜,桌子上摆放着两种著名的苏格兰产品——石楠花和黑格威士忌。"晚宴开始时,还会有"由风笛引领的肉馅羊肚(Haggis)②的盛大入场式"。"整场宴会的欢乐只有在带着来自苏格兰高地的荣耀为圣安德鲁进行年度的庄严祝酒时,才会短暂地冷却一下。"晚宴之后,自然还会有舞蹈。"500多位客人一起转移到舞厅,跳起了苏格兰舞(Scotch reels)和现代舞。"1924年,当泰戈尔访问中国时,庄士敦也为他举办了一场有60人左右参加的大型聚会。为了组织好这场

---

① The Peking Chronicle, Dec. 30, 1941.
② 肉馅羊肚是一道苏格兰"国菜",由羊内脏做成。

聚会，庄士敦特意邀请了梅塔和伊萨贝尔帮忙准备和组织。庄士敦的社交范围很广，因此这场聚会中除了有盈亨利一家等外国人外，还有胡适与时任北洋政府国务总理大臣的颜惠庆等中国人。①

与通州相比，北京城内的生活自然会更加丰富。北京城内灯市口往南不远处便有作为外国领事馆聚集地的东交民巷，其周边有民国时期著名的六国饭店（Grand Hotel des Wagons Lits）、北京饭店（Pekin Hotel），这些北京城内外国人常常聚集的场所都经常出现在伊萨贝尔的信件和日记中。1923年3月，伊萨贝尔生日时便邀请了20多位朋友在北京饭店跳舞喝茶共同庆祝。② 除此之外，北京城内的鼓楼、前门等商业区域也是盈亨利一家的活动范围。③

除了北京城内，北京周边地区也是盈亨利一家经常旅行的去处，可以在夏天远离城市的炎热、拥挤和脏乱。盈亨利夫妇在孩子还比较小的时候会选择比如西山、北戴河等地度假和避暑，并且留下了大量的照片图像资料。美部会进驻北京和通州后不久，包括盈亨利在内的传教士便在西山购买了一块地，在上面盖了一些小别墅作为度假屋。这样他们便能够在西山度假屋偶尔度假、避暑、避疫。这些别墅在义和团运动中同样被夷为平地，之后又在1906年左右被重建。④ 而这里也是盈亨利在1934年遭遇劫匪且最终不幸身亡的地方。1926年12月，24岁的伊萨贝尔在石景山写文章记录了这处度假别墅，文章标题为《从一个中国的小山顶》（From a Chinese hilltop），篇首以一种戏谑的口吻说该文是"为名利而作，但也是特别为茹丝、Lucile King 和 Harold Loucks 而作"。（Written in general for fate and fortune. But in particular for Ruth Ingram, Lucile King and Harold Loucks）Lucile King 可能是指 Lucile Swan，她是一位美国雕刻家和艺术

---

① 程方毅：《试论以庄士敦为纽带的溥仪小朝廷社交活动》，《溥仪及其时代》2020年第3期，第1-6页。
② Letter from Isabel Ingram to Miriam Ingram, March 4, 1923.
③ Letter from Isabel Ingram to Miriam Ingram, March 4, 1923.
④ From a Chinese Hilltop, 9-11, 中山大学博物馆。

家，曾在北京参与过北京人头骨复建的工作。① Harold Loucks 当时则是协和医学院的一位青年医生。由此文可知，他们当时曾结伴旅行，共同前往西山等地。而关于北戴河，从 1893 年开始，欧美传教士便已经注意到北戴河可以作为避暑胜地。各个教会开始在这里购地建造度假别墅，公理会便是其中之一。1898 年，清政府开秦皇岛为商埠，并宣布北戴河为"各国人士避暑地"。因此，北戴河也成为盈亨利一家会偶尔前往的度假区域。盈亨利还偶尔会在北戴河行医。1908 年，盈亨利在北戴河共接待了 450 位病人，其中 30 位为欧洲病人。②

当盈亨利夫妇的孩子长大后，能够骑马并且能够接受野外生活后，他们度假的目的地便改成了内蒙古等地，很少再回到北戴河的海边小屋了，后来甚至将他们在北戴河的海边小屋出售了。③ 之所以选择内蒙古，也许是因为盈亨利与入驻张家口的瑞典传教士兰理训（Frans August Larson）有良好的私人关系。兰理训于 20 世纪初期长期在察哈尔地区进行传教与经商活动，并与蒙古王公结下了深厚的友谊。由于他对内蒙古地区自然与人文环境的熟悉，让他能够为诸多欧美人士在当地的活动提供帮助，比如他曾被斯文·赫定（Sven Hedin）任命为中国西北科学考察团的队长。④ 在盈亨利一家前往内蒙古避暑时，兰理训自然能够为他们提供相应的帮助。对于内蒙古的旅行经历，伊萨贝尔回忆道："我还记得那些晚上，我们都睡在圆形的蒙古帐篷里，从头到脚躺在铺着厚实毛毡的地上。门被锁起来，以防狗、牛犊和马进入，唯一的通风口是篷顶上的圆孔，月亮在上

---

① Lucile Swan 与德日进（Teilhard de Chardin）相爱，并保持了书信往来。参见 King, Thomas M.; Gilbert, Mary Wood, eds.（1993）. The letters of Teilhard de Chardin and Lucile Swan. Washington, D. C.: Georgetown University Press.
② The American Board of Commissioners for Foreign Misions, The Nighty-Nine Five Annual Report of the American Board of Commisioners for Foreign Missions, Boston: Press of Stanley and Usher, 1909, p. 119, 121.
③ Letter from Myrtle Ingram to her son Bob and Eva, Sep. 21, 1941, 中山大学博物馆.
④ 兰理训在 1930 年出版了《蒙古王公》（Duke of Mongolia）。Frans August Larson, Duke of Mongolia（Boston: Little Brown Company, 1930）.

图9　20世纪20年代，盈亨利（右上图右一）与伊萨贝尔（右上图右二）等人的旅途合影

面玩捉迷藏，火堆里最后一缕蓝烟在寒冷夜晚中飘散，或者融化在大滴露珠中。那些夜晚是值得铭记的，伴我们入睡的曲调是远处狼的嚎叫和附近群马的咀嚼、跺脚与嘶鸣，以及草原上刮起的阵阵狂风。"而晚年梅塔还对她们曾经的内蒙古之旅有着十分温馨的回忆：

图10　伊萨贝尔等人拍摄的北京城周边的风景照

你描述的假期是我能想象到的最理想的假期。实际上我们曾一起度过这样的时光，在你父亲生命最后几年，这也正是他喜爱的方式。当孩子们还小的时候，我们或是去山上，或是去海边，远离城市的炎热和脏乱，除了冬天要做的事情之外，我们几乎没做别的。我们厌倦了避暑胜地北戴河，一旦孩子们长大了，可以骑马并忍受内蒙古野外荒凉粗犷的生活了，我们就准备好帐篷和野营设备进入荒野。我们都非常喜欢这里，以至于12年来再也没有回到我们海边的小屋，所以几年后就把小屋卖掉了。

我们像当地人一样过着游牧生活，一个月或更久一点，会从一个地方搬到另一个地方。这比坐在北戴河的阳台上，和我们整个冬天都在见面的那些一样的人举办茶会要有趣得多。这是一个更棒的变化。伊芙，想来鲍勃已给你描述过这些假期了，雨季要忍受的艰辛——有时是帐篷下有河水流淌；又或者被困在狭窄峡谷的山洪中，有被冲走的危险。因为雨季并不意味着阵雨，不意味着当我们再次前行时会放晴,而是经常把我们困住好几天。并且乘坐没有减震的车有时会感到非常疲劳,即便我们可以下车散步或者轮流骑马。这些并不是对新手友好的旅行。最开始,步行5英里就会使我们感到疲倦,到月底,步行30英里我们都不觉得疲劳了。

但是,我们追逐大群羚羊时的快乐胜过了其他一切,有时会跟踪并猎杀它们,获得属于我们自己的肉。这是非常美味的食物,你可以把它放在你的兰开斯特"火炉"旁边烤熟,我们一些人会选择这种野味。

内蒙古并不像我去那里之前所想象的那样平坦,而是起伏的山丘,你会想要爬过每个山丘,看看远处有什么。我们总能在最高处找到老鹰的巢穴,还有很多啮齿动物和有趣的动物在低洼的地方生活。大部分时间内蒙古云雀的歌声都会使你心情愉悦,狼群的叫声不是那么悦耳,晚间会比较凄凉。它们哭得像个孩子,时常使听者觉得这一定是一个处于困境中的人。我们总是在当地人定居点附近扎营,因为那里有很多狗看守,所以我们不怕被袭击。事实上他们并不经常攻击人,但他们会靠近营地攻击动物。蹒跚的马有时会被杀死,因为它们无法将狼踢开。牛有一种聪明的自卫方式:如果是在一个兽群中,它们就会形成一个圆圈,把头伸出来,用牛角抵挡狼群。我不知道我们买了多少磅砒霜给拉尔森先生,他则分发给当地人以清除境内的狼。

有一次,我们在一座树木稀薄的圣山脚下露营,我走下一个斜坡想将鹿吓出来,在大约20英尺外遇到了一头狼。我急忙离开了那里。还有一次,我看到一只老狼带着五六只幼崽沿着一条很开阔的小路走,但跟我之间隔着一条很深的沟壑,这使我更有底气了,我毫不畏惧地看着它们。鲍勃可能认为我是在写小说,因为他从来没见过狼。男孩们上大学后,我去旅行了很多次。有

第一篇 | 家庭与旅行

图11 20世纪20年代，盈亨利等人在内蒙古旅行时拍摄的照片

一次，一场暴雨过后，人们发现地上到处都散落着死去的啮齿动物，一些在洞里被淹死，还有一些活的，部分昏迷但能够爬出来；囊鼠坐在太阳下晒干自己。

当我们沿着通往乌尔加和西伯利亚的大路穿过高原时，我们看到了如此广阔的草原，暴风云的雨倾泻而下，有时在不同的方向可以数到五六朵乌云，不知道哪一个会袭击我们，但我们都逃脱了。紧接着便看到太阳落山时的绚丽色彩，是灿烂而难以形容的美丽。我们望向太阳和平原交会处的地平线，想知道当我们到达那里时会发生什么。我们感觉像是在真正的冒险，也很高兴能活着。

除此之外，盈亨利一家有时也会花数天的时间往返于周边的景点，如妙峰山、热河、潭柘寺等地。其中，热河是民国时期外国人较常去的一个景点。1930 年，斯文·赫定便曾前往热河。1933 年，芝加哥万国博览会上出现了被依照原样仿造承德普陀宗乘之庙万法归一殿，而这次仿造也是斯文·赫定三年前访问热河的重要原因。[①] 盈亨利后人也保留了一个热河

图12 盈亨利等人拍摄的承德避暑山庄外八庙的照片

---

① ［瑞典］斯文·赫定著，于广达译：《帝王之都：热河》，北京：中信出版社，2008。

图13　盈亨利等人在承德避暑山庄旅行时的合影

之行的相册,是对大约1926年盈亨利与伊萨贝尔及其他在北京的数个外国人共同前往热河的记录。相册中除了有路途与避暑山庄的照片,还有当时驻扎在热河的比利时神父闵宣化(Jozef Mullie)。伊萨贝尔对这次热河之行的记录如下:

> 好吧,我去过热河了,并且回来快两周了。我们周日早上开汽车出发,一辆道奇和一辆达布迪。我们10个人挤在一起,行李放在外面,我们带了折叠床和被褥卷。我们跑了5英里后轮胎被扎破了,之后就没别的麻烦了。但天黑下来的时候我们离热河还有30英里,还得再翻一两个山口。于是我们就在一家寒冷且肮脏的旅店里过夜,等待天亮。父亲和我睡在放在地上的折叠床上,主教(Bishop)的女儿和小国王(Little King)① 把折叠床放在炕上,不料炕的一端有一个大洞,整夜都有风吹进来,让他们

---

① 应指与他们随行之人。

很不舒服。早上，在离热河只有一小时路程的地方，我们的变速箱坏了，等了一整天，直到下午4点钟，我们才被另一辆车救了，司机是我在一个社会服务部①工作时的一位病人的父亲。那是一个可怜的小婴儿，在医院那三天里差点跟他的母亲一起死了，但我们救了他，现在他有了个新母亲，而且情况很好。他的父亲对我笑容满面，他很高兴救了我，我也是这么觉得。我们在当天下午5点前到达了热河，这真是无与伦比，美妙的山峰被雪覆盖，所有的树上都挂着装饰，还有最华美的日落。当热河最终在一个惊险关口的尽头出现时，我心中的愿望实现了。

我们被安排在车库的客房里，非常舒适温暖，吃得很好。第二天一早，我们在寒冷中花了几个小时观光。有6座巨大的寺庙需要我们去探索和拍照——拍出来的照片相当不错。我们开着一辆敞篷车，几乎冻僵了。我确信当时是零度的天气，我不得不揉搓我的脸颊以确保它们保持在原位。这些建筑真的很宏伟——有些很像拉萨的建筑，还有一个像这里的那个有75英尺的大佛的喇嘛寺庙。热河的纸币已经贬值了，一个北京银圆可以买到24张热河钱。所以，我希望你能看到父亲把5元和10元的纸币递给牧师和门卫，就像约翰·D. 洛克菲勒（John D.）本人一样。②那是一种有趣的感觉。

我们和一位乘客一起吃饭，他戴着"景泰蓝"徽章，表示他是正在戒鸦片，但他的家却表明情况相反，随处可见被吸食和蒸馏的鸦片，小国王和主教的女儿都大开眼界。

我们决定早上5点出发去北京，但晚上庆祝中国新年的鞭炮声非常嘈杂，于是我们2点就起床了，收拾好行李，吃了饺子、

---

① 伊萨贝尔于1924年8月到1927年1月工作于协和医学院社会服务部。
② 英文原文为John D.，应指约翰·洛克菲勒。

米饭和鸡蛋做早餐，凌晨4点就在漆黑中赶往惊险的山口。但我们成功了，空气很好，可以开车通过，沿途到处都是像巫火一样烧着的小束香，供奉给除夕夜的神灵，空气中弥漫着香味。渐渐地，黑暗变成了黎明，然后变成了日出，雪白的山顶变成了薰衣草色，还有粉红色，难以置信的可爱，然后我们在白天继续前行，只有我们4个人，因为是春节，路上没有中国人。在密云吃午餐，跟出发那天一样，我看到高高的天花板上的房间里在备食，房间里有烟熏的橡子，灶神面前放着摆满美食的桌子。然后经过30多英里的泥泞融化的道路，我们再次穿过北京北墙的大门，返程在11个小时以内，没有任何麻烦。这真是太棒了。

对于盈亨利一家，在北京的社交圈子除了因为医疗活动而延伸的满族宗室群体外，大多集中在外国人的圈子之中，度假时往往都会选择外国人聚集的度假地，比如北戴河。而他们要前往非外国人聚集地的景点，比如热河，这对他们来说就像是从文明地区前往"蛮荒之地"。盈亨利等人在前往这些景点的短期旅行中，除了要自带几乎所有的食物外，还会自己带着折叠床与被褥，以避免要睡到他们认为并不那么干净的当地旅馆房间。在某种程度上，20世纪30年代以前的盈亨利家庭，虽然他们生活在中国，但他们却可以说是"悬浮"地生活在中国的大城市之中，而这种悬浮状态，在他们前往一个被称为"消失的部族"的景点之行中体现得淋漓尽致。

三

"消失的部族"

在盈亨利一家经常前往的旅行地点中，有一个被他们称为"消失的部族（Lost Tribe）"的地点令人疑惑。这是一个流传于在华外国人之间的一个神秘区域。它之所以神秘,一方面,"消失的部族"这一名字并非来自中国本土,而是传教士所取,且具有非常强烈的宗教意味。在《圣经旧约》中,记载了在公元前8世纪,当亚述帝国征服了当时被称为以色列的犹太北方王国后,将北国的10个部落掳至中亚地区,从此再无他们的消息,因此这10个犹太部落便常被称为"消失的部族"(也会被译为"失落的部族");另一方面,"消失的部族"这一名称还容易令人联想到英国作家詹姆斯·希尔顿(James Hilton)于1933年4月出版的一本名为《消失的地平线》(*Lost Horizon*)的著名小说,书中记载了4名西方人意外来到中国,从涉藏地区到达香格里拉秘境的故事。该书出版后取得了巨大成功,"香格里拉"这一名称也因此闻名于西方世界。而闻名于包括盈亨利一家在内的在华外国人中的"消失的部族"的出现却远早于1933年。1899年,美国传教士梅威良(William Scott Ament,1851—1909)与盈亨利便曾一同前往"消失的部族",并提到他们是第二批前往该区域的外国人。1916年,当时14岁的伊萨贝尔记录了她与父亲及另外两人一起前往"消失的部族"的故事。① 1923年,伊萨贝尔与盈亨利及其其他朋友再次前往该处。② 1927年,盈亨利发表了《中国"消失的部族"》(The "Lost Tribe" of China)一文,向更多的外国人介绍了这个区域。③ 1936年,德国籍女摄影家赫达·莫里逊(Hedda Morrison)前往"消失的部族",并拍摄了大量照片。④ 根据这些记录与发表,我们能够对这些外国人口中的"消失的部族"有一个大体的了解。

有关"消失的部族"的历史、自然环境、习俗、人群等信息,盈亨

---

① Isabel Ingram, Trip to the Lost Tribe,中山大学博物馆。
② Letter from Isabel Ingram to Miriam Ingram, March 4, 1923,中山大学博物馆。
③ James Ingram, *The "Lost Tribe" of China* (Peking: Peking Leader Press, 1927). 该文章首先单册印刷发表,后于1928年发表于辅仁大学期刊。J. H. Ingram, The "Lost Tribe" of China, Bulletin No. 4 of the Catholic University of Peking, May 1928, pp. 47–58.
④ Hedda Morrison-Travels of a photographer in China, 1933—1946, Oxford University Press, 1987, "The Lost Tribe Country".

利 1927 年发表的文章有系统全面的介绍。根据盈亨利的记载,"消失的部族"并非某个村落,而是由几个村落组成的一个区域,位置大约位于今天北京西部百花山附近。之所以取名为"消失的部族",这与生活在该区域的人群历史有关。盈亨利在文章中首先简要讲述了明末农民起义、李自成率军攻入北京城、崇祯皇帝自杀、吴三桂冲冠一怒为红颜、李自成兵败、满洲入关这一段历史,其中还掺杂着一些当时北京流行的京剧《刺虎》的信息等。接下来,当李自成兵败溃退后,那些士兵带着金银财宝四处逃散,吴三桂的部队则在后面追击。其中一支 300 人的小部队赶在吴三桂的部队控制崤函关(Hsiao Han Pass)之前通过了那里,而这 300 人便是"消失的部族"的最初成员。当吴三桂离开北京被派往南方后,这 300 人主动剃发后前往北京向清廷投诚。盈亨利说虽然通常这些人的下场是被处死,但此时的清政府选择了将他们流放。而流放之所便是北京西山的关隘所在。盈亨利描述道:"这是一个山区,位于北京城往西 100 英里,在百花山的西侧,东西宽 17 英里,南北长 13 英里。这个区域几乎没有平地。选择这个区域也许是故意为之,为了饿死他们。"① 这 300 人被分在这个区域的 3 个地方聚居,"他们不能与外面的世界打交道,他们允许从他们的陕西老家娶媳妇,但是不能与周边地区的人通婚"②,以此将他们封闭起来。正因为如此,所以盈亨利认为虽然"消失的部族"这一名称并非起源中国,但如同那些消失的犹太部族一样,这个被放逐的群体之后便在历史中完全消失了,在地图上被抹去,与周边隔绝开来,所以用"消失的部族"称呼他们是合适的。

同为美国传教士的梅威良首先听说了这个区域和相关传说,之后便于 1899 年春天邀请盈亨利与他一起前往探寻。盈亨利强调说:"没有人能肯定地告诉我们应该朝哪个方向走或者我们会遇到什么。"③ 在描述前往

---

① James Ingram, *The "Lost Tribe" of China* (Peking: Peking Leader Press, 1927).
② James Ingram, *The "Lost Tribe" of China* (Peking: Peking Leader Press, 1927).
③ James Ingram, *The "Lost Tribe" of China* (Peking: Peking Leader Press, 1927).

"消失的部族"的路途时,盈亨利不断地强调该区域的偏僻与封闭,被河流、植被与高山等自然要素所阻隔,形成了一个封闭的环境。路上都是曲折的峭壁。"经过了三天的攀爬后,我们的驴子终于把我们带到了'消失的部族'区域的边缘。"① 当盈亨利到达时,那些部族已经在这个"流放地"居住了近300年,且人口从300人增长到4000人。② 在这个封闭的环境,盈亨利进一步讲述了该区域的一些独特特征,比如在当地很难找到住处,因为当地人对陌生人持强烈的怀疑态度;当地人已经忘却了他们自己的历史,因为他们的祖先不想让后代知道被流放的故事;他们拥有以"老人"为权威的自治体系;他们的智力要高于周边村落的平均水平;当地的支付手段有限,不能使用银子;没有大型寺庙,只有小型神龛,供奉山神。文章中还提到这个区域的人群并不了解外界的新事物,当他们看到梅威良的手表时,以为那是一个日晷。除此之外,盈亨利特别强调了流放给"消失的部族"的女性带来的限制:

> 流放时期,女性受到了两项限制。第一项限制是要求她们将头发扎成一种特殊的样式,这让整个头部看起来像一个茶壶,后面的发型像壶把。"壶把"被一根跟小拇指一般粗的红绳紧紧缠住。第二个限制是不允许她们裹脚。在那个时代,中国女性不裹脚被认为是不体面的,所以"消失的部族"的女性通过把脚趾挤进尖头鞋里来维护她们的声誉。男人、女人和孩子都穿上了红布鞋子。每个人都在自己的脚上缠上纺布,以代替长袜。③

除此之外,盈亨利还提到这些女性戴着银耳环和戒指,但是这些女性不戴任何头饰。

---

① James Ingram, *The "Lost Tribe" of China* (Peking: Peking Leader Press, 1927).
② James Ingram, *The "Lost Tribe" of China* (Peking: Peking Leader Press, 1927).
③ James Ingram, *The "Lost Tribe" of China* (Peking: Peking Leader Press, 1927).

类似的记述同样出现在 1915 年前往该处的伊萨贝尔的笔下。在伊萨贝尔的描述中，除了提到盈亨利所说的"消失的部族"与周边村落的类似差异外，还提到女性的发式，甚至认为这里的女性的样貌要比中国女性整体更好看些。除此之外，伊萨贝尔更加强调"消失的部族"的"原始"与"落后"。那里的人群因为围观这些"洋鬼子"（伊萨贝尔自己使用了"foreign devil"这个词）甚至被与伊萨贝尔同行的另一位神父扔石头攻击。①

通过这些描述可以看出，盈亨利与伊萨贝尔认为"消失的部族"勾勒出了一个几乎与世隔绝的自然环境和相对滞后的人文环境。那里的人群的生活方式、组织形式、宗教信仰都比较原始，且都已忘却自己部族的历史。而对于这样的一个地区的访问，是一个来自"文明世界"的人"穿越"到一个"原始世界"的旅行。当伊萨贝尔旅行返程时，她便说自己重新回到"文明世界"。当时已经被西方文明改造得较为现代化的北京城在西方人看来已经有些平淡甚至枯燥了，而这样一个"消失的部族"的出现则满足了他们获得在"原始""自然"的环境"洗礼心灵"的需求。正如梅威良所说："在这一次我们在中国从未经历过的孤独旅程中，有一种魅力。如果任何一个人在离开中国生活及其周边的枯燥平淡之后，经历这样的场景，而不被自然（Nature）的润物无声地帮助和治愈的话，那他一定是无比僵化的。"② 这样的一个"消失的部族"的故事充满了包括滞后和封闭、自然与异域、消失与被发现等各种元素，完全符合当时抱着来自"文明世界"的、前往充满异域风情的东方旅行探险的西方旅行者的口味。这也是为何这样一个"消失的部族"的故事能够一直流传于在华尤其是在北京的外国人群体之间的原因。同时，这既符合一些西方旅行者以高等文明自居的心态，也满足了他们从在当时已经较为现代化了的北京

---

① Isabel Ingram, Trip to the Lost Tribe, 中山大学博物馆。
② Isabel Ingram, Trip to the Lost Tribe, 中山大学博物馆。

城前往较为"原始落后"的地区探险猎奇的趣味需求。事实上,对于他们来说,相似的故事和场景设定可以代入到亚洲、非洲和拉丁美洲的不同地区,被反复讲述。

图14　1923年3月伊萨贝尔与盈亨利等人前往"消失的部族"所摄照片

图15　赫达·莫里逊于1936年拍摄的"消失的部族"的房屋与女性

当盈亨利于1927年发表《中国"消失的部族"》一文时,他提到因为民国的建立,对于"消失的部族"原有的一些限制都被解除了,因此盈亨利描述的这些人群的原有特征都迅速消失了。盈亨利提到他们的女性已经不再仅限于那种"壶把"式发型了,并且青年人可以随意外出经商做工,这些都给"消失的部族"带来了巨大的变化。① 但即使如此,盈亨利所讲述的整个"消失的部族"的故事依旧令人充满疑惑。首先,如果作为李自成军队残部的 300 人被清政府流放,为何会将流放地选择在离京师这么近的京西山区?清政府这种可能会给京师带来危险的行为显得十分不符合常理。其次,虽然盈亨利一直强调"消失的部族"的封闭和隔绝,但事实上,无论京西的山路如何曲折盘桓,都无法想象在经过了 2000 多年发展的中国华北地区还能够存在着一个与外界隔绝的地理空间。与之相对应的是,盈亨利和伊萨贝尔都记录了这一路上遇到的各种人群,包括运送能够做成箭的树枝前往北京销售的骡队、运送煤炭的村民、走私硫磺的客商等。这至少说明路上并非人迹罕至,而"消失的部族"也非封闭的区域。最后,盈亨利提到的政府对"消失的部族"的人群的限制,尤其是对于女性的限制,更是令人疑惑。众所周知,满人女性并不裹脚,也并不会认为裹脚是一种值得推崇的习俗,为何又会将不许裹脚作为一种限制与惩罚呢?同时历史上也几乎没有以限定女性的发式作为惩罚的案例。那这个在京西山里的所谓的"消失的部族"到底是什么村落?其历史、风俗和自然环境是否如盈亨利所描述的那样呢?

其实,从盈亨利与伊萨贝尔所记录的他们在路上遇到的运送煤炭等物资的骡队来看,可以不难判断出盈亨利他们行进的道路是一条常用的京西山中的物资运送路线。1936 年,当赫达·莫里逊前往"消失的部族"时,她便雇用了一个由 3 匹驴和 3 个人组成的驴队,由他们领路带着赫达前往的。由此可见,这条前往所谓"消失的部族"的路线是为那些当地的商队、货运队所熟悉的,而在京西山中存在的这诸多运送物资的山路石道便被统称为京西古道。在近代铁路和公路修筑之前,要将京西山以及山西、内蒙古的煤炭、石材、木头等资源运送到北京城,便需要依赖这些交织成网的京西古道。当然除了运送物资外,香客进入西山中的寺庙进香、军队

---

① James Ingram, *The "Lost Tribe" of China* (Peking: Peking Leader Press, 1927).

通行同样也需要使用这些古道。种种需求，让这些古道上形成了十分繁忙的交通场景。由此，在古道网络上的一些交通节点上便形成了一些村落，既可以供路上通行之人歇脚住宿，有些还是具有军事价值的驻扎关口。盈亨利等人所见到的应该就是这种位于京西古道上的村落。在盈亨利所说的百花山西侧，至今仍有数个保存得相对完整的古村落，包括爨底下村、黄岭西村、灵水村等。赫达所拍摄的"消失的部族"中的从龙王庙中抬出龙王、龙母进行游行的祈雨活动、马神庙壁画中的马王爷神像，都是这些京西传统村落中的风俗。① 因此，这些古村落极有可能便是盈亨利等人所见到的"消失的部族"。

图16 《中国"消失的部落"》文章封面

由此可见，作为京西古道上散布着的这些村落其实曾经是重要的交通节点，成为封闭隔绝的所谓"消失的部族"的历史很大程度上是无稽之谈。盈亨利所发掘的"消失的部族"中的人群的诸多特征，比如样貌、发式、信仰等，其实只是根据他们既有的"消失的部族"的封闭、隔绝、

---

① Hedda Morrison-Travels of a Photographer in China, 1933—1946, Oxford University Press, 1987, "The Lost Tribe Country". 赫达·莫里逊在记述中给予了"消失的部族"一种相对更为平等的态度，而不完全是以一种居高临下的先进对落后、文明对原始的姿态。

滞后的论述框架去"挖掘"与臆想与之相对应的现象而已。因此，在北京的包括盈亨利一家在内的外国人对于"消失的部族"的持续兴趣充分展现了他们在北京生活的"悬浮"状态。他们日常聚居在经过现代化改造后的大都市中，享受着当时在中国极少的几乎仅存在于大城市的便利条件；度假时也是前往外国人聚集的沙滩或山中别墅；短期旅行时自带食物与被褥，前往一些景区或其他区域。而这些区域中甚至有被"创造"出来的完全迎合了西方人口味的所谓"消失的部族"。

当然，盈亨利等人对于所谓"消失的部族"的原本的状态的无知，其实在一定程度上也反映了随着晚清铁路运输的崛起，这些京西古道的功能便被逐渐取代的状况，而那些古道上的村落便也随之衰败。当赫达·莫里逊于1936年前往探寻时，她特别提到了"消失的部族"村落的贫困。当交通节点的功能消失后，修筑在山间的村落便自然会随着资源的缺乏而变得难以维续，最终几乎被废弃。也正因为如此，今天这些京西古道上的许多村落，都因其保存着比较完好的传统村落建筑而成为开放的旅游景点。

"皇后"教习

1914年，盈亨利一家搬到了紫禁城边上的灯市口后，他的儿女自然也来到了北京城内。在未成年以前，即上大学以前，盈亨利的子女都跟父母在通州或者北京上学。中学毕业以后，他们便会选择前往美国接受大学教育。大学毕业后，有些会选择留在美国工作，比如盈亨利的两个儿子，有些则会选择返回中国，比如伊萨贝尔。伊萨贝尔于1918年毕业于北京崇文学校（Peking Academy in the City of Peking, China），之后便前往美国韦尔斯利学院（Wellesley College）读本科。1922年，当伊萨贝尔从美国返回后，她很快便迎来了她在中国生活的高光时刻，成为"末代皇后"婉容的英文教习。

一

成为教习

伊萨贝尔之所以能够成为婉容的教习，这与前文提到的盈亨利一家与毓朗一家从在通州开始的交往密不可分。民国早期，虽然已经进入了民国，但溥仪小朝廷依旧生活在紫禁城内，而满族宗室在最初沉寂了一段时间后依旧比较活跃。毓朗的福晋赫舍里氏，依旧与使馆区的夫人们关系十分密切，当然也依旧与盈亨利一家保持着联系。在伊萨贝尔的记忆中，赫舍里氏精力充沛、能力出众，声音欢快高亢，经常出席"外国公馆和私人宅邸的晚宴、招待会和麻将派对"。在赫舍里氏的女儿中，二女儿恒馨即"二格格"很像她，"身上有着与那位老太太一样的风采、幽默和能力"。① 二格格嫁给了郭布罗·荣源，成为婉容的母亲。但是成为溥仪皇后的婉容并非恒馨所生，而是荣源之前的妻子所生。只是婉容的生母在她出生后不久便因产褥热去世了，所以婉

图 17　伊萨贝尔

容与恒馨的关系较为密切。1922 年 3 月，溥仪"传旨"立婉容为皇后，当时本居住在天津的荣源一家便搬到了北京城，为后续的婚礼做准备。搬到北京城后，为了给婉容找一位英文教习，恒馨和荣源找到盈亨利夫妇，希望他们推荐一位合适的人选。盈亨利夫妇推荐了他们的二女儿米莉安，恒馨很满意，因为米莉安会说中文。大约 6 月时，米莉安开始前往帽儿胡同为婉容授课。

---

① 见本书"伊萨贝尔回忆录"部分。

米莉安的教学进展得很顺利。梅塔在给伊萨贝尔的信中写道:"她完全爱上了她的小学生,回家后经常讲述她的学生在课堂上的美丽、魅力和惊人能力。她本该每天教一小时课,却总是待两三个小时,他们相处得很开心。他们家庭成员,至少二格格和那位小弟弟,在下课后还会进来聊天开玩笑,总不让她走。"[①] 米莉安的授课仅持续了 3 个月左右,因为她已经订婚,10 月便返回了美国结婚。这时,盈亨利夫妇又向荣源、恒馨夫妇推荐了刚刚从威尔斯利学院毕业的伊萨贝尔来接手这项工作。

图18 二格格恒馨

[①] 见本书"伊萨贝尔回忆录"部分。

伊萨贝尔于1922年7月从美国出发到达北京。9月26日，她陪伴米莉安前往婉容在帽儿胡同的住处，首次见到了婉容。描述此次见面时，她回忆道：

> 和许多北京的精致住宅一样，只有穿过主街外尘土飞扬的狭窄小巷才能进入那里。宅子实际上是一连串的房子和院落的组合，完全隐藏在高高的围墙后面。我们从一个小侧门进入，因为正门正在被拓宽扩大以供凤舆通过。看门人向一个太监喊了我们的名字，太监大声重复了一遍，招呼我们，然后领着我们穿过了几个院子，每经过一个院子就喊着我们的到来，听到的每一个仆人都喊着重复了一遍。于是整个宅子都知道"盈二姑娘到！盈三姑娘到！"然而，当我们到达会客厅时，太监离开我们去通知皇后。与此同时，更多的太监出现了，端着茶，带着八卦和问题，我们就这样消磨了十到十五分钟的时间。
>
> 最终太监回来，宣告皇后驾到。她向我们走来和我们握手，一个美丽的年轻女孩，微笑与友好。我们之间没有任何尴尬的沉默或难堪。皇后温柔地握着米莉安的手，急切地问我是否高兴回到中国，是否喜欢我的内蒙古之旅，然后她眨眼取笑我渴望的日光浴，问我是不是不怕被当成中国人。我回答说："也许会被当成汉人，但绝不会被当成满人。"我认为这回答让她很高兴，因为她气质迷人，皮肤很白，而她那长长的黑眼睛、微弯的眉毛和有光泽的黑发让她显得更白了。她根据潮流，随意且谨慎地使用了粉底和胭脂，后者涂在脸颊和下唇上。她戴着长耳环，头发上插着精致的手工花，还有几朵茉莉花散发着香味。她的手小得令人难以置信，纤细的手指手腕上戴着几枚戒指和手镯。
>
> 当她转身和米莉安交谈时，我盯着由她所构成的画面大饱眼福。我欣赏着她的美丽，欣赏她对礼服、鲜花和珠宝色彩的别致

选择，以及她优雅的动作和精致的举止。她个子不高，只有五尺多一点，但她那十分纤细的身姿，高领贴身的长袍，长到几乎遮住她的小绣花鞋，梳成高发髻的头发，都让她看起来比她实际身高要高。

但皇后在这第一次见面给我留下的印象最深的还是她那迷人的一闪而过的笑容和不断变化的表情，一会儿庄重严肃，已然是皇室，一会儿又快乐、机警和少女似的，或者又闪烁、淘气。后来我还看到了她的容光焕发与痛苦失败。

二格格进来了，还是一如既往的亲切和风趣。从她那随和的样子，谁也猜不到她是那年秋天北京最忙碌的女人。然后皇后的小弟弟就冲了进来，一个十岁左右的俊俏小伙子，是皇后的最爱。我们都打趣他在他姐姐面前滑稽磕头，退下的太监们看得目瞪口呆。然后他仔细检查了我的珠子，并确信它们并非真正的珍珠。当我们喝茶吃甜食时，他画了亲戚朋友们的漫画，对每个人发表了非常有趣的个人评论。①

从这段描述可以看出，伊萨贝尔对她的学生和二格格一家都是不吝赞美之词。这次见面后不久，米莉安便回到了美国举办婚礼。从 10 月 9 日起，便由伊萨贝尔继续给婉容上英语课。在伊萨贝尔的回忆中，她不断地强调婉容对学习的渴望和学习能力。"我对她在三个月的学习中取得的快速进步感到惊讶。我发现上课从不困难，除了要跟上她不断学习的渴望。如果必须取消课程，她会讨厌这些中断并感到难过。看到她在掌握难懂的发音和习语后的喜悦真是一种享受，而且她并不害怕在谈话中使用她有限的词汇。她的记性极好，我很少需要重复同一个词。"但是这样学习的过程很快就被溥仪和婉容的大婚中断了。

---

① 见本书"伊萨贝尔回忆录"部分。

1922年12月1日，溥仪与婉容大婚，这便意味着伊萨贝尔的英文教习工作可能会因此而无法继续。因为成为"皇后"的婉容是否能继续请外国教习不再取决于她的父母，而需要溥仪小朝廷来决定，要由当时的溥仪小朝廷内部的内务府进行沟通与安排。因为在伊萨贝尔之前，庄士敦早已被聘为溥仪的教习，他自然便成为伊萨贝尔寻求相应帮助的对象。但与伊萨贝尔不同的是，作为逊帝溥仪的教习，庄士敦在紫禁城的身份是更为特殊的。庄士敦在《紫禁城的黄昏》中曾提到在皇族和内务府内部关于是否将庄士敦和溥仪的其他师傅置于同等地位的争论①。虽然庄士敦与中华民国内务部、清室内务府签订的合同中仅仅提到"聘任英国庄士敦先生为清皇帝教习，专任教授事宜"，②但在庄士敦上任以后，溥仪便不断给予封赏，包括毓庆宫行走、赏坐二人肩舆、头品顶戴、赏穿带膆貂褂等荣誉③。溥仪在《我的前半生》中便记载了他在1921年底发的一道谕旨："庄士敦教授英文，三年匪懈，著加恩赏给二品顶戴，仍照旧教授，并赏给带膆貂褂一件，钦此。"④ 作为婉容的英文教习，伊萨贝尔在紫禁城的身份并没有那么特殊，但是像何时在何处给婉容上课、薪资如何、从何门出入、在紫禁城内是否乘坐椅轿这些细节依旧需要专门安排。

伊萨贝尔在溥仪大婚前便已经结识了当时已是溥仪教习的庄士敦，于是庄士敦便扮演了一个在伊萨贝尔和紫禁城的内务府之间沟通的角色，包括何时在何处给婉容上课、薪资如何、从何门出入、在紫禁城内是否乘坐椅轿等。伊萨贝尔的母亲梅塔在溥仪、婉容大婚后写给当时已在美国的米

---

① [英]庄士敦：《紫禁城的黄昏》，求实出版社，1989，第136页。
② 谢小华：《庄士敦受聘为溥仪师傅合同》，《历史档案》2009年01期。
③ 秦国经：《逊清皇室轶事》，紫禁城出版社，1985，第67页。
④ 爱新觉罗·溥仪：《我的前半生》，北京联合出版公司，2018，第126页。庄士敦在《紫禁城的黄昏》中也有类似的记载，但是他将"二品顶戴"和"头品顶戴"直接等同为相应的官阶，并以此来说明自己获得了"头品官阶"（first official grade），"从而成为一名最高级别的中国官员（Chinese mandarin）"。其实这种说法是有所夸大的，溥仪逊位后，顶戴的封赏并不与相应的官阶挂钩，而仅仅是荣誉性的。庄士敦《紫禁城的黄昏》，第137页。Twilight in the Forbidden City, 178.

莉安的信中说："庄士敦先生已经'沦陷'于她（指伊萨贝尔）了，他对她无微不至，我相信他也会竭尽全力让她进入皇宫继续她的教学。"① 这也正式开启了伊萨贝尔与庄士敦的交往，他们之间开始了频繁的通信，而庄士敦致伊萨贝尔的信件也都被伊萨贝尔保留了下来。

溥仪、婉容大婚，婉容于 1922 年 12 月 1 日进入紫禁城。而伊萨贝尔留存的庄士敦的信件也开始于 1922 年 12 月 1 日。伊萨贝尔于 12 月 15 日前往紫禁城给作为"皇后"的婉容首次授课，直至 1924 年 11 月 5 日婉容跟随溥仪被驱逐出紫禁城。而这 128 封庄士敦的信件中，有 99 封都是 1922 至 1924 年的。1925 年之后，因为他们不再是"同事"关系，所以相互通信逐渐减少，其中，1925 年 9 封，1926 年 14 封，1927 年 9 封，1928 年 3 封，1929 年 1 封，1930 年 3 封。值得一提的是，虽然庄士敦的年龄远长于伊萨贝尔，但庄士敦在与伊萨贝尔结识时依旧是单身状态，而伊萨贝尔作为一名年轻女性，自然会吸引庄士敦。从这些信件的内容来看，可以说庄士敦在某种程度上是伊萨贝尔的追求者，信中经常会有一些较为暧昧的语言。而当伊萨贝尔在 1930 年订婚以后，庄士敦写了最后一封称呼她为"梅迩夫人（Mrs. Mayer）"的信之后，就停止了与伊萨贝尔的通信。

在最早的几封信中，有数封都与受聘细节有关。其中，在一封没有署具体日期但只注明为"星期二"的信中，庄士敦向伊萨贝尔确认了她会被邀请到紫禁城继续作为婉容的英语教习：

> 这只是一个便笺，告知你皇上在今天下午和我说，已经敲定了。你会被聘请继续教授皇后，并在一周后继续课程。他还说，你可以遵循阳历——也就是说，星期天不用上课。
>
> 皇宫的仆人告诉我，要为你准备一把椅轿，同时，你要从神武门（煤山门）进去，因为皇后的宫殿储秀宫在西边，同时神

---

① Myrtle Ingram to Miriam Ingram, Dec. 3, 1922, 中山大学博物馆。

武门你最方便进入。也许你已经知道这些了,并且知道得更多,但是我会尽量把我所知之事都传达给你。

宫中有许多贪婪的人——我指的是太监和苏拉,不要让他们勒索你。如果我能在任何时候为你提供任何帮助,请不要犹豫,随时告诉我。①

虽然该信并没有具体日期,但是在溥仪、婉容大婚(12月1日)至伊萨贝尔第一次去紫禁城授课(12月15日)的星期二只有12月5日和12月12日这两天。而在当时的内务府大臣绍英的日记中,他在12月12日当天记载了"蒙召见,为皇后、淑妃之女教习盈姑娘、陈姓每日进内应备椅轿事"②。此处的"陈姓"为淑妃文绣的英文教习。由此可见,庄士敦的这封信应该也是在12月12日当天发出。虽然信中庄士敦向伊萨贝尔交代了她从神武门进宫,有二人肩舆等细节,但信中并未提及伊萨贝尔作为教习的薪资或其他相应待遇。因此,伊萨贝尔马上回信主动问及了薪资问题,她提到希望自己的薪资能够养活自己并且能够让她在未来继续攻读研究生③。

紧接着,在13日、14日,庄士敦接连写信给伊萨贝尔,跟她讲述了与内务府沟通的情况。在12月14日的信中,庄士敦写道:

我今天和绍英(可能你知道他是谁)谈了你的薪水问题。他说金额还没有确定,但他认为肯定会比你以前收到的多。他把

---

① Johnston to Isabel, no date. 应为1922年12月12日,中山大学博物馆。
② 绍英:《绍英日记》,中华书局,2018,第576页。绍英(1861—1925),字越千,满洲镶黄旗人。光绪末曾以京师大学堂提调身份东渡日本考查学务;又曾任商部右丞,充高等实业学堂监督;擢支部左侍郎,派充崇文门监督。宣统年间擢署度支部大臣,辛亥革命后,充任溥仪宫中总管内务府大臣,兼管八旗护军营及都护使之职。
③ 伊萨贝尔的回信是这批信件资料中的3号。虽然这封信并没有注明日期,但很明显与2号信件形成呼应关系,因此她可能是12月12日当天或者之后一天12月13日的回信。

我放在一个相当微妙的位置上,因为他问我"你认为什么样的薪水才合适"。我当然没法回答,因为我不知道你以前的薪水是多少。我说我听说你只得到了一小笔酬金,这是你出于友情而接受的,但我想你现在会很自然且合时宜地期望得到一笔适当的薪水,因为你的宫廷任命会使你无法在别处获得工作的报酬。他说他完全同意!

如果他或其他任何人再次就这个问题与我交谈,我会立即将谈话内容转告给你;同时,如果你想告诉我你希望得到什么样的薪水(无论只是给我的私密信息,还是要转告给他们),能写信告诉我吗?

我们必须谨慎且机智,因为他们可能会比你期望的给得更多!

我听说皇帝的二号新娘也将继续她的英语学习。她的老师是一名中国女性——可能来自一所传教士学校。我还没听说她的薪水是多少。无论如何,你的地位当然会比她更高,因为你将是皇后的老师。①

由此可见,虽然溥仪在 12 日召见绍英确定了一些如椅轿的细节,但伊萨贝尔的薪资依旧并未确定。而绍英则希望通过与庄士敦讨论来了解伊萨贝尔对于工资的期望值。伊萨贝尔则在回信中提到她希望的工资是 300 元到 500 元,并同时提到绍英与她的家人相互熟悉,当米莉安前往美国成婚时,绍英还给她赠送了礼品。② 最终,从伊萨贝尔的母亲于 1923 年 1 月 28 日写给亲友的信中,我们可以得知伊萨贝尔当时每天去紫禁城工作 2 小时,每月能获得 300 元的工资。除了工资外,每年还能从小朝廷获得数

---

① Johnston to Isabel, Dec. 14, 1922,中山大学博物馆。
② Isabel to Johnston, no date,中山大学博物馆。

百元的赏赐。但同时，在紫禁城工作的伊萨贝尔也还会有一些开销，主要是需要给紫禁城内轿夫的赏钱。① 由此，作为婉容英文教习的伊萨贝尔正式开始进出紫禁城，进行她的工作。

图19 伊萨贝尔（右一）与婉容和庄士敦（左一）的合影

---

① Mother to Lew, Peking, Jan. 28, 1923, 中山大学博物馆。《逊清皇室轶事》也有相应记载："民国十三年（1924年）甲子一月清室规定婉容教师英格兰木和马修容每人月薪洋三百圆。"此处"马修容"应即为绍英日记中的"陈氏"，文绣的英文教习。但是庄士敦在1923年1月15日致伊萨贝尔的信中又提到说陈氏（Miss Ch'en）的工资为每月200元。秦国经：《逊清皇室轶事》，第167页；R. F. Johnston to Isabel Ingram, Jan. 15, 1923, 中山大学博物馆。

"像往常一样十点三十进宫。皇帝在储秀宫（Chien Hsiao Kung）弹钢琴，让我十分惊讶。皇后正在梳头发。我围观了这个过程。皇帝进来了，开始挠她痒痒，一整天。又要将我的头发梳成满族风格。皇帝当即答应了，派人去找摄影师来，还说也要给庄士敦打扮一番。皇帝过去接他，并在我们准备好之前把他带回到皇后寝宫。他们都围观了这个过程。花了很长时间——梳出新的部分等。刘（Liu）又梳了一遍。我穿着一件淡绿色的长袍，带有淡紫色的金丝（chin shih 拟音），皇后后来把它们送给了我。摄影师给我们拍了照，先是单人，然后是集体，只有皇帝不参与。希望拍出来效果不错。后来，我们拍了一卷柯达胶卷，成功率令人怀疑。一边吃香蕉一边卸下发型，花费的时间比做发型的时间少。"

溥仪大婚

1922年底的溥仪大婚在当时受到了极大的社会关注。作为一场在共和国举办的皇室婚礼，溥仪与婉容的婚礼不仅有溥仪小朝廷成员的直接参与，遍布全国的清朝"遗民"们的亲临行礼并敬献贺礼或者遥寄贺礼，而且还有普通市民的猎奇围观以及中外媒体的聚焦报道。逢此大事，在北京的外国人群体自然也不会缺席。在登记溥仪大婚所接受贺礼的《大婚进奉册》中，便有9位外国人位列送礼名单之中。[①] 除此之外，还有诸多参与了婚礼但未送贺礼的外国客人，包括伊萨贝尔及其母亲梅塔，以及一

---

① 陈熙远：《共和国里的皇室婚礼——宣统大婚与帝制王朝的最后挣扎》，《"中央研究院"近代史研究所集刊》2016年第94期，第77-129页。

位当时在中国旅行的美国女作家格蕾丝·汤普森·西登（Grace Thompson Seton）。伊萨贝尔、梅塔和西登都参加了婉容的册立奉迎礼以及凤舆入宫礼，伊萨贝尔和西登还参加了大婚之后在紫禁城内举办的受贺礼，因此他们都留下了对于溥仪大婚的比较翔实的记录。

在诸多关于溥仪婚礼的记录中，既有来自如溥仪、溥杰等当事人的记录，也有来自旁观者如民国媒体《大公报》《晨报》等的记载，这些资料往往都对溥仪小朝廷抱有十分复杂的情感。小朝廷的参与者多流露出对于清室的留恋，而以"摩登"和"共和"价值观自居的民国媒体则多是批评溥仪小朝廷的行为。因此这些复杂的情感往往会影响这些记录下来的材料，甚至会出现有意为之的修改或无意之间因自身情感而在记述上出现的偏差。可以想见的是，伊萨贝尔、梅塔和西登留存的记录资料也会有类似的问题存在。但与此同时，因为她们独特的"她者（others）"视角，让她们留存的这些大婚资料显得独特且珍贵。

这里的"她者"视角由三个维度构成。首先是"旁观者（bystander）"的维度。与紫禁城里另一位深度介入紫禁城局势的英文教习庄士敦不同的是，伊萨贝尔更像是一位旁观者。她对在小朝廷中正在发生的事情保持着一定的距离，并未获得机会参与到小朝廷的政务中来。而梅塔和西登则更只是旁观者而已。这便能够让她们较为冷静地记录并回忆自己的所见所闻。第二个维度便是"女性"的维度。伊萨贝尔、梅塔和西登女性的身份能够让其进入婉容出嫁前的内闱和小朝廷的后宫，与尤其不被学界所关注的小朝廷女性群体进行交流。同时因其女性的身份，能够让其敏感地察觉到许多并不为其他资料所提及的细节，如宫廷的内饰、帝后的情绪、服饰等。第三个维度则是"外国人（foreigner）"的维度。梅塔和西登都是在美国本土成长起来的美国人，伊萨贝尔虽然出生并成长于北京，但是一直过着西式生活与接受西式教育。在被聘为婉容教习之前，她刚从美国韦尔斯利大学（Wellesley College）艺术史专业毕业返回中国。因此，有着异质文化背景的伊萨贝尔等人在与溥仪小朝廷打交道，并记录其经历时，都有其不一样的思考。正因为伊萨贝尔作为旁观者的姿态，同时是一位年轻外国女性，她甚少被小朝廷中各色人等敌视，反而能够与小朝廷的众人正常接触往来，甚至时而被婉容作为倾吐对象，这一点从她留存的记录和日记可以看出。正因为存在着这三个维度的"她者"视角，伊萨贝尔等人存留的这些资料能够与前文提到的其他与溥仪大婚相关的材料相互补充与印证，同时也能够让我们重新审视这场皇室婚礼。

溥仪、婉容婚礼是按照清朝皇室婚礼的传统，包括有婚前礼、成婚礼和婚后礼。其中婚前礼主要包括纳采礼和大征礼，婚成礼包括册立礼、奉迎礼和合卺礼，而婚后礼包括朝见礼、庆贺礼等。因为与婉容家族密切的私人关系，伊萨贝尔与她的母亲梅塔参与了婚成礼部分的册立礼和奉迎礼，其中册立礼在婉容家中举办，而奉迎礼则在紫禁城举行。此外，伊萨贝尔还作为外宾参与了婚后礼中的庆贺礼。① 在二格格恒馨的亲自邀请下，梅塔和伊萨贝尔一起前往帽儿胡同参加了于 1922 年 11 月 30 日上午举办的册立礼。在现场观礼的外国人中除了伊萨贝尔及其家人外，还另有几位美国人，其中便包括格蕾丝·汤普森·西登。当她到达北京时，她首先向伊萨贝尔求助，让她帮自己引见婉容。伊萨贝尔婉拒了她，她便通过美国领事馆举办的午餐会见到了婉容的外婆赫舍里氏和母亲恒馨，她向婉容的母亲和外婆赫舍里氏宣称自己的作家身份能够让这场婚礼得到更多国际宣传，所以她也被邀请前往帽儿胡同观摩这场庆典。② 此外，西登还通过其他方式获得参与紫禁城内奉迎礼和庆贺礼的资格。③ 西登离开中国后不久便于 1924 年出版了《中国灯笼》（*Chinese Lanterns*）一书，该书的第

---

① 溥仪大婚在庄士敦的协调下邀请了许多当时在北京的驻华大使观礼，因为这能够向国际社会宣示溥仪小朝廷的存在。伊萨贝尔则通过庄士敦获得了以个人身份参加这次活动的机会。伊萨贝尔参加了溥仪婉容在 12 月 3 日举办的使臣入贺礼。庄士敦帮助伊萨贝尔获得了参加庆贺礼的入场资格。见本书"梅塔对溥仪大婚的记录"部分。
② 见本书"梅塔对溥仪大婚的记录"部分。
③ ［美］格蕾丝·汤普森·西登：《中国灯笼：一个美国记者眼中的民国名媛》，中国言实出版社，2015，第 12 - 14 页。

一部分"婚礼之灯——皇宫中的黄灯笼"便翔实地记录了这场皇室婚礼。由此伊萨贝尔、梅塔与西登对同一场婚礼都有着她们各自的记录。

在这些记录中，伊萨贝尔和西登都带着欣赏的眼光夸赞这场婚礼的礼仪过程和服饰等细节。在册立礼中，溥仪派出的正副使持节从紫禁城出发来到后邸，赐予婉容册立其为皇后的金宝和金册。伊萨贝尔在看到仪式中正副使及其随从的官服时，描述道："庭院下方两侧排着太监和大约50名宫廷官员，他们穿着几乎完全相同的官服，身上穿着更短些的、毛衬里的绸缎外套，前后绣着大的补子。他们也戴着长长的朝珠，头上的帽子用绳子绕下巴下固定，上面装饰着花翎和各种等级的顶珠。"① 在记录礼仪中的细节时，伊萨贝尔不断地强调这套仪式的精密、庄重与优雅。而在西登的笔下，赫舍里氏、恒馨等宗室女性具有很多美德，她们的坚韧独立、温柔谦和、有尊严有能力且稳重踏实，这与她之前在美国对华人"苦力"的印象大相径庭。当西登观看册立礼时，她还感慨道："这宏大的册封仪式充满了东方魅力。"②

同时，虽然伊萨贝尔和西登所记录的是同一礼仪事件，且都对这个礼仪过程表达了赞赏之情，但二人的逻辑差异却非常明显。当西登在感慨册封仪式的东方魅力时，马上就将笔触转移到了西方，她说："喧嚣的西方世界中，机器不停运转，轰鸣声不断，造出标准产品，一环紧扣一环。所有这些我们引以为傲的新文明，在这古老的特权阶层倾其财富权力营造出的极致场景中，黯然失色。这场面令我如痴如醉。"③ 刚刚经历了第一次世界大战的西登在书中经常赞美中国的传统和历史的同时，还会批评欧洲文明的不完整，对西方式的现代性进行批判。西登认为欧洲文明虽然有大

---

① 见本书"伊萨贝尔对溥仪婚礼的记录"部分。
② [美]格蕾丝·汤普森·西登:《中国灯笼：一个美国记者眼中的民国名媛》，中国言实出版社，2015，第28页。
③ [美]格蕾丝·汤普森·西登:《中国灯笼：一个美国记者眼中的民国名媛》，中国言实出版社，2015，第28页。

发展时期，但也有暴虐屠杀横行的悲惨时期，光明黑暗交替出现。① 因此"历史在竞争中螺旋式前进"，东方文明不应该完全跟随西方文明，比如日本便保留了帝制，而中国的君主制度也可以回归。② 所以，西登提出未来的中国人需要融合新旧秩序，既能够吸收西方文明，也不要牺牲东方文明。③ 具体到对婉容时，她则希望"这朵娇嫩芳香，由古老传统之树滋养而生的花蕾"能够"在逆境中生长自如，开出女权辉煌之花"。④ 西登的观点一方面与她自己女权主义者、女性参政者（suffragist）的身份密不可分，另一方面还与她自己所持有的文明观、自然观有关。西登的文明观、自然观与其丈夫欧尼斯特·汤普森·西登（Ernest Thompson Seton）有着密切的关系。欧尼斯特·西登是一位在美国历史上影响深远的动物文学作家，同时还是一位博物学家。他主张亲近自然，尊重原住民文化，所以他既是美国童子军的创始人之一，也是保护美国原住民文化的积极倡导者，并且自己向印第安人学习了他们的语言与野外求生技能。由此可以看出，西登与其丈夫的思想有很大的相似性。西登在《中国灯笼》的序言中便提到中国的历史要早于且优于欧洲，并且将中国的文明与历史提升到一个与欧美同等的地位。因此，西登试图为西方读者呈现一个具有东方魅力的中国传统礼仪和古老文明，以及诸位活跃于其间的中国女性，如赫舍里氏、婉容，这实际上源自对西方文明和现代性的批判。

然而，虽然西登称赞她所参与的这场婚礼的东方魅力和她对中国历史与文明的推崇，但与她同时在场的伊萨贝尔和梅塔却记录西登在参与这场礼仪活动中展现出另一面。在伊萨贝尔的记录中，她特意强调了在参加册

---

① ［美］格蕾丝·汤普森·西登：《中国灯笼：一个美国记者眼中的民国名媛》，中国言实出版社，2015，第81页。
② ［美］格蕾丝·汤普森·西登：《中国灯笼：一个美国记者眼中的民国名媛》，中国言实出版社，2015，第55页。
③ ［美］格蕾丝·汤普森·西登：《中国灯笼：一个美国记者眼中的民国名媛》，中国言实出版社，2015，第84页。
④ ［美］格蕾丝·汤普森·西登：《中国灯笼：一个美国记者眼中的民国名媛》，中国言实出版社，2015，第23页。

立礼的外国人中，西登与其他人的不同。"除了那位访问作家，我们这个'外国人'小团体中的每个人，不是在中国出生长大，就是在那里生活了很多年，我们都意识到我们作为外人，能够被邀请是多么荣幸，因为这个独特而庄严的皇家仪式的观礼者在以往都只有皇后的直系亲属和最亲密的朋友。除了那一位，我们都端庄得体，谦恭有礼，并对这一崇高的荣誉表示感激。"[1] 她为何要如此强调呢？因为伊萨贝尔认为西登在参与册立礼的过程中做了一件十分无知、不敬且粗鲁的事情。当时在册立礼结束后，婉容回到了内室，伊萨贝尔、西登等人则被邀请近距离观看被摆在案台上的金册、金印时"在我们意识到发生了什么之前，那位访问作家挤到了前面，抓起皇权象征物并掀开了它的盖子。它瞬时就从她手中被夺回，然后被放到了够不到的地方。我们都因她的无知和不敬而震惊，为我们是同胞而羞耻。在肆无忌惮地获取写作素材时，她如此粗鲁地滥用我们女主人的亲切款待，真让我们羞愧"[2]。这里的"访问作家"便是西登。但这一插曲在《中国灯笼》中只字未提。由此可见，虽然在西登笔下对溥仪婉容大婚所展现的礼仪十分尊崇，强调她对中国文明的尊重与推崇，但是同时西登仍然在日常表现出了对中国一定的傲慢。而在西登的写作中，她很少流露。

与西登相比，伊萨贝尔对这场皇室婚礼的推崇却出自另一种思路与逻辑。伊萨贝尔在记录中强调，与西登相比，自己在中国出生长大，因此能够对参与的这场活动表现出感激与尊重。而她在记录这场婚礼时，也不断地流露这种情绪。在描述婉容在册封礼中接受跪拜礼时，她描绘道："她端庄而甜美地坐在一张类似王座的椅子上，微微低头，所有的宦官和官员都跪在她面前，三磕头。虽然这一切很快就结束了，但是皇后在面对这些虔敬行礼的尊贵男性的忠诚时所表现出的优雅朴素，一直停留在我们的记

---

[1] 见本书"伊萨贝尔对溥仪婚礼的记录"部分。
[2] 见本书"伊萨贝尔对溥仪婚礼的记录"部分。

忆中。此外，我还有更亲密的回忆值得珍藏，因为在她婚礼的前夜，当我去道别并送上我最后的美好祝福时，她紧紧地握着我的手，似乎恋恋不舍。"婚礼队伍在行进时，伊萨贝尔说："对于中国的婚礼行进队列来说，这次的队列不是很长，但井然有序、紧凑且非常奢华，月光让服装和装备上耀眼的猩红色、黄色和大量精致的金色变得柔和起来。"最后，当行进队伍进入内厅后，她说："在我们身后，有着宏伟的古老红墙、大理石台地和富丽堂皇的宫殿（pillared hall）的紫禁城，又一个皇室婚礼正在其中举行。"而与这种形容相对应的是伊萨贝尔对于当时民国活动的一些讽刺。在描述完婚礼正副使及其随从的华丽官服后，伊萨贝尔便马上补充道："终于，在民国活动中看了十年单调且不合身的服装后——不土不洋的制服和廉价礼服——我们再次饱览了这些华丽、庄重的满族服饰，它们生动地提醒我们这个帝国曾经的荣耀。"这种态度与西登形成了显而易见的对比。

这种对比在她们二人对婚礼行进队伍的描述中更是突出。在《中国灯笼》中，当婚礼行进队伍于凌晨4点到达紫禁城的东华门时，西登说："院内的漏壶指向4点。东华门外传来城市的嘈杂声，继而被人群的呼喊声盖过。突然音乐传来，有长笛，有喇叭，还有大鼓和号。演奏的是什么？肯定不是中国乐队！是外国乐队！不，是中国乐队，演奏外国音乐。声音越来越近，美国军歌《当约翰尼迈步回家时》轻快的曲调重重地敲击着我的耳膜。接下来是《今夜老城将充满欢乐》！没有什么能比这更不协调了。后来我得知，这使人印象深刻的演出还包括《基督精兵歌》《约翰尼拿起你的枪》《前进、前进、前进，男儿们向前进》以及《自由的呐喊》！"[①] 而当伊萨贝尔记录她的所见所闻时，她说："没过多久，我们就听到远处传来了陪伴着新娘的乐队演奏的古老乐曲。声音越来越近，在一

---

① ［美］格蕾丝·汤普森·西登：《中国灯笼：一个美国记者眼中的民国名媛》，中国言实出版社，2015，第37-38页。

个高音上它突然停止。越过开阔的大庭院,在一条特殊的黄土小路上,我们看到了队伍的到来。"可以看到,虽然伊萨贝尔和西登记录的是一件事情——同一支婚礼行进队伍,但西登记录的行进队伍中的音乐是中国乐队演奏的外国军歌,而伊萨贝尔却只提到了乐队演奏的"古老乐曲"。

图20 伊萨贝尔(左一)、庄士敦(左二)与五格格毓朗的丈夫在大婚现场的紫禁城的合影

为何伊萨贝尔的记录与西登的记录有如此大的差异呢？背后的思想与逻辑又是什么呢？一方面应该是源自伊萨贝尔自身的成长经历。伊萨贝尔出生于义和团运动之后，在她成长过程中接触到的都是满族宗室对她们一家的友善，而与此对应的则是民国建立后早期的混乱与动荡，尤其是当时出现的土匪绑架西方传教士和游客的问题。① 在这种情况下，她对溥仪小朝廷、对满族宗室自然会流露出一种支持与欣赏的态度，而对于民国的改变则表现出一种不屑甚至批评的态度。② 另一方面，这应该还与伊萨贝尔的写作受众有关。伊萨贝尔用英文写作，试图通过描绘皇室婚礼为欧美读者提供一个没有被西方污染的、代表着"传统东方"的形象。这一形象承袭自马可波罗旅行故事中的黄金鞑靼（Golden Tartar），而满族宗室便是伊萨贝尔所正在经历的黄金鞑靼。③ 正因为如此，伊萨贝尔描绘了一个迎合西方读者的、友善的、象征着传统道德和秩序的溥仪小朝廷。在小朝廷中，婉容是聪慧、优雅、美丽的。所以这样传统的"东方皇室"自然是不会在大婚礼中融入西方元素，演奏西方乐曲的。而伊萨贝尔的这种态度自然也会影响她对婉容的授课。

三

"任萨姆" 之辨

"任萨姆"一名，首见于溥仪自传《我的前半生》第四章，当他描述在天津的日常生活和接见的人物时，引用了自己 1927 年的一页日记作为

---

① 伊萨贝尔于 1923 年 5 月 21 日致米莉安等人的信中便着重提到了当时出现的土匪问题。Isabel to Miriam, the boys and Uncle Geo. Peking, May 21, 1923, 中山大学博物馆。
② 民国期间，西方旅行者们在中国旅行时常对北京城出现的现代化变化表现出反对和叹惋，有学者将这种现象称为"帝国主义的怀旧"（imperialist nostagia）。但是这种描述并不能泛泛用于概括伊萨贝尔的思想。
③ 伊萨贝尔在"From A Chinese Hilltop"中便使用了"黄金鞑靼人"来指代满人。From a Chinese Hilltop, 9 - 11, 中山大学博物馆。

佐证，日记中描述了他当时在天津一天的活动：

> 八月初五日，早七时起，洗漱毕，萧丙炎诊脉。八时，郑孝胥讲《通鉴》。九时，园中散步，接见康有为。十时余，康辞去，这张宪及张庆昶至，留之早餐，赐每人福寿字一张，在园中合摄一影。张宪为李景林部之健将，张庆昶为孙传芳部之骁将。十二时辞去。接见济煦，少时即去。余用果品并用茶点，适英国任萨姆女士至，与之相谈。皇后所召之女画士亦至，余还寝室休息。在园中骑车运动，薄暮乘汽车出园，赴新购房地，少时即返。八时余晚餐，休息，并接见结保川医士。十一时寝。①

日记中提到的"任萨姆女士"便一直被学界认定为是曾作为婉容的英文教习的伊萨贝尔。②"任萨姆"之所以为学界所熟知，并且时常被提及，并不仅仅是因为《我的前半生》中的这一个片段，还与一件和溥仪直接相关的著名文物外流事件有关。1931年5月，当时受美国纳尔逊艺术博物馆所托在中国购买艺术品的史克门（Laurence Sickman）来到天津，直接从溥仪处购买书画。当时的史克门刚从哈佛大学毕业不久，是兰登·华尔纳（Langdon Warner）的学生。这次天津之行史克门最终收获了4幅古画，分别是陈淳的《荷花图》《仿郭忠恕雪霁江行图》，金廷标的《竹溪六逸》和董其昌仿黄公望的山水画。这4幅作品也是最早入藏纳尔逊艺术博物馆的中国绘画作品。③ 但是关于这一事件在当事人的记录中却有着

---

① 爱新觉罗·溥仪：《我的前半生：全本》，北京联合出版公司，2018，第211页。
② 该观点的最初产生已经无从考证，但这一观点一直沿用至今。《紫禁城》2020年第1期的一篇讨论溥仪、婉容和文绣的文章依旧认为Isabel便是任萨姆。董啸尘：《毕竟一双小儿女——小朝廷时期的溥仪与婉容、文绣》，《紫禁城》2020年第1期，第119页。笔者在此前的发表中也如此认为，参见程方毅、江然婷：《中国北方的草原遗珍 宾大博物馆所藏鄂尔多斯式青铜器》，《紫禁城》2015年第1期。
③ 马麟：《纳尔逊—阿特金斯艺术博物馆里的清宫旧藏古画》，《紫禁城》2015年第9期。

截然不同的两个版本。

史克门在后来的回忆中，如此描述了此事：

> 他（即溥仪）有一位友善的英国女士作为他的教习。这位女士遇到了华尔纳，并且说她可以将他介绍给皇帝和介绍他去皇帝住的地方。她暗示说皇帝想要卖掉一些东西因为他需要现金。之后通过介绍，我们去了，也看到了许多手卷。皇帝有一位保管书画的家臣——还包括一大堆老满洲家臣。溥仪对画并不感兴趣。他刚买了一辆新摩托车。他会跑到外面去试他的新摩托，然后进来监视一下我们，然后又去玩摩托……我们那次直接买了三四幅画。这也是我们买到的第一批画——是直接从皇帝那里买到的。①

这是史克门在中国买画的开端，也是溥仪售卖故宫文物导致中国文物流失的直接证据。值得注意的是，因为这段描述，前人在描述此事时，往往默认华尔纳前往天津参与了此次的采购活动。② 但实际上，这里的"我们"并不一定包含了华尔纳本人。从《溥仪日记》来看，买卖绘画作品的那几天（1931年5月2日—4日），溥仪除了见了任教习和史克门外，还有一名名为"普路莫"的外国人。后者非兰登·华尔纳，而应为 James Marshall Plumer（1899—1960）。普路莫即 Plumer，毕业于哈佛大学，曾跟随华尔纳学习亚洲艺术史。他于1929年被华尔纳推荐，成为哈佛燕京社的秘书来到中国。③ 此外，根据《书信中的兰登·华尔纳》，华尔纳1932年才来中国旅行，跟史克门一起为纳尔逊艺术博物馆购买文物，代表性文

---

① Laurence Sickman, A Tribute, edited by Michael Churchman, The Nelson-Atkins Museum of Art, Kansas City, Missouri, 1988, p. 29.
② 马麟：《纳尔逊—阿特金斯艺术博物馆里的清宫旧藏古画》，《紫禁城》2015年第9期。
③ 普路莫于1935年在福建水吉发现了建窑遗址，引起学术界关注。同年，他离开中国，前往密歇根大学任教。

物为文昭皇后礼佛图石刻。① 关于与溥仪的这次文物交易，在史克门记述中，文物交易似乎十分顺利。但是在溥仪方的记载中，却并非如此。根据当时溥仪的近臣胡嗣瑗在《直庐日记》中的记载，1931年5月5日那天，当时住在天津静园的溥仪给他发了一份手谕，说：

> 有前充皇后英文女教习英人任蘭荵引一美国人自称为该国博物馆员某者，来看内藏书画，检购十二件，内有三件因谐价相去大远，命其剔出。任教习遽手颤欲泣，争执再三，既知不可终强，则谓其余九件，非一律听其买去不可，匆匆划出价码，遂分捲而去。之后查视，竟多取去一件，所划之价与原拟数目不及十分之一。最可怪者，当其来时，本欲叫陈曾寿与之面议，任教习固请：不必叫来，免生冲突云云，显有他意。随派人往觅该美人，则谓已携所购画卷赴京，及觅到该教习，竟谓价经说定，不能翻悔，一气驳回。昨已派鲁郁彤及内侍齐继忠追踪入京，向美人交涉，不知能得手否。②

在溥仪方的记述中，溥仪最初拿出了12件书画，后因为双方定价差异大，剔出了3件，剩下的9件则在任教习的强烈要求下被史克门一行全部划价买走。等他们走后，溥仪方发现史克门一行不仅给买走这9件划出的价格与溥仪方之前给出的定价相去甚远，还多取走了1件。于是便派人前往北京与他们交涉。胡嗣瑗后续还记载史克门他们最终退回了9件中的5件，以及多取走的那1件。因而史克门一行最终购得4件。退回的这6件书画，溥仪方并不敢直接拿回天津，而是计划请日本司令部派人代

---

① Theodore Bowie, *Langdon Warner Through His Letters* (Bloomington/London: Indianna University Press, 1966), p. 146.
② 胡嗣瑗：《直庐日记》，全国图书馆文献缩微复制中心，1994，第133–135页。

送。① 在溥仪方的记述中，史克门一行试图以连蒙带骗的手段从溥仪手中买走更多的古画，但最后因为溥仪方的交涉而未能得逞。而在这一次的交易中，皇后英文女教习"任蘭菘"所扮演的角色并不光彩。在史克门的记述中，她是此次会面和交易的促成者，或者说中间人。而在溥仪方的记述中，她则以柔弱的姿态要求溥仪将其9件书画"非一律听其买去不可"，直接推动了史克门一行的强买。

同时，根据高居翰的回忆，当他在1962年或1963年在弗利尔美术馆与史克门交谈时，史克门向他提到了这次从溥仪处购买书画的经历。当提及为何没能将这9件书画都买走时，史克门给出了另一个解释。他说当时华尔纳拒绝给当时的中间人一大笔佣金——史克门称为"贿赂"。尽管史克门并没有说出这个中间人的姓名，高居翰猜测这个中间人有可能便是Isabel Ingram——高居翰也直接将Isabel Ingram与任蘭菘等同起来，或者是一些中国中介。② 学者们也直接将任蘭菘与任萨姆等同起来，认定他们都只是Isabel Ingram的中文名字的不同记录方式而已。其实这里的中间人也很可能是指当时溥仪派去北京前往解决这一问题的鲁郁彤或齐继忠等人。

如果伊萨贝尔就是任蘭菘的话，这其中显然有许多矛盾之处。最为明显的矛盾则是史克门和溥仪都非常明确地提到任萨姆或任蘭菘是英国人（英人），而伊萨贝尔是美国人。此外，伊萨贝尔当时与其父母都居住在北京，而当溥仪一行前往天津后，伊萨贝尔独自一人跟随溥仪前往天津的可能性似乎非常小。同时，伊萨贝尔父亲的中文名为"盈亨利"，③ 而他的女儿将自己中文名的姓改成另一个字的可能性也极小。

---

① 胡嗣瑗：《直庐日记》，全国图书馆文献缩微复制中心，1994，第133-135页。
② James Cahill, "An Event Suspended Between Two Stories," in The Writing of James Cahill, https://www.jamescahill.info/the-writings-of-james-cahill/responses-a-reminiscences/191-69-an-event-suspended-between-two-stories.
③ 盈亨利曾经翻译出版了《贺氏医学》一书，其中文名便刊登于概述。盈亨利编译：《贺氏医学》，中华医学会编译部出版，1935。

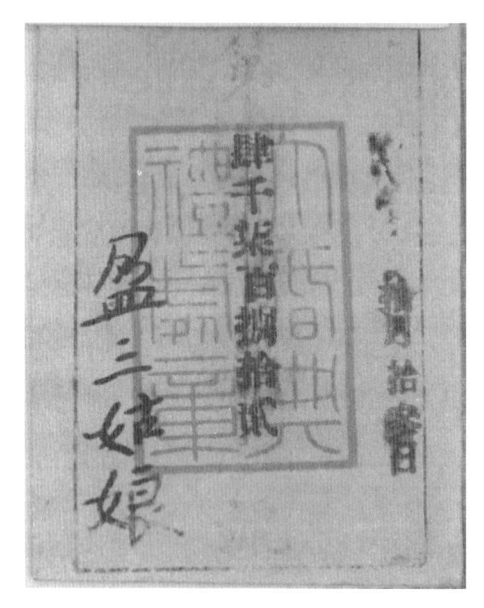

图21 溥仪大婚伊萨贝尔的观礼凭证,以及可能为 Isabel Ingram 中文名的纸片

    伊萨贝尔留存的一些资料中有关于其中文姓名的资料。在伊萨贝尔保留的一张印有"大婚典礼处章"的小纸片上,上面写有"盈三姑娘"四字,这应是伊萨贝尔参加溥仪与婉容婚礼的入场凭证。同时伊萨贝尔还保留有一张写有"盈爱德"三字的纸片,旁边还注有笔画顺序和音标。当然,最为直接的证据则是婉容写给伊萨贝尔的一封信,信的内容是中文,落款则是婉容常用的"Elizabeth"。在信封和中文中,婉容对伊萨贝尔都是以"盈先生"相称。同时,在伊萨贝尔留存的资料中,其中一部分是她保留的庄士敦写给自己的信件。根据这些信件内容,可以判断伊萨贝尔于1927年2月底曾前往天津拜会了溥仪和婉容。查阅《溥仪日记》,可以发现溥仪在1927年2月27日当天见的人当中包括庄士敦和一位"瀛女士"。① 这位瀛女士显然便是"盈女士"。而在1931年5月2日至4日,即史克门一行前往天津购买古画那几天,溥仪在日记中将任兰荪女士都记

---

① 爱新觉罗·溥仪:《溥仪日记(全本)》,天津人民出版社,2009,第145页。

录为"任教习"。① 由此可见，伊萨贝尔的中文名并非"任萨姆"或"任蘭蓀"，无论溥仪还是婉容也并非以"任萨姆"或"任蘭蓀"称呼伊萨贝尔。那"任萨姆"到底是谁呢？

在庄士敦于 1927 年 2 月 11 日致伊萨贝尔的信中，庄士敦邀请当时还在北京的伊萨贝尔前往天津拜会溥仪与婉容。他还提到"我被告知皇后的英语进步非常大。但是我不喜欢教她的 Ransom 女士"。② 这说明婉容当时在天津其实还有另一位英文教师，即 Ransom 女士。而 Ransom 和前文提到的"任蘭蓀"的发音极为接近，可以推断"蘭蓀"即"Ransom"的音译，因此，任蘭蓀或任萨姆即为这位婉容在天津时的英文教习 Ransom 女士，而非 Isabel Ingram。

幸运的是，有关 Ransom 女士的信息可以在大卫·查理卫克（David Chadwick）为日本曹洞宗系禅僧铃木俊隆写的传记《弯曲的黄瓜——铃木俊隆的生平及禅法》（*Crooked Cucumber*：*The Life and Zen Teaching of Shunryu Suzuki*）中找到。铃木俊隆于 1904 年出生于日本，1959 年前往美国，将禅宗思想带到了美国，并在美国加州成立了西方第一家禅修院。而铃木俊隆之所以前往美国，这与他和 Ransom 女士之间发生的故事密切相关。铃木俊隆就读于驹泽大学时，曾在 Ransom 女士家中工作，并成功让其转变了对佛教的观念。在成功转变 Ransom 女士对佛教的观念后，铃木俊隆回忆说："我感觉良好。我对我们的教义产生了一些自信心，开始觉得我能够帮助西方人了解佛教。对于日本人来说，学习佛教的真意很难，因为那些谬误不断的传统。一旦我们形成误解，便很难改变。但是对那些对佛教一无所知的人布道，就像是在白纸上画画。很容易就能够将正确的理解传达给他们。我想我和 Ransom 女士的经历最终导致了我来到美国。"正因如此，查理卫克花了大量的时间去调查 Ransom 女士的相关信息，并且在书

---

① 爱新觉罗·溥仪：《溥仪日记（全本）》，天津人民出版社，2009，第 275 页。
② 庄士敦致 Isabel Ingram 的信，1927 年 2 月 11 日，中山大学博物馆。

图22　北京故宫博物院所藏婉容照片（图中左一为 Nona Ransom 女士）

中花了比较多的篇幅来介绍 Ransom 女士以及她在中国与日本的经历。

由铃木俊隆的传记可以得知，Ransom 女士全名 Maria Nona Ransom，于 1887 年出生于英格兰。她于 1924 年从英国来到天津，在当时天津英租界的一家语法学校教书。她同时还给一些学生做私人教师，比如黎元洪的子女以及当时作为日本驻天津总领事的吉田茂的子女。在溥仪和婉容于 1925 年移居天津后，也正是通过吉田茂的介绍，Ransom 女士成为婉容的英文教习，一直到 1927 年。因此庄士敦才会在 1927 年 2 月的信件中提到 Ransom 女士。依旧是通过吉田茂的介绍，Ransom 女士于 1927 年前往日本，并曾在驹泽大学教授英文。铃木俊隆便是在这段时间认识了 Ransom 女士。Ransom 女士于 1930 年回到天津，并一直到 1940 年离开天津回到英格兰。[1] 在前文所引的溥仪记述买卖书画事件的记录中，溥仪称 Ransom 女士为"前充皇后英文女教习英人任蘭蓀"，"前充"一词表明 Ransom 女

---

[1] David Chadwick, *Crooked Cucumber: The Life and Zen Teaching of Shunryu Suzuki* (Three Rivers Press, 2000), pp. 49 - 62, 73 - 74, 348 - 351.

士任婉容英文教习的时间是 1925 年至 1927 年,在 1930 年回到天津后似乎不再任婉容的英文教习了。

行文至此,关于"任萨姆"之辨可以有定论了,学术界长期将任萨姆或任蘭蕊等同为 Isabel Ingram 的说法显然是错误的。任萨姆应为任蘭蕊,即英国人 Ransom 女士,她曾于 1925 年至 1927 年任婉容的英文教习。她也是 1931 年史克门一行从溥仪处购买书画的中间人。而伊萨贝尔的中文姓氏为"盈",中文全名可能为"盈爱德",她于 1922 年至 1924 年任当时居住在帽儿胡同和紫禁城内的婉容的英文教习。

四

英语教学

溥佳在《晚清宫廷生活见闻》中提到婉容和文绣在紫禁城内的英文学习时说,"一九二二年溥仪大婚之后,每天下午,在神武门内又增加了两乘二人肩舆。一乘是教溥仪之妻学英文的师盈女士(美国人,美以美会一个牧师的女儿)所坐,一个是教溥仪之妾的英文女教师(美国人,名字已忘)所坐。表面看来,他们学英文的兴趣颇浓,实则大部分时间都花在玩乐上了"[①]。由此可见,溥仪大婚后,包括庄士敦在内,紫禁城内一共有 3 位英文教习。这也应该是溥仪小朝廷的"创举"了,因为清皇室有为皇子、太子和年幼的皇帝延请老师进行授课学习的传统,却并没有在紫禁城内让皇后甚至妃嫔接受教育的传统。但她们的英文学习情况是否如溥佳所说"大部分时间都花在玩乐上了"呢?从伊萨贝尔留存的日记资料来看,在紫禁城任教的前期,伊萨贝尔确实与婉容进行了一些学习活动,但在之后就基本不再提到皇后的英文学习,更多的是陪婉容聊天、

[①] 中国人民政治协商会议全国委员会文史资料研究委员会编:《晚清宫廷生活见闻》,文史资料出版社,1982,第 9 页。此处的师盈女士应为盈女士,即伊萨贝尔。

吃饭或者逛御花园。伊萨贝尔保留的许多与小朝廷相关的照片也都是伊萨贝尔与婉容等人在御花园或紫禁城内其他地方的合影等。或许这便是溥佳有此议论的原因。

其实，自大婚后，溥仪也"中断了在毓庆宫的经常性学习"①，庄士敦在致伊萨贝尔的信中也多有抱怨。1922年的平安夜，庄士敦在致伊萨贝尔的信中说：

> 皇帝今天又放假了。情况看起来很糟糕！我想你应该向皇后建议，在养心殿以一种非正式的方式共同上课可能会更好。教室已经不适合皇帝了；但他可能乐意在自己的地方以不那么拘谨的方式继续学习英语，每个人都坐在教室的不同地方，没有任何形式的拘束。

可见溥仪在大婚后的学习情况亦不理想，庄士敦才提议要与伊萨贝尔合并课堂以激发溥仪的学习兴趣。在《我的前半生》中，溥仪回忆自己所接受的教育时说："我读的主要课本是十三经，另外加上辅助教材《大学衍义》《朱子家训》《庭训格言》《圣谕广训》《御批通鉴辑览》《圣武记》《大清开国方略》，等等。十四岁起又添了英文课，除了《英语读本》，我只念了两本书，一本是《爱丽丝漫游奇境记》，另一本是译成英文的中国四书。满文也是基本课，但是连字母也没学会，就随老师伊克坦的去世而结束。总之，我从宣统三年学到民国十一年，没学过加减乘除，更不知声光化电。关于自己的祖国，从书上只看到'同光中兴'，关于外国，我只随着爱丽丝游了一次奇境。"② 这段话记录了溥仪所接受的以经学为主的传统教育。尽管后来增添了庄士敦作为外文教师，但在英文课上

---

① ［英］庄士敦：《紫禁城的黄昏》，求实出版社，1989，第275页。
② 见爱新觉罗·溥仪：《我的前半生》，北京联合出版公司，2018，"毓庆宫读书"部分。

的阅读除了语言教材《英语读本》外，只有《爱丽丝漫游奇境记》与英文本的四书。这一说法在溥佳的回忆录中也得了印证。在《清宫回忆》一文中，他说："庄士敦认为光教我们英文单词和会话，过于浅显，因而在我们读完《英文法程》初集后，就开始教我们读《伊索寓言》、《金河王》、《阿丽斯漫游奇遇记》（《爱丽丝漫游奇境记》），以及许多英文短篇故事和西洋历史、地理等。后来，又开始要我们用英文翻译《官话汇编》，没翻译一半，又改为翻译四书。庄士敦教我们读其他的书，往往没读完就又换新的书了；惟有对四书，他最喜欢，读的时间也最长。"① 溥佳所说的《英文法程》应即溥仪所回忆的《英文读本》。除了溥仪所提到的几本，庄士敦教学中所用的英文阅读还有《伊索寓言》和《金河王》这两本儿童读物。伊萨贝尔日记中记载了溥仪和庄士敦所读的四书英译本，即为理雅各（James Legge，1815—1897）翻译的《孟子》等。②

  伊萨贝尔在日记中也记录了她对婉容的英语教学的情况。在英语阅读方面，除了有《精通英语》（The Mastery of English）和海默林（Hemmeling）的《海事海关》（Maritime Customs）词典这类文法类书籍，还有《伊索寓言》和《鲁滨逊漂流记》，以及文征明的《拙政园图册》的英译本。③ 从庄士敦和伊萨贝尔对于英语阅读的选择来看，这首先是因为溥仪和婉容还处于语言学习的初级阶段，所以庄士敦和伊萨贝尔都选择一些阅读难度较低且具有趣味性的儿童读物，如《伊索寓言》《金河王》与《爱丽丝漫游奇境记》等。其次，书籍的选择还与庄士敦、伊萨贝尔个人的阅读和研究兴趣有关。庄士敦对于中国的道教、儒学都感兴趣，而伊萨贝尔的本科专业则是艺术史，因此他们还选择了四书和《拙政园图册》的英译本。④

---

① 中国人民政治协商会议全国委员会文史资料研究委员会编：《晚清宫廷生活见闻》，文史资料出版社，1982，第7页。
② 见本书"伊萨贝尔日记"，1922年12月15日。
③ 见本书"伊萨贝尔日记"，1923年1月10日、1月11日、1月22日、5月31日。
④ 见本书"伊萨贝尔日记"，1922年12月15日。

遥望与亲历 | 一个西方家庭眼中的中国（1887—1950）
Outsider and Insider: China from a western family's records (1887—1950)

对于婉容的英语学习，前期伊萨贝尔一直强调婉容的勤奋，她回忆在帽儿胡同的授课时，说：

> 我对她在三个月的学习中取得的快速进步感到惊讶。我发现上课从不困难，除了要跟上她不断学习的渴望。如果必须取消课程，她会讨厌这些中断并感到难过。看到她在掌握难懂的发音和习语后的喜悦真是一种享受，而且她并不害怕在谈话中使用她有限的词汇。她的记性极好，我很少需要重复同一个词。有一次，她忘记了一个词，便摇头说道："我记性很差。"我们试图在课堂上只说英语，但在一个小时课程快结束时，我们总是回到半英半中的对话中，以便更快、更轻松地交流。第一节课的时间过得很快，直到二格格关心她的继女进来聊天时，我才知道时间比平时多一个多小时。然后我意识到她是担心皇后过度劳累，我离开了，并对逗留这么久表示了歉意。①

进入紫禁城后，婉容在 1923 年 1 月还是会花很多时间在英语学习上，在 1 月 9 日的日记中，伊萨贝尔记载道："我们今天做了很多阅读和谈话。她穿着一件浅蓝色的丝绸棉袄；她说她一直学习到凌晨两点。我说她真的不应该学到那么晚。她说她白天没有时间，她真的需要学习。她累了，说她的脸因睡眠不足而发青。"② 在 1 月 25 日那周，婉容只停了一天课。然而在那以后，婉容的英语学习便开始中断，一直到 4 月才重新开始，但是在上了两次课后又经常长时间中断，且伊萨贝尔甚至在 4 月 2 日的日记中记载说"她没有好好学习"，直到 8 月 20 日英语学习最后一次出现在伊萨贝尔的日记当中。③ 中断的部分原因是婉容经常生病，但更多的时候则是

---

① 见本书"伊萨贝尔回忆录"部分。
② 见本书"伊萨贝尔回忆录"部分。
③ 见本书"伊萨贝尔回忆录"部分。

没有安排英语学习。在没有安排英语学习的日子，伊萨贝尔要么不去紫禁城，要么去紫禁城但都是与婉容一起用餐、游玩等。由此可见成为皇后的婉容对于英语的学习兴趣在进入紫禁城后迅速减退，从伊萨贝尔的日记记录来看，她把更多的时间花在了享受自己的皇后生活上，比如会客、出游、运动等。学习英语变得可有可无了，与伊萨贝尔的见面也变成了"会客"的一部分。

在伊萨贝尔关于婉容教习生活的记录中，除了英语教学和她所参与的各种游玩和仪式活动外，还有一些关于婉容和文绣相处细节的片段。溥仪、婉容大婚后不久，在1923年1月25至27日的日记中，伊萨贝尔记载道："皇后学习很努力。有一天为了放松和练习，我们给格蕾丝（Grace，文绣）写了一封信。皇后说她知道格蕾丝看不懂。一天，我请皇后在格蕾丝面前提起我。她说：'你喜欢格蕾丝吗？'我说：'是的，她人很好。'皇后又道：'脸好看？'她深知格蕾丝长得不好看。皇后很调皮。"这里的格蕾丝即文绣的英文名。从这段记录可以看出婉容对文绣的一些敌意，虽然她自认为自己面容姣好胜过文绣，但是两人共同生活在紫禁城，自然还是会有相互往来的活动。此后，比如在5月28日、5月29日、6月2日，伊萨贝尔都分别记载婉容与文绣的交往。比如5月29日，伊萨贝尔说："再次进宫。格蕾丝一直在那里，但在画画自娱自乐。她早上学习（有空时），但那天没课。我们努力学习了很久。不知道是不是为了给格蕾丝留下好印象呢！"在1923年3月12日伊萨贝尔致米莉安的信中，她说婉容与文绣之间相处得不错，但是还是注意到了一些不和谐，"皇后说文绣脾气不好，容易发怒"。① 但由于伊萨贝尔对于作为"传统东方"形象的溥仪小朝廷的欣赏态度，她并没有试图以西方思想去教育或者改变婉容的思想。伊萨贝尔对婉容的授课都是集中于语言教育本身，并没有试图去向婉容介绍或者传递当时西方社会的一些社会思潮，比如女权主义思

---

① Isabel to Miriam, March 12, 1923, 中山大学博物馆。

想等。即使基督教教义并不允许一夫多妻制度,伊萨贝尔也并未因此而对溥仪同时迎娶了婉容和文绣这一现象有所批评,而是将其接受为东方传统的一部分。

图 23　1923 年,伊萨贝尔一家在载涛家做客

1923 年 4 月 30 日,在伊萨贝尔致米莉安的信中,伊萨贝尔提及自己前往载涛在海淀的夏宫的经历。

> 上周涛贝勒邀请了一大群人到他西城的宅邸,然后从那里去海淀。他在那里有一个夏宫。很可惜母亲不能去,她感冒发烧了,非常难受。这太糟糕了,而我们都玩得十分开心。他们的城内府邸是如此迷人,真没有理由再拥有另一个了。我们被带到丁香和海棠盛开的花园,真是仙境一般。我从未见过这样的花坛,花香逼人。我们开着汽车去了他们的夏宫。有一大群人,卡尔霍恩夫人(Calhoun)、卡雷尔小姐(Carrere)、福克斯·索斯斯科

特（Fox Southscotts）、皮尔斯夫人（Lady Pierce）、庄士敦、茹丝、父亲和我。福晋当然也在那儿，还有多萝西（Dorothy，应为韫慧）、亚瑟（Arthur，应为溥佳）和小儿子查理（Charley，应为溥俭）。我们首先穿过花园，玩得很开心。花园非常大，包含山丘、池塘和溪流，当然还有你能想到的所有花卉、树木和灌丛。我想那里有松树。

我想聚会上有五台相机，所以我们应该有那天情况的一些记录。我们吃了有十道菜的晚餐，是西餐，在屋内用餐。很美味，我们在餐桌上待了两个多小时。

回家的时候，贝勒自己开着车把我们带到家门口。他和亚瑟进来和我们喝了一杯茶。这是亚瑟第一次来我们家，所以我们非常坚持让他们进来。我们聊得很开心。涛贝勒非常自然，总是开玩笑。庄士敦先生说，他是他所知道的唯一没有侧福晋的贝勒。载涛一家总是一起行事，表现得那么自然。

战争与和平

1924年11月5日，溥仪、婉容等被人从紫禁城驱离。这对于溥仪来说是他人生的一个重大转折，冯玉祥的这一举动在一定程度上将溥仪从满洲宗室和清遗民群体的包裹中释放了出来，让他作为个体直面一个更加真实的民国。但是这一事件本身对于盈亨利一家尤其是伊萨贝尔而言，却并没有如此大的转折意义，毕竟民国初期的政局变动接二连三，伊萨贝尔只是失去了一份收益颇丰的工作。虽然上一章重点讲述了盈亨利一家与溥仪小朝廷的交往，但是他们的社交范围却并不限于此。除了溥仪小朝廷，在北京的外国人尤其是英国、美国人群体，盈亨利等人还因为其作为医生和老师的职业特点与民国政府及大学人士有着许多往来。因此，虽然溥仪被驱离紫禁城，但盈亨利一家在北京的生活却依旧。聚会、旅行、度假，似乎这样的生活能一直持续下去，但战争的阴云一直盘旋在他们的头顶，直到"七七事变"的到来彻底打破了这种生活状态。在北京的外国人被迫在战争中颠沛流离，他们开始接触一个更为"真实"的中国，也开始对美国读者描述一个不同的中国。

一

平静的打破

　　从 1924 年 8 月开始，在给婉容的授课频率变低了以后，伊萨贝尔便开始在协和医学院的社会服务部工作，直到 1927 年初离开北京，前往美国费城艺术博物馆工作。在此期间，盈亨利夫妇与伊萨贝尔有了更多的时间到周边旅行，前文提到的盈亨利与伊萨贝尔等人的热河之旅便发生在这一时段，当时伊萨贝尔一行还得到一位过路司机的帮助，这位司机是伊萨贝尔在社会服务部工作室的一个病人的父亲。1927 年 2 月 26 日，伊萨贝尔从北京出发，先后经过了天津、东北、朝鲜半岛、日本、上海、香港、越南、新加坡等地，在旅行游玩几个月后，最终到达费城，开始了她在费城艺术博物馆的工作。其间，在经过天津时，她还曾前往拜访婉容。2 月 27 日，伊萨贝尔在天津先与庄士敦吃早餐，之后便前往日本租界。此次见面十分短暂，她记录道："像往常一样，我们等了一阵，最终见了皇后几分钟。尽管很明显能看出因为这次会见她很早就被叫起床了，但她看起来状态不错。她给了我两张照片，其中一张是给我姐姐（即米莉安）的。"

　　从 1927 年至 1929 年，伊萨贝尔在美国的博物馆工作，但她处理的还是与东亚有关的艺术品。1928 年，她曾作为助手与当时是费城艺术博物馆东亚部主任的翟荫前往中国和日本购买藏品。大约在 1930 年，伊萨贝尔结束了博物馆的工作回到北京，并与当时美国驻华使馆的武官威廉·梅迩在北京成婚了。婚礼的举办地点是在盈亨利夫妇在灯市口的房子。婚礼结束后，伊萨贝尔与梅迩便前往京郊的别墅度蜜月。大约也在此前后，伊萨贝尔的姐姐米莉安因为丈夫去世，带着年幼的孩子重新回到了北京与父母亲一起生活。因为从 1927 年开始，盈亨利夫妇便从美部会的教会服务活动中退休了，虽然盈亨利夫妇还会选择性地在学校和医院做一些工作，但工作责任已经减轻了很多,因此可以为米莉安分担一些照顾孩子的工作。盈亨利一家在北京的生活依旧平静地继续着,各种聚会活动还是照常进行。他们家里还是会迎来像斯文·赫定、拉铁摩尔这样的访客。1933年初,斯文·赫定在北京参加了盈亨利夫妻为他举办的晚餐聚会。① 不过早在此之前,斯文·赫定就与伊萨贝尔认识了,他们还曾一起前往庄士敦在北京郊区樱桃沟的避暑别墅。

  平静的北京生活还是有些困扰,当时最为突出的应该是土匪问题。早在1923年5月21日伊萨贝尔的信中,她就提到了土匪问题是当时每个在华外国人认为的"最为突出(uppermost)"的问题,并且情况非常严重且毫无好转迹象。甚至当时火车都会因为土匪问题而选择调整发车时间,以便白天通过土匪活动区域。伊萨贝尔在信中提到当时大概有10个外国人被绑架了。这些被绑架的外国人被迫跟随土匪移动,以躲避军队的追踪。其中还有一名女性,因为她不愿意离开她丈夫。② 随着民国乱局的继续,尤其是在北伐战争的影响下,北京城周边的治安变得更差了。即使在1928年底北伐战争结束、南京国民政府实现形式上的统一也没有让这种郊区土匪泛滥的治安状况得到改善。这对盈亨利一家的生活造成了很大的困扰。因为当他们前往北京郊区或其他地方旅行时,往往都会冒着比较大的风险。正因为如此,虽然在内蒙古的兰理训夫妇购买了一个寺庙,可以接待欧美游客,但梅塔却说寺庙"听起来比帐篷好,他们希望有一些客人来,我猜兰理训先生在这时候没怎么赚到钱"。③ 伊萨贝尔因为梅迹的工作调动于1932年底回到了美国东部生活,而在母亲梅塔之后写给伊萨贝尔和当时也在美国工作的茹丝的信中,土匪问题依旧被频繁提及。梅塔在1933年5月致女儿的信中写道:"土匪横行的情况并没有得到改善,最

---

① Myrtle to Isabel, Feb, 20th, 1933,中山大学博物馆。
② Isabel to Miriam, May, 21st, 1923,中山大学博物馆。
③ Myrtle to Ruth and Isabel, May 14th, 1933,中山大学博物馆。

近很多人被抓了,这些你都能在报纸上看到。"① 一年以后,1934 年 6 月 15 日,盈亨利便因为劫匪闯入其在西山的别墅,在与劫匪搏斗的过程中不幸身亡。②

1934 年 6 月,因为米莉安的几个女儿都长麻疹,所以盈亨利夫妇决定带几个孙女换个环境生活,前往西山别墅住一段时间。他们的度假屋建在一个名叫"四王顶"的山上。6 月 15 日晚上,有盗贼敲破窗户爬了进来。当时已是下半夜,盗贼拿着手电筒,先来到了盈亨利休息的房间寻找财物。盈亨利此时已经耳背得非常厉害,他认为这些盗贼正在攻击他的太太,便抓住了他们的手。盗贼因此开枪将盈亨利杀害。盈亨利躺在地板上,梅塔从床上拿起床单盖在了他的身上。之后,梅塔将几个孙女带到了他们的房间放到床上安置好后,便开始在尸体旁哭泣。哭了很长时间后,梅塔止住了泪水,爬上了床,与她的孙女和仆人们一起开始唱起了圣歌。天亮以后,梅塔才等来北京城内的帮助。③

除了土匪问题,另一个困扰也许是财务状况。盈亨利夫妇的退休也意味着他们收入的下降。这让在美国的女儿们会为他们的财务状况担心,因此在美国的伊萨贝尔和茹丝会经常给他们的父母亲寄衣服和一些日常用品,包括领带、外套、孩子的袜子等,有时还会寄钱。④ 这些物品经常是通过在华外国人从美国返回北京时顺路带回。对此,梅塔特意在回信中说:"我希望你不要担心我们的财务状况。我们的工资是固定的,每月差不多有一百金圆,只在一到四个金圆之间出入,⑤ 这对我们来说已经足够了。接下来可能会减少一到三个,但即使是这样,我们的生活花销也够了,不用付房租,食物也很便宜。"⑥ 以此来劝说她的女儿们不用担心。

---

① Myrtle to Ruth and Isabel, May 14th, 1933, 中山大学博物馆。
② Cape May County Gazette, Cape May Court House, N. J., March 1, 1973, section C-Page 2.
③ 米莉安口述盈亨利遇害过程, Elizabeth Koup 整理, 由米莉安孙辈 Robert H. Sheeks 提供。
④ Myrtle to Ruth and Isabel, Feb. 26, 1933; May 14th, 1933, 中山大学博物馆。
⑤ 此处的金圆英文为"gold",应指民国政府于 1931 年开始发行的关金兑换券。
⑥ Myrtle to Ruth and Isabel, May 14th, 1933, 中山大学博物馆。

随着年龄的不断增加，盈亨利夫妇的身体也开始出现各种问题。盈亨利有时候会因为摔倒而住院，且恢复周期很长，甚至还出现了耳背的问题。① 相比土匪、财务和健康问题，在 1933 年以前，日本人的侵略并没有给盈亨利一家带来什么困扰，即使在 1931 年"九一八事变"后整个东北都被日本人所控制，但这时对于在北京生活的盈亨利一家来说，日本人的威胁还比较遥远。然而，从 1933 年开始，日本军队开始将其爪牙伸向了关内。1933 年 1 月 1 日，日军在山海关挑衅，之后占领了热河，并于 5 月在长城以南发起作战。在 4 月 16 日，梅塔还对当时日本人已占领北戴河这一消息表示怀疑，认为这只是谣言，因为当时很多人都还在北戴河度假。她提到当时在华外国人大多认为这些日本人不会留在北京，而是会离开。② 当时美国舆论认为日军围攻北京只是为了给国民政府施压，逼迫国民政府尽快妥协。包括梅塔在内的这些在华外国人都低估了日本人的野心。事实上，日军已于 4 月 16 日侵占了北戴河。到 5 月，当战火逼近北京城，盈亨利一家切身感受到了战争的威胁。在 1933 年 5 月初，盈亨利在写给新泽西州开普梅的医生协会的信的末尾说：

> 促使我赶紧寄走我手头这封信的一个原因是，另一场战役似乎即将到来。日本人离我们的城市（北京）很近，在这种情况下，我不想让我的老朋友们失望。
>
> 日本人就像彼拉多③（Pilate）一样，对真理一无所知。得体的人可以问："什么是真理？"但他们是对世界的巨大威胁。他们试图破坏国际联盟，使世界陷入爆发世界大战的风险。他们目前正在东部约 150 英里处，北部仅 60 或 70 英里处。他们正在为一条河流的控制权而激战，这样他们就可以通过河流将鸦片从

---

① Myrtle to Ruth and Isabel, Aug 14th, 1933；April 30th, 1934，中山大学博物馆。
② Myrtle to Ruth, Apr, 16th, 1933，中山大学博物馆。
③ 彼拉多是指钉死耶稣的罗马犹太总督。

满洲带到内地。他们声称是为东方的和平而战,但他们实际上却是在毒害中国,并用财富装满他们的腰包。①

5月14日,梅塔便记录说:"我想你父亲已经和你描述过早上早些时候飞过我们上空的日本飞机了。高射炮轰鸣,连发炮轰,让我想起了1917年的张勋叛乱(Chang Shun rebellion)。中国人很担心也很确信日本人下次还会来投弹。他们正在加固防线并为麻烦做准备。我一点也不惊慌或紧张。我会等到那一天到来。"梅塔提到日本人的飞机让她想起张勋叛乱。她所指的是发生在1917年的由张勋主导的丁巳复辟。复辟发生后,段祺瑞组成讨逆军讨伐张勋的"辫子军",并且出动了飞机。溥仪在《我的前半生》中记载"这是中国历史上第一次出现空袭,也是内战史上第一次使用中国空军"。② 因此,梅塔对1917年的这次从北京城上空飞过的飞机印象深刻,而日本飞机的到来马上激起了她的回忆。但此时的梅塔并不"惊慌或紧张",她还在当天的信中谈到夏天休假的问题,因为日本人占领了北戴河,她们去海边休假的计划受到了影响,而她依然认为"也许这个问题很快会解决",③ 也许梅塔这么说只是为了让她在美国的女儿们不要过于担心。

但这种乐观并没有持续多久,5月28日,梅塔在信中描写了当时北京及教区的惨状,大量涌入的难民让盈亨利夫妇目睹了抗日战争给中国人民带来的灾难:

> 恐惧是一件可怕的事。它再次摄住了这些人。他们如此害怕地涌入,让人感到心痛。通州教会区有数万难民,北京收容的更是数不清。那些有亲戚或朋友的人能在他们家里避难,许多人只

---

① 见本书"盈亨利回忆录"部分。
② 爱新觉罗·溥仪:《我的前半生》,北京联合出版公司,2018,第95-105页。
③ Myrtle to Ruth and Isabel, May 14th, 1933,中山大学博物馆。

能待在公共场所。他们坐在街角，抱着婴儿，后面还有两三个孩子紧紧抓住裙角。几乎没人能穿过这些人群。我想他们白天黑夜都坐在那里。幸好天气暖和。今天凌晨三点我们洗了个澡，然后我就想起了那些无处可去的人。

我们丝毫不惊慌。但如果我们在村子里或城外，我们可能不会那么镇定。

日军飞机每天都会飞临。本周头天，我们看到十二架飞机的队列，这个景象确实吓坏了当地人。另一天我们看到了九架，每天都会有四五架。他们没有在城里投下炸弹，只在通州附近投了几枚，军队正在那里进行一些战斗。目前或多或少已经停战。可以肯定的是，我们将有另一个政府，一个亲日的政府，或者日本人在一定程度上可以主导的政府。现在所有高级将领们都在北京开会，很快我们就会知道我们的命运了。①

如同梅塔当时所耳闻的，1933 年 5 月 31 日，国民党政府与日本政府签订了《塘沽停战协定》，华北战事开始逐渐平息。这种平静还将维持几年。但是这场战争也对美部会的传教事业有着一定的冲击。美部会开始裁减在中国的传教士，同时还关闭了几所教会学校。② 在次年 5 月的信中，梅塔提到美部会已经召回了在华的 18 名教团成员。③ 但是这些对已经退休的盈亨利夫妇并无太大影响，他们依旧能够继续在北京生活。

从盈亨利夫妇最初对局势的审慎乐观，认为日本人没有太大的野心，只是希望获取向中国内地输入鸦片的渠道，到 1933 年战争波及北京城后开始目睹战争难民惨状，盈亨利夫妇逐渐认识到日本的欲壑难填，认为日

---

① Myrtle to Ruth and Isabel, May 28th, 1933, 中山大学博物馆。
② Myrtle to Ruth and Isabel, May 28th, 1933, 中山大学博物馆。
③ Myrtle to Ruth and Isabel, May 13th, 1934, 中山大学博物馆。

军肯定会再次挑起事端，直到占领整个亚洲才会罢休。① 当伊萨贝尔于1934年开始撰写她关于曾经作为婉容教习以及与溥仪小朝廷交往的回忆录时，她委托其父母在北京为她搜集资料。盈亨利夫妇便又试图重新与北京城内的溥仪小朝廷相关人员建立联系，通过他们获取一些关于荣源、润琪、载涛等人的近况，了解到他们在伪满洲国任职、在日本留学以及婚姻状况。但是盈亨利夫妇却并没有因为他们曾经与毓朗等人的交往而因此对日本人有所改观，反而提醒伊萨贝尔不要"对日本抱有太多好感"。② 当时庄士敦的《紫禁城的黄昏》已经出版，许多在华外国人都认为庄士敦在书中对日本的判断是错误的，认为他并没有认识到日本人的侵略野心。③

然而，即使包括盈亨利在内的许多外国人都认清了日本人的真面目，但这并不能改变美国对日本踌躇观望和不介入的态度，以及国民党政府的"攘外必先安内"政策，日本在这种"包容"氛围中胆子和胃口变得越来越大，直至1937年7月7日抗日战争全面爆发。

二

战争中的旅途

1937年7月7日，日本军队在卢沟桥挑起事端，开始发动全面侵华战争。卢沟桥事变发生的时候，寡居的梅塔与她的女儿米莉安及3个孙女都在北京城内。事变发生后的头两周，时任河北省政府主席的宋哲元将军仍对日军抱有幻想，试图通过谈判和平解决。7月19日，他赶到北京，中日双方达成了协议，并撤除了北京城防。此时的梅塔也对和平解决抱有很大希望，毕竟日军挑衅、冲突等事端在之前的几年屡见不鲜，最终也都

---

① Myrtle to Ruth and Isabel, May 13th, 1934，中山大学博物馆。
② Myrtle to Ruth and Isabel, April 25th, 1934，中山大学博物馆。
③ Myrtle to Ruth and Isabel, April 25th, 1934，中山大学博物馆。

还是通过协商和平解决了。因此，在宋哲元到达北京城后的第二天，7月20日，梅塔便带着3个孙女离开了此时已经变得炎热的北京城，前往凉爽的张家口，计划度假6周。

在张家口，梅塔他们跟兰理训一家住在一起。待了一周之后，梅塔便得知北京城已经被日军占领，战事扩大，日军向昌平、沙河一带都发起了进攻，往北一直延伸到宣化。这便意味着梅塔他们无法通过原路返回北京城了。8月初，梅塔接到了美国大使馆的数封电报，催促在张家口的美国

图 24　梅塔（右二）与3个孙女在同蒲铁路线的货车车厢顶的照片 ①

---

① 我们决定往北走几个站，试着在榆次（Ye Tzu）站上车。我们在9月30日晚上8点离开太谷，一行十二人，六个外国人和六个中国人。在榆次火车站，我们被拒绝购票，但他们告诉我们，如果我们能上车，我们可以以同样的价格补票。
　　我们在月台上从9点半一直等到凌晨3点，才接到火车来的消息。凌晨4点，火车进站了。有20节车厢，但没有一节有位置让我们踏上去。我们在它停下来的20分钟里来回走动，快要绝望地放弃时，发现其中有两节车厢几乎装满了用于黄河维修工作的袋装水泥。它们被帆布覆盖着，但我们发现，人还可以坐在上面。于是我们很快爬了上去，松开帆布，把身体和行李安置在高处，与客运车厢的顶部齐平。我们安顿下来，在这列火车上度过了两天两夜。我们在车站里感到很冷，但相比于在海拔两千五百英尺的高空，暴露在寒冷的空气中，我们会感到更冷。但是太阳终于出来了，几个小时后我们舒服多了。到了正午，我们被风刮来的热浪烤得像龙虾一样红。尽管这样难受，我仍觉得在货运车厢还是比在拥挤的客车车厢好一点。（"梅塔关于卢沟桥事变后旅途的记录"，中山大学博物馆。）

侨民尽快离开张家口，前往更安全的地方，并且建议他们借道山西大同前往太原。于是梅塔他们与其他美国侨民于8月6日坐火车前往了大同，并且在大同停留了两周。停留期间，梅塔帮助参与照顾了从南口战场上运下来的伤员。两个星期之后，梅塔一行于8月24日驾车从大同前往太原，一路上遇到日军飞机的盘旋和中国军队集结移动。在太原未作过多停留，他们便又乘坐火车前往太谷，并在那里度过了一个月。之后又乘坐火车到同蒲铁路的终点——黄河边的风陵渡。乘船渡过黄河后又乘坐火车沿陇海线到达徐州，之后换乘津浦线北上至济南，后又前往青岛，并在青岛等了13天后乘海船北上抵达天津，最终从天津乘坐火车到达了他们在北京的家。原本240公里的路程，梅塔他们走了3000多公里历经3个月零3天才完成。

回到北京后，梅塔便开始围绕着自己这趟旅程进行记录，在一篇试图投稿给《亚洲》（Asia）、《大西洋》（Atlantic）、《哈珀斯》（Harpers）等美国杂志的记录文章中，① 梅塔完整地记录了这趟3个月的旅程。文章以"亲爱的故乡朋友们"开篇，讲述梅塔一路所遇到的军事行动、交通情况以及在各城市的居住生活情况。在文章的最后，梅塔历数她一路经过的城市和火车线路："我们经过或到达了八个省：河北（Hopei）、察哈尔（Chahar）、绥远（Sui Yuan）、山西（Shansi）、陕西（Shensi）、河南（Honan）、江苏（Kiangsu）、山东（Shantung），以及北方的六条重要铁路：平绥线（Ping Sui）、京汉线（Ching Han）、同蒲线（Tung Pu）、陇海线（Lung Hai）、津浦线（Ching P'u）、胶济线（Chiao Chi）和京奉线（Peking Mukden）。"并且总结道："我们在一个很快被全面卷入战争的国家中旅行。尽管有如此种种困难，旅行也并不是完全差劲且毫无乐趣。"② 因此虽然文章描述的是战争中的旅途，但整体的基调却并不全是艰难。

---

① Side lights by Myrtle Ingram, 1937，中山大学博物馆。
② "梅塔关于卢沟桥事变后旅途的记录"，1937，中山大学博物馆。

文章花了一小部分篇幅记录了他们路上遇到的军事行动，比如在雁门关，他们"遇到了数千名徒步行进的部队，还有一百多辆卡车载着弹药。这些卡车都被巨大的树枝伪装了起来，这些树枝完全覆盖了它们，看起来就像一个行走的森林。当飞机飞过时，他们就会停下来。这些部队将在大同集结，向南进发"。在太谷的时候，他们看到"军队正向战区进发。来自甘肃的共产党军队几天前就来了，他们大多是骑马来的，个个相貌堂堂"。但更多的篇幅是在描述一路交通的延误、躲避空袭、拥挤的状况。乘坐汽车与火车时，经常会为了躲避日军的空袭，"大部分（如果不是所有的话）火车在夜间运行，只有在安全的情况下才在白天运行。乘客得考虑一切，当警报响起时，列车会进入到树林或山丘附近的旁轨，以便乘客迅速下车寻找庇护"。除此之外，旅途中还有一些乐趣，比如"太谷平原美不胜收，近处又有壮丽的山景。庭院周围是种满了各种各样蔬菜的繁茂花园。硕果累累，葡萄如同埃斯库尔（Eschol）的一般"，"山西之行其实很愉快，空气很清新，风景也很美，我们沿着汾河河谷，穿过黄土丘陵和肥沃的农田，河水灌溉着农田。穿过这些山谷，几英里外的树上挂着黄澄澄的柿子。它们又长又尖，不像我们北方的品种那么大，但很好吃。我们带了大量的食物，还有地里种的水果和车站小贩调制的食物，比如烤牛肉、烤鸡、热腾腾的红薯和面包，加上保温瓶和水壶里的热水，我们勉强有了活下去的资本"，以及在青岛的"奢侈"生活。①

梅塔的这篇文章中，虽然记录战争之下的奔波，但是整体的描述更像是一次冒险旅行（adventure），其中既有惊险的逃离，也有平静舒适的生活、丰富可口的食物，还有教会的接待。从这些描述中，无法读到太多战争的灾难与残酷，更没有对日本的憎恶与谴责。但是正如前文所述，从1933年开始，盈亨利夫妇便开始生活在日本带来的战争阴云之下，已经看到了日本的野心和日军所带来的灾难。那为何梅塔会如此记录她在

---

① "梅塔关于卢沟桥事变后旅途的记录"，1937，中山大学博物馆。

"七七事变"后的旅程呢？这其实与这篇文章的目标受众有关。因为梅塔试图在美国主流杂志上发表这篇文章，而当"七七事变"爆发时，美国政府以及主流社会舆论还是对中国战场持一种不介入的态度，国会和民众都倾向于孤立主义政策。因此，在抗日战争全面爆发后的头4个月里，美国官方一直保持着沉默。① 在这种情况下，梅塔便刻意在这篇试图在美国主流杂志发表的文章中隐去了她所感受到的战争的残酷以及对日本的憎恶。但是，这种情绪却能够在她当时所写的其他信件中找到。

在两封寄出日期是11月29日和12月12日的信件中，梅塔便首先抱怨了中外报纸上的新闻都过于片面，"很难获取真正的消息"。因此希望她的军官女婿威廉·梅迩能够"掌握真实的信息以提供给国家相关部门"。因为"有很多十分丰富的材料。其中一半永远不会被告知，也不会被泄漏。几年前的亚美尼亚大屠杀无法与这里发生的事情相比。而且结局还没有到来"。② 在一封命名为"杂闻（Side lights）"的信件中，梅塔便质疑并反驳了日军将领的一些说辞："在这片水域的日本海军上将说：'这不是战争，而是大规模的演习。我们正在教我们的士兵如何在必要的战争中作战。'我们听到很多评论和意见，关于结果和持续时间的理论、原因和影响。松井石根（Matsui Iwane）是日本军队的领导人，他在讲话中说：'日本不希望得到任何中国领土，战斗唯一的目的是为了给中国人民带来秩序、和平、友好的意愿和友谊！'这样的代价真的能换来友谊吗？"③ 接下来，她便描述了她所目睹的战争带来的恐怖与痛苦：

> 疯狂恐慌的人们逃离他们的家园，他们不知道去了哪里，孩子们拽着妈妈的裙子，妈妈一手抱着孩子，一手抱着被褥。一夜匆忙赶往某个安全的地方，疲惫不堪，却发现挤在一起的危险更

---

① ［美］迈克尔·沙勒：《美国十字军在中国（1938—1945）》，商务印书馆，1982，第16-17页。
② Letter by Myrtle Ingram on 29th November, 12th December, 1937，中山大学博物馆。
③ Side lights by Myrtle Ingram, 1937，中山大学博物馆。

大，更容易成为炸弹和机枪的目标。那些能负担得起火车旅行的人挤在敞篷车厢里，暴露在风雨和炸弹下。有一列这样的火车经过我们，在三个车站外遭到袭击。我们担心会发生最坏的情况，但只能希望和祈祷火车及时发出警告，让乘客下车，寻找安全的地方。

我们在战争之后所遭遇的恐怖和痛苦，使我们感到心痛万分，并真正地体会到什么是"战争即地狱"。①

在战争中的这些经历让梅塔十分蔑视与痛恨当时中国的汉奸，她提到这些汉奸"存在于从南京政府内阁到普通劳工的各个阶层和各行各业"，而"如果大家都忠于中央政府，战争的胜利就完全是另一回事了"。②

正因为如此，她非常希望美国政府能够对日本表现得更加强硬些，"我们不希望政府首脑放弃"，希望美国政府不会要求中国政府"按照敌人的条件和解"，"我们不希望在这些条件下实现和平"。③ 这应该是当时在华大部分美国人的共识。在1937年的感恩节那天，时任燕京大学校长的司徒雷登在外国人聚会上发表了一次精彩演讲，梅塔记录道：

> 司徒雷登（Leighton Stuart）在感恩节那天发表了精彩的演讲。"自由"是贯穿他演讲内容的主导思想。他认为美国人没有充分欣赏他们的自由。他以前从不欣赏帕特里克·亨利（Patrick Henry）的话，④ 也不能与他一起喊出"不自由，毋宁死"。尽管他对此思考了很多，因为与对方来自同一个州，离同一城镇不到

---

① Side lights by Myrtle Ingram, 1937，中山大学博物馆。
② Side lights by Myrtle Ingram, 1937，中山大学博物馆。
③ Letter by Myrtle Ingram on 29th November, 12th December, 1937，中山大学博物馆。
④ 帕特里克·亨利（1736—1799），苏格兰裔美国革命家、演说家，弗吉尼亚首任州长（1736—1799）。积极参加反抗英国殖民的斗争。在美国革命前夜的一次动员会上以"不自由，毋宁死"的结束语闻名。

两个小时，经常去同一个教堂做礼拜，呼吸着与这位忠诚的爱国者相同的空气。他接着说，过去一年，尤其是这几个月的经历，让他从内心最深处，以最深刻的感受喊出"不自由，毋宁死"。

这个异常沉默寡言，又时常退缩的人大胆地走出来，带着他的信念和勇气，以我们此前从未见过的方式讲话。他经历了很多，是一个"有名"的人。无论发生什么事，他都不会退缩。他认为这个世界应该知道真相。①

在目睹和经历了日本在中国的暴行后，司徒雷登也跟梅塔一样，希望这个世界能够知道日本侵略中国的真相，能够与中国人一起站到侵略者的对立面，不妥协不退缩地反抗侵略和暴行。同时，司徒雷登引用帕特里克·亨利的"不自由，毋宁死"的名言，通过讲述自己如何从不理解到赞同这句话，从而委婉地批评了美国人没有充分地认同这种自由，似乎是希望美国民众能够与中国人站在一起抗击日本。

这种情绪在梅塔的私人信件中表现得更加直白，她提到日军在石家庄、太原和南京等地的种种暴行，而一些传教士"告诉他的教区居民'他们怎么要求的就怎么做'，'把脸转过去'，他们想要什么就给他们。居民问：'当他们要我们的女人和女孩时，我们该怎么做，我们该说什么？'传教士难以回答"。梅塔则直白地说："当基督教国家说我们必须小心，不要冒犯日本人，不要破坏与日本的友谊时，我们对他们感到愤慨，这有什么好奇怪的吗？我希望我永远不会为培养那种虚假的友谊而感到内疚。为什么无法无天的国家会受到不同的待遇？"因此，当1937年12月12日发生了日本飞机袭击并击沉了美国海军在长江的炮艇"帕奈"号时，梅塔在信中非常直接地表达了她的期待。当时，"帕奈"号载着美国大使馆的部分人员和各国记者，并且护送三艘美孚石油公司的油轮撤离南京，

---

① Letter by Myrtle Ingram on 29th November, 12th December, 1937, 中山大学博物馆。

但是在撤离途中遭到了日军飞机的攻击。这次事件最终造成了人员伤亡。事件发生后,梅塔便在信中说:

> 我昨天就要开始讲这个事,但被打断了。今天我们还要讲这件事。我希望我能在你的文件中看到这些报告。我知道会异常激动(excitement aplenty)。这里大使馆的无线电一直忙于处理从南京城外传来的消息。我们的军舰沉没了,我们其余的大使馆工作人员还在船上;两艘标准油轮也沉没了,两艘英国船只遭遇开火,不过它们很好地坚强地返回了。我希望美国人有更多的勇气。
>
> 渐渐地,我们听到陆续有工作人员获救。目前我们听说有18人失踪了,我想应该是船员和军官。晨报不会讲得太多。在确定弗兰克(罗伯茨先生)安全之前,罗伯茨夫人(Roberts)一直和史迪威(Stilwell,我们的武官)待在一起。他的消息最后才传来。①

看到这个事件的发生,梅塔希望"美国人有更多的勇气",但是这件事情的最后处理结果肯定让梅塔失望了。当日本人迅速道歉并提出赔偿后,美国政府接受了"误炸"的解释,以及相应的道歉与赔偿。事情很快就平息了,之后的民意调查表明美国民众甚至愿意接受从中国撤出全部军事人员,以免再次发生类似事件。②

虽然生活在战争带来的危险与窘迫之中,并且孤立主义政策和民意让美国的直接介入遥不可及,但是梅塔还是决定在中国坚持。她在信中说:"我们可能会被迫离开,不过在这种情况发生之前我们并不打算离开。许多中国人说,尽管我们做不了什么,但有我们留在这里就是一种帮助。只

---

① Letter by Myrtle Ingram on 29th November, 12th December, 1937, 中山大学博物馆。
② [美]迈克尔·沙勒:《美国十字军在中国(1938—1945)》,商务印书馆,1982,第18页。

要他们需要我们，我们就想待在这里，我们也能留在这里。"

三

生离与死别

在梅塔带着 3 个孙女重新回到北京后，似乎生活又平静了下来，只是此时北京是在日本人的统治之下。梅塔提到她在北京的朋友们经常被日方骚扰、软禁甚至逮捕，家中也被搜查，以至于她认为 1937 年底的圣诞节氛围更像是"葬礼"的氛围。圣诞节前夕，当梅塔带着女儿和孙女在北京饭店观看由燕京合唱团表演的弥赛亚清唱剧时，一个日本官员突然闯入拥挤的听众人群，一路将所有人都推开甚至推倒，这让梅塔感慨这些日本人的粗鲁。[①] 日本人还会强行承租或者购买当地人的房产。兰理训便不得不在 1938 年初将房产出售。这让梅塔感慨自己不能再去内蒙古度假并且住在兰理训家了，同时也担心自己有一天会不会也不得不出售自己的房产。[②] 食物物价也在上涨，尤其是日本人喜欢吃的食物，后者甚至价格翻了倍。[③] 金融系统也因战争变得不稳定，银行每周只允许取款 200 美元。当梅塔对银行职员说自己想要取出所有积蓄购买金子以备回国之需时，职员委婉地拒绝了她。[④]

虽然日占时期的北京城让梅塔感到生活变得艰难，但阴云密布中还是有一丝亮色，比如梅塔的小女儿凯瑟琳在 1938 年初与饶大卫（David Nelson Rowe, 1905—1985）订婚了。饶大卫出生于南京，也成长于一个美国传教士家庭。饶大卫先后在普林斯顿大学、南加州大学和芝加哥大学获得本科、硕士与博士学位，并于 1935—1937 年在哈佛大学完成博士后研究，

---

① Letter from Myrtle to Children, Jan. 2, 1938, Yale Divinity Library.
② Letter from Myrtle to Children, Jan. 9, 1938, Yale Divinity Library.
③ Letter from Myrtle to Children, Jan. 2, 1938, Yale Divinity Library.
④ Letter from Myrtle to Children, Jan. 2, 1938, Yale Divinity Library.

之后获得洛克菲勒基金的资助来到北京进修。也正是在北京期间结识了凯瑟琳,并在短暂恋爱后就决定订婚了。这个决定对梅塔和姐姐米莉安来说都很突然,但他们也都满意这个联姻,尤其是对男方很满意。梅塔花了很大气力操办了女儿的订婚仪式,这也给他们在日占期间的北京生活增加了一丝亮色。①

1939年夏天,伊萨贝尔的丈夫梅迩被委派到中国接任史迪威的驻华武官的职务,因此伊萨贝尔与梅迩带着孩子又回到了北京。他们从檀香山出发,一路经过关岛、马尼拉、香港、上海、烟台、塘沽,最后乘坐火车在1939年6月13日达到北京。此时日美关系还未破裂,作为外交人员的梅迩一家旅途还算顺利,只是"看到日本国旗挂在岸上,并随时忍受那个民族的无礼,真是令人气愤,糟透了"。② 当他们抵达北京时,梅塔和米莉安他们都在车站迎接他们。梅塔为他们腾出了原来在灯市口的房子,自己搬到了公理会的房子居住。但他们都在同一条街上,相隔只有几分钟的步行距离。

此时他们生活的北京,虽然在日军占据之下,但在伊萨贝尔看来,北京"比世界上大多数城市要正常",因为他们依旧可以在北京举办舞会、进行短距离的旅行。他们的小孩还能在北京的教会学校上学。在10月、11月这两个月的时间,伊萨贝尔家中每周都举办有30—50人的晚餐聚会,还要到外面参加三四个派对,虽然其中有许多是与外交事务相关的官方活动。1939年和1940年夏天,米莉安甚至带着3个女儿以及伊萨贝尔的儿子拉里(Larry)前往北戴河度假,梅塔也去待了几周,而这是在战争爆发前他们都经常无法做到的事情。作为驻华武官的太太,伊萨贝尔到达北京后还担任了大学女子北京协会的通讯秘书、女童军的财务主管、北京美国学校董事会的成员、老年妇女之家的副主席、北京艺术协会联席业

---

① Letter from Mariam to Ruth and Isabel, Jan. 9, 1938; Letter from Myrtle to Ruth and Isabel, Jan. 10, 1938, Yale Divinity Library.
② Letter from Isabel to friends, July 31, 1940, Yale Divinity Library.

务经理等各种职务。①

1940 年 5 月初,梅迩和伊萨贝尔一家又从灯市口搬到了北京的使馆区。伊萨贝尔对新租的房子花了一个月的时间进行了大规模的装修,又对房子的花园进行了改造。6 月初时,伊萨贝尔本来要举办一场大型的有 300 人参加的乔迁派对。但在 6 月 11 日意大利对英法宣战,正式加入二战。这一消息"令大家无比沮丧,没有人愿意举办或参加不同国籍的大派对"。因此他们只举办了在北京的美国人的小聚会。在一封 1940 年 7 月 31 日的信中,伊萨贝尔写道:"在我写这封信的时候,家里的人都相隔很远。比尔在香港,比尔离开的那天拉里去了北戴河,和米莉安待了两个星期,现在还在那里,只有吉姆(James)和我在这间大房子里互相陪伴。米莉安在卧佛寺(Wo Fo Ssu)买了一座漂亮的中式小房子和庭院,去海边之前她种了花和蔬菜,现在由我接管了。我和吉姆、母亲和朋友们一起去那里游玩了好几次。吉姆喜欢骑行,在那里很开心,所以我希望经常去那里,一整天都野餐。"② 但伊萨贝尔也知道这种看似平静美好的生活会随时有无法预料的变化,"可能有一天我们也要加入那些因为入侵者的心血来潮而被迫放弃房屋花园的数百万人中去。然而,截至目前,一切都很平静,北京虽然变了,但仍然如往常一样,是可爱的城市"③。

伊萨贝尔所说的那种无法预料的变化很快就到来了。随着美日关系的日趋紧张,尤其是在 1940 年 9 月 27 日,日本与德国和意大利签署条约正式加入轴心国集团后,美国政府判断美日战争应已无法避免,因此于 10 月 6 日正式发布撤离远东美国侨民的通告。④ 撤侨令发布后,作为外交人员家属的伊萨贝尔和她的孩子自然是被美国政府要求撤离的,但梅塔和米莉安他们却可以自行选择是否离开中国。因此,伊萨贝尔的撤离是由美国

---

① Letter from Isabel to friends, July 31, 1940, Yale Divinity Library.
② Letter from Isabel to friends, July 31, 1940, Yale Divinity Library.
③ Letter from Isabel to friends, July 31, 1940, Yale Divinity Library.
④ 陈志刚:《1940—1941 年美国在华撤侨行动初探》,载于《抗日战争研究》2015 年第 3 期,第 124 - 137 页。

政府买单,她打包好物品后于 11 月 11 日登上航船,经过马尼拉回到了美国。而梅塔和米莉安选择了先继续留在北京观望。无论离开还是留下,对于他们来说都是艰难的选择。梅塔也知道选择继续留下会冒着很大的风险,并且随时有可能背着包袱被迫离开。而米莉安其实也已经在计划带着女儿们回到美国。① 在当时也有许多美国传教士选择不撤离,或者前往中国西南的抗战大后方。②

虽然选择了留守,但生活还是要继续。进入 1941 年后,撤侨工作还在持续进行着,梅塔身边不断有人返回美国。虽然梅塔提到有些人认为美国政府撤侨太早了或者太晚了,但对于她和米莉安来说,日美关系局势的日趋紧张以及他们在北京的留守,让他们感受到了压抑的氛围。③ 他们也知道离开中国应该是迟早的事情,也在为此做准备。1941 年 3 月,美国国家城市银行(National City Bank)的北京分行建议美国侨民将他们的存款转移回国内,梅塔便开始将她的存款寄给了茹丝,委托她购买美国债券。米莉安也取出了所有存款放在手头,以备不时之需。④ 到 6 月时,梅塔以 1.3 万美元的价格售出了她在灯市口的房子,并把这笔资金都汇给了茹丝,请她帮忙用这笔钱投资。这对于梅塔、茹丝和米莉安来说都是好消息,虽然梅塔自己对买方并不很满意,因为"他是中国人,并且会带着他三个老婆中的一个住在里头","但是当下已经不宜再往后推迟处理此事了"。⑤ 房子出售后,虽然梅塔还可以居住在公理会或者华文学校的房子,但她意识到自己已经"无家可归(homeless)"了。⑥ 在 9 月 21 日写给儿子的信中,她充满眷恋地回忆起了当初一家人前往内蒙古旅行在草原

---

① Letter from Myrtle to Ruth, Nov. 13, 1940, Yale Divinity Library.
② 陈志刚:《1940—1941 年美国在华撤侨行动初探》,载于《抗日战争研究》2015 年第 3 期,第 124 – 137 页。
③ Letter from Myrtle to Ruth, Jan. 21, 1941, Yale Divinity Library.
④ Letter from Myrtle to Ruth, Mar. 19, 1941, Yale Divinity Library.
⑤ Letter from Myrtle to Ruth, Jun. 30, 1941, Yale Divinity Library.
⑥ Letter from Myrtle to Ruth, Jun. 30, 1941, Yale Divinity Library.

过夜的情景。而这也是存留至今的梅塔的最后一封信件。[①]

1941年12月7日,日军偷袭美国珍珠港,太平洋战争爆发,美国对日本宣战,放弃孤立主义外交政策。此时在北京的美国侨民成为日军的敌人,成为被监控和软禁的对象。因此梅塔和米莉安与他们在美国的亲人几乎处于失联状态,只能通过红十字会这种组织传递消息与信件。1942年1月23日,茹丝在美国收到了一封红十字会发来的电报,被告知她的母亲于1941年12月27日在北京协和医院去世。茹丝马上将这一消息传递给了伊萨贝尔、凯瑟琳等兄弟姐妹。之后茹丝通过红十字会知道了米莉安平安的消息,但他们一直等到1942年5月20日才收到米莉安从北京寄出的信件告知他们梅塔去世的详情以及米莉安自己的近况。

1941年12月16日,米莉安发现母亲生病了,便请医生到家里给梅塔看病,之后梅塔自认为病情轻微,拒绝前往医院住院。直到12月21日,病情变得危险后,米莉安叫来救护车将梅塔送往协和医院,因医治效果有限,于27日下午在医院去世。梅塔的病因是斑疹伤寒,这也是盈亨利生前想尽办法来治疗的疾病,并为此发明了驱虱药。因为日本人限制人员流动,所以梅塔的葬礼举办得十分简单,只有米莉安与万卓志(G. D. Wilder)等三人出席了葬礼仪式。最终,梅塔永远地留在了中国,与她的丈夫一起安葬在了通州潞河医院附近的传教士墓地,这也是盈亨利夫妇在中国的最初服务点。

梅塔的女儿米莉安和她的3个女儿则继续在北京被监视居住,但他们依旧能够在北京城内自由活动。米莉安在1942年5月20日在给茹丝的信件中提到她会每天带着孩子们去天坛两次,也会去太庙。此时的米莉安自然希望能够尽快回到美国,但是作为已经被日本政府扣押的美国侨民,需要两国政府之间协商进行战俘交换才有可能回国。经过长时间的谈判协商,1942年夏天,美日进行了第一次战俘交换,但是米莉安一家并不在

[①] Letter from Myrtle to Bob, Sep. 21, 1941, 中山大学博物馆。

交换名单上。① 米莉安期待很快就会有第二次战俘交换，同时希望他们能进入第二批交换名单。② 美国中华医学基金会（China Medical Board）致茹丝的信中也提到，因为当时米莉安被协和医学院雇用，所以作为医学院的成员，她和她的女儿们会在战俘交换中被优先送回美国。③ 但是梅迓却对此表示怀疑，他认为在北京的米莉安一家没有受到很差的对待，也许他们不会在优先交换的名单上。

但是情况却在之后发生了变化。一方面，太平洋战争爆发后，美国政府将在美国旧金山等地的日本侨民集中到洛杉矶附近的指定区域居住，即所谓的"日裔集中营"。为了实施相对应的报复，日本也在其占领区建立了相似的集中营。大陆地区便有在山东潍坊的以乐道院（Courtyard of the Happy Way）为基础改建的潍县集中营（Weihsien Internment Camp）。米莉安一家则在1943年夏天被强制关押至此。另一方面则是米莉安所期待的第二次战俘交换并没有很快到来。美日政府围绕第二次交换所展开的谈判协商遇到了许多障碍，经过一年多的时间才被敲定。④ 而第二次的交换也是二战期间美日之间的最后一次战俘交换。1943年12月1日，米莉安和3个女儿乘坐瑞典籍的M. S. Gripsholm号邮轮抵达纽约港，他们最终回到美国。⑤ 至此，盈亨利一家完全离开了中国，其中既有生离，也有死别，他们在中国既不再拥有任何资产，也不再有容身之所。

---

① Letter from Miriam to Siblings, May 20, 1942, Yale Divinity Library.
② Letter from Miriam to Ruth, July 9, 1942, Yale Divinity Library.
③ Letter from Chinna Medical Board to Ruth, May 1, 1942, Yale Divinity Library.
④ 关于二战期间的美日战俘交换，可参看Bruce Elleman, Japanese-American Civilian Prisoner Exchanges and Detention Camps, 1941 – 45 (Routledge Studies in the Modern History of Asia, 2006).
⑤ 当米莉安于1944年1月19日写信给茹丝询问梅塔的遗嘱与财产相关事宜时，米莉安的地址已经是美国维吉尼亚州的阿灵顿市。Letter from Miriam to Ruth, Jan. 19, 1944, Yale Divinity Library.

尾 声

　　1941年底梅塔的去世和1943年底米莉安的离开代表着盈亨利一家完全离开了中国，但这并不意味着他们从此不再与中国产生联系。事实上，1944年底，威廉·梅迩便又被短暂地派到了中国战区，而茹丝也在1945年夏天受联合国救济署派遣来到中国，此时他们在中国已不再有家，只是因为工作而暂时性停留。但是他们在中国的经历很大程度上形塑了他们对于中国的看法与认识，也影响了他们对中国政局、对中国共产党的看法。最终，新中国成立后，由于中美关系和两国的外交政策，茹丝最终跟随世界卫生组织离开了中国。之后，在中国与西方世界关系几乎隔绝的那段时间，盈亨利家族的女儿们有的在写回忆录，有的在整理家族资料，不断回忆中国往事，并试图完成更多与中国相关文章以发表。

一
军事援助

　　伊萨贝尔与威廉·梅迩因为中国而结缘。作为从1928年就开始断断续续驻华的美国军事人员，在抗日战争爆发后，伊萨贝尔的丈夫威廉·梅迩开始被委以更多与中国相关的重任。梅迩出生于1892年1月4日，在进入美国军队服役后，于1928年7月首次作为语言官员被派遣至中国北京。1932年上海"一·二八事变"爆发后，梅迩在5月16日作为情报官员陪同当时美国驻华大使纳尔逊·詹森（Nelson Johnson，1887—1954）前往上海考察中日交战前线。考察结束后，詹森向美国陆军上报了他对梅迩在此次活动中的评价："美国陆军上尉威廉·梅迩是（大使馆）武官办公室的高级语言官员之

图25 梅迩军装照

一，被派往上海临时执行任务。他担任我的情报官员，及时准确地向我通报中日战线的事态发展。他每天都与美国驻中国和日本总领事馆总部以及保卫国际租界的部队总部保持密切联系。我非常依赖他收集的军事信息。"① 由于此次行动，梅迩荣获"长江服务勋章（Yangtze Service Medal）"。之后不久，梅迩被调回美国国内，在华盛顿担任国防部情报官员。

卢沟桥事变后，美日关系发生了新的变化。1938年10月21日，美国国务院发文任命梅迩为美国驻北平使馆和驻曼谷使馆的武官。梅迩携夫人和孩子在1939年7月才抵达北京上任。前文提到伊萨贝尔曾写信描述其旅途以及在北京的生活，而当时梅迩则经常在上海、香港、重庆、曼谷等地出差。伊萨贝尔带孩子于1940年底在撤侨行动返回美国后，梅迩继续担任美国驻华和泰国的武官，直到1942年6月底。在此期间，1941年10月15日，梅迩晋升为上校（Colonel）。返回美国后，梅迩一直在华盛

---

① 威廉·梅迩军事档案，中山大学博物馆。

顿担任负责中国和日本方面的情报官员。1944年11月，梅迩被从华盛顿派往太平洋地区的美国司令部，包括西南太平洋地区、东南亚南亚战区、中国战区（重庆）等地，执行临时的军事情报工作。当他于12月31日抵达重庆后，刚刚接任史迪威作为盟军中国战区参谋长和驻中国美军指挥官的魏德迈将军便向华盛顿请求将梅迩留在重庆工作，梅迩也欣然接受，但却被华盛顿作战部拒绝，因为华盛顿方面认为深谙中国战场情报工作的梅迩留在华盛顿会发挥更大的作用。直到日本投降前夕，1945年7月，梅迩才被再次派往中国战区的南方司令部，这次的任命直到1946年3月底。从1945年8月15日至10月25日，梅迩因在此期间在中国战区参与接受日本投降的工作，获得了美国政府颁发的"功绩勋章（Legion of Merit）"。

　　1946年4月，梅迩接到了新的任务。在纳粹德国、日本先后战败投降后，同盟国需要开始处理战败国的战争赔偿问题。早在1945年4月27日，美国总统杜鲁门便任命了埃德温·鲍莱（Edwin W. Pauley）为处理战后赔偿问题的总统特使和同盟国赔偿委员会的美方首席代表。鲍莱由此开始相应的调查和赔偿方案撰写工作。从1946年4月23日至1947年5月20日，梅迩被派遣至鲍莱处成为"美国战后赔偿计划（U. S. Reparations Mission）"的参谋，并跟随其进行全球考察，以评估东亚诸国的战争损失和日本所应进行的战争赔偿。1946年6月15日，鲍莱团队抵达奉天（Mukden），6月16日至抚顺，6月底前往已经建立了人民政权的哈尔滨市①，并会见了林彪。1946年7月24日，鲍莱致信感谢美国战争部长（Secretary of War）表彰梅迩，称其"对计划提供了非凡的帮助"。1946年10月30日，鲍莱再度致函美国陆军部负责人，说道："梅迩上校对远东的深入了解，对我为总统撰写关于日本在韩国和满洲的资产的最终报告提供了宝贵的帮助。他除了对自己领域的了解外，还有能力将任务中各种

---

① 1946年4月28日，哈尔滨解放，成为中国共产党在全国解放的第一大城市。陶文钊：《中美关系史》（第一卷），上海人民出版社，2016，第315－316页。

技术专家的报告汇总在一起，这使我有可能为总统准备一份给美国政府的各机构提供真正帮助的报告。"

除此之外，国民政府也对梅迩在中国的抗战援助进行了表彰。1945年9月27日，国民政府驻美使馆便致函马歇尔将军，感谢当时在中国为国民政府的抗战提供帮助的美军代表，梅迩便在表彰名单中。1946年5月29日，国民政府外交部向美国驻华大使馆致函，希望能够向梅迩颁授"云麾勋章"，函中说道："中国政府拟授予美国战争部情报局中国处处长、曾在中国担任武官多年的威廉·梅迩上校云麾勋章，以奖励其为拓展中美关系付出的巨大努力、在抗战时期为中美情报交换展现的巨大热情。请求美国政府就此事进行讨论。"1947年3月10日，顾维钧签发了代表国民政府给梅迩颁发云麾勋章的授勋辞。1947年6月12日，美国战争部致函梅迩，同意了其接受国民政府为其颁发的云麾勋章。

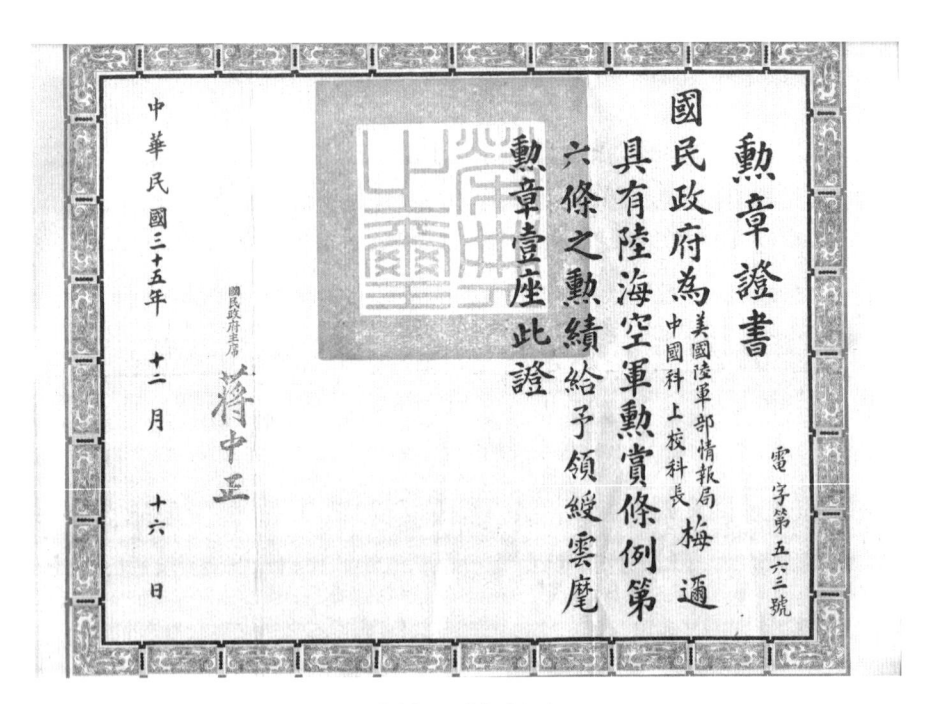

图 26　云麾勋章证书

图 27　1947 年 3 月 10 日，国民政府驻美国大使顾维钧为梅迩授云麾勋章

但即使国民党政府曾为梅迩颁授云麾勋章，梅迩对于蒋介石政权却并没有太多的好感。在 20 世纪 50 年代美国麦卡锡主义盛行的年代，美国政府中诸多"中国通"官员因此受牵连，其中就包括曾在美国驻华使馆工作过并且后来又曾担任美国国务院中国科科长的范宣德（John Carter Vincent，1900—1972）。当美国国会对范宣德举行听证会时，梅迩便曾作为证人出席，因为梅迩认识范宣德，并且也曾在中国服务过。当被问及对蒋介石政府的态度时，他回答道："中国共产党是想要为农民提供更好的帮助，我认为这在当时是共识。每个人都很疑惑究竟为何蒋介石不从共产党的书中抄几页，然后做相似的事情呢？"① 梅迩的子女也曾提到，梅迩在世时曾提到他和伊萨贝尔都对于蒋介石与国民党并没有太多好感，而对毛泽东与共产党有更多的正面评价，认为他们更受民众拥护，也更了解民众

---

① Gary May, *China Scapegoat: The Diplomatic Ordeal of John Carter Vincent* (Washington, DC: New Republic Books, 1979).

的需求，甚至也可能会是在对日作战中更好的合作伙伴。① 但是梅迩作为军人，更多只是去执行美国政府和上司的决策，他也并没有留下更多与此相关的文字记载。

二

医疗援助

与梅迩不同的是，茹丝为她 1945—1950 年的中国行留下了诸多私人信件与一份回忆录。在诸多子女中，只有茹丝选择了追随盈亨利夫妇的职业道路，作为一名护士继续从事医疗工作。她在北京完成中学学习后便前往美国奥柏林学院（Oberlin College）学习，并于 1911 年毕业。毕业 4 年以后，她又修读了护理课程，并在洛克菲勒基金会的资助下回到北京，在协和医学院从事护理教育工作。在北京工作数年后，茹丝又于 1930 年回到了美国，在圣路易斯和新奥尔良的护理学校工作。1945 年 7 月，茹丝被联合国善后救济总署（United Nations Relief and Rehabilitation Administration，英文缩写为 UNRRA，中文简称联总）选派前往中国从事护理教育培训的工作。联合国善后救济总署创立于 1943 年，其职能是为联合国成员国内的战争受害者提供医疗和其他必要的服务，以便这些地区必要时能得到足够的救济供应，便于物资的生产运输和服务的提供。茹丝在美国时便曾担任联总的干事与护理教育的志愿者，因此当联总于 1945 年开始组建一个医学教学团队援助国民政府的卫生部时，茹丝被选中成为团队的护理教育顾问。

1945 年 7 月，茹丝乘坐美军军机从印度出发，通过驼峰线抵达重庆。茹丝是医学教学团队中最早到达中国的成员之一，而当最后一批团队成员抵达重庆时，美军在日本广岛投下了核弹，抗日战争结束。因此茹丝亲眼

---

① 作者与梅迩后代 Kenneth Mayer 的私人交流。

目睹了抗日战争结束时重庆民众的欢呼雀跃，但同时在之后也目睹了中国如何又一步一步地走向了内战。内战期间，茹丝一直在大陆进行护理教育培训。1947年年底，联总在中国的援助服务协议结束，此后茹丝和几个同事又转至新成立的世卫组织（WHO）。中华人民共和国成立后，茹丝和世卫组织的几个同事依旧留在新中国继续工作，直到1950年世界卫生组织结束在中国的任务派遣后才离开中国。此后，茹丝又被世卫组织派往缅甸和太平洋岛屿美国托管地从事护理教育工作，直到1957年退休。

退休以后，茹丝开始整理她于1945—1950年在中国工作的信件和相关文稿，并撰写相应的回忆录。在回忆录书稿的扉页，茹丝写道，该书是"献给我父亲的回忆"，可见其父亲对她影响之大。她的父亲盈亨利于1887年秋天作为美国公理宗海外传教部的医疗传教士到中国提供医疗服务，而她某种程度上也是追随了父亲的脚步，在1945年作为联合国善后救济总署的志愿者来到中国提供医疗服务。回忆录共26章，完整地覆盖了她在中国的经历，并邀请了曾任联合国善后救济总署中国团队的负责人本杰明·基泽（Benjamin H. Kizer，1878—1978）为该回忆录作序。该回忆录大约在1965年完成，但最终没能顺利出版。茹丝于1967年8月27日在美国加州去世。去世后，该书稿件保存在盈亨利家族后人手中。但十分遗憾的是，原有共26章的回忆录今仅存留了前18章。

在回忆录中，茹丝记录了自己先后在昆明、重庆、上海、北京、兰州、西宁、广州、邯郸等地的经历，她既经历了国统区，也涉足了解放区，还去了马步芳控制下的甘肃与青海。在国统区的经历中，茹丝感受最深刻的是国民党政府的腐败和民众的苦不堪言。当茹丝在重庆考察时，她看到她早年在协和医学院的同事与学生都开始在国民党政府的卫生系统中担任重要职务，比如当时担任中央卫生实验院院长的朱章赓博士、放射学家荣独山博士等，但她同时看到的是那些担任医院负责人的同行在面对国民党政府的腐败和效率低下时的无力与无奈。她在重庆看到了重庆中央医院的恶劣条件以及医院官员与供应商的内外勾结，在上海看到了贫富之间的悬殊，在北京看到了国民党政府对学生的镇压。当联总试图进入解放区为处于困境的人提供物资帮助时，国民党政府还会刻意制造重重困难。1946年4月，茹丝前往了晋察冀解放区的张家口，解放区的军民给她留下了深刻印象。除了看到民众与军队之间的鱼水之情，她还看到中国共产党人如何在解放区内高效地分配有限的物资。

1947年底，茹丝与和利奥·埃洛瑟（Leo Eloesser）博士从天津出发，绕过国民党的封锁，抵达了当时转移至西井村的白求恩国际和平医院。时任院长何穆博士接待了他们，茹丝在西井村主要负责考察和平医院，以及进行护士培训工作。在回忆录中，茹丝非常正面地详细描述了西井村的风俗以及在西井村的经历。1948年9月，茹丝和埃洛瑟共同完成了一份提交给世卫组织的关于白求恩国际和平医院的报告。报告的标题为"我们找到了全面与友好的合作"。在报告中，二人描述了该医院的现状以及所遇到的困难，同时高度赞扬了该医院的管理、人员素质和工作效率，并试图为白求恩国际和平医院争取更多的医院援助。

1946年5月底，一系列巧合将茹丝带到了兰州，当时国民政府要求联合国救济总署派遣茹丝前往兰州调查一所护理学校，由此她与甘肃、青海结缘。此后，茹丝又数次前往兰州与西宁，并于1949年在兰州待了一整年。当时的甘肃和青海在马步芳治下，茹丝不仅考察了当地的医院，并为当地的护士进行了护理培训，还参观了包括山丹、塔尔寺在内的多个地方，甚至还会见了班禅。马步芳与马继援也都接待了茹丝，并且向她介绍了青海、甘肃的变化以及社会各层面的风貌。1949年8月解放兰州的战役打响时，茹丝正在兰州，她完整经历了兰州政权交替的全过程。新中国成立后，在世卫组织等待如何与新中国建立关系时，作为世卫组织工作人员的茹丝并没有被要求撤离，而是在兰州继续进行护士培训工作，直到1950年下半叶才跟随世卫组织一起撤离中国。

1957年，茹丝退休后便在美国加州居住。当时的美国对共产主义阵营充满了敌意，对中国共产党也同样如此。20世纪50年代初，还掀起了麦卡锡主义风潮。但即使如此，当时的茹丝在接受记者采访时，始终坚持自己在中国时所观察到的，说自己看到了一个"完全暮气沉沉、腐败、冷漠的国民党"，同时认为中国共产党真正地在关心民众，试图改善他们的生活。针对当时美国社会对中国共产党的敌意与反共情绪，她说道："中国有成千上万的无地农民，当我在那里时，他们在挨饿，但是国民党无动于衷。如果在这种情况下我对共产党有所同情，请务必记住中国与美国十分不同……中国农民一直被地主和放高利贷者压迫着。""美国人害怕共产主义就像是在害怕某种庞大的怪兽一样。但是共产主义必须要与人民打交道，我不认为它会在美国被接受。我不认为我们有能接受它的气质。"①

图28　1947年11月16日，青海中山医院欢送茹丝（即盈露德）合影

① Meg Burges,"Meeting people: Remembrances of China,"中山大学博物馆。

三

回 响

抗日战争结束以后,威廉·梅迩和茹丝曾因为工作到过中国,后者在新中国成立后最后离开了。盈亨利1887年来到中国,到1943年12月米莉安带着3个女儿回到美国,再到1950年茹丝完成世卫组织的工作离开中国,盈亨利家族在中国居住、生活与工作的时间长达63年。在这63年时间中,盈亨利家族经历中国的数次政权更替和多次战争,其中对他们在中国的生活最具有摧毁性的就是抗日战争。1947年9月21日,茹丝在给伊萨贝尔的信中写道:"父亲在世的话,今天应该是89岁了吧?他能免受过去这十年的颠沛流离,我很感恩。"① 正是因为这场战争,才让梅塔最终出售了他们在中国的房产,从而在中国不再有资产,不再有容身之所。最终在1950年,盈亨利的子孙辈都不再在中国,且重新开始在美国定居。

即使离开了中国,但是从1887年盈亨利抵达中国开始便烙上的印记却不会被轻易抹去,"中国"仍旧不断出现在盈亨利子孙的生活当中。梅迩退休以后,伊萨贝尔在美国开了一家古董店,专门出售中国古代艺术品。因为伊萨贝尔在艺术收藏方面的眼光,她与许多知名博物馆、古董商都保持了非常好的联系,而她的古董店也为一些博物馆提供了与中国有关的藏品。她与梅迩在20世纪30年代初期所收集的一部分精美鄂尔多斯式青铜器便被卢芹斋购下,并最终进入亚瑟·萨克勒(Arthur M. Sackler)的收藏。今天,这批藏品被保存在位于美国华盛顿史密斯学会(Smithsonian Institution)的亚瑟·萨克勒美术馆。而伊萨贝尔的孙子中也有一位曾在20世纪80年代前往中国台湾当过两年的英文教师。

盈亨利的另一个女儿凯瑟琳则与饶大卫(David N. Rowe)相结合,

---

① Ruth to Ingram, Sep. 21, 1947, 中山大学博物馆。

后者长期在耶鲁大学从事亚洲政治史的教学和研究。米莉安的一个女儿简·希克斯（Jane Packard Pratt Sheeks）后来也成为中国艺术品的收藏者，她的丈夫（Robert B. Sheeks）也因为相同的兴趣与她走到了一起，而他们的孩子（Robert H. Sheeks）至今还在发表与中国艺术相关的研究。

　　当伊萨贝尔在1932年底跟随梅迓来到美国东部生活后，她便开始写作自己与溥仪小朝廷打交道的回忆录，记述她参加婉容婚礼、当婉容英语教习的经历。在完成了几章以后，伊萨贝尔将其交给了纽约的一家出版社，试图将其出版。遗憾的是这家出版社以这个故事"不够令人兴奋"为由拒绝了对该书的出版。① 伊萨贝尔便因此而搁置了进一步写作和出版的计划。而当茹丝退休回到美国本土后，她也开始写作其1945—1950年在中国的回忆录。当她完成回忆录后，该书最终也没有正式出版，甚至书中最后几章关于解放战争和解放初期的描述都从书稿脱落，无处找寻。但那些与中国相关的通信记录、日记、书稿、照片等，都被伊萨贝尔、茹丝以及他们的后人精心保存了下来，也正因为如此，盈亨利一家的经历才能够被发掘出来，呈现给世人。

---

① George T. Bye to Isabel, May 1, 1934, 中山大学博物馆。

第二篇

盈亨利回忆录

伊萨贝尔回忆录

溥仪大婚记录

伊萨贝尔日记

茹丝回忆录

盈亨利家庭通信

盈亨利回忆录

◇ 北京，1933 年 5 月

应老朋友韦医生（Dr. Way）的要求，我拟好了在开普梅县（Cape May County）医学会成立 50 周年庆典上致辞的稿子。① 能够到场并与所有成员，尤其是与两位开普梅的始创成员握手，我倍感期待。我已经离开开普梅 46 年，40 多年来风云变幻，但似乎一切又在意料之中。按照惯例，每位演讲者有 45 分钟的发言时间，这就意味着我得平均每分钟讲述一年的经历，因此，简洁是必要的。

提一句我的早期经历。我于 1858 年 9 月 21 日出生于距离俄亥俄州曼斯菲尔德（Mansfield）18 英里的地方。② 内战初期，当摩根③突袭俄亥俄州时，我深切感受到我的家乡正在蒙受苦难，我的胸膛里痛苦地发出了悲悯的哀号。该州的大部分地区都是农场。1865 年秋天，我的父母搬到新

---

① 开普梅县位于美国新泽西州的最南端。此回忆录中所有脚注皆为译者所注。
② 罗伯特·英格拉姆和凯瑟琳·英格拉姆（Robert and Catherine Ingram）的儿子。根据美国公理会差会（American Board of Commissioners for Foreign Missions），盈亨利出生于俄亥俄州里奇兰县（Richland County）克里尔克里克（Clearcreek）镇。
③ 约翰·亨特·摩根（John Hunt Morgan，1825—1864），美国南北战争时期南方联盟军将领，于 1863 年率军袭击了俄亥俄州的联邦军。

泽西州的温岚地（Vineland）。直到我1883年从宾夕法尼亚大学毕业，那里一直是我的家。毕业后，我搬到了格林克里克（Green Creek），两年后我又搬到霍利海滩（Holly Beach），但还是时不时通过潜行船（sneak-box）返回内陆行医。1887年秋天，我开始在中国担任公理会的医疗传教士，驻扎在北京以东15英里的通州。

我的首个任务是学习语言，但我表现平平。前任院长建造了一座拥有12张床位的小型医院楼。当时要说服病人住院治疗是极其困难的事。因为这完全是一种新的方式——大众需要时间来接受它。我们门诊的时间在下午，一般有30到100位病人。各种各样的疾病都有，但眼部疾病尤为突出。教会学校的两名毕业生被留下来当医疗助手。虽然他们很聪明，但显然医学知识不足。

外科医生必须非常谨慎地选择他进行手术的病例，因为如果手术失败，病人家属可能会来闹事。迷信的传统让西医施展起来相当困难。如果病人住院治疗，一旦情况转危，他的亲友会立即将病人带走。因此，直到1900年，这项医疗活动的规模依旧比较小。早期，很多时间都花在培训助理上。由于他们看不懂英文，也没有中文课本，每天备课的时间都基本花在翻译上。

义和团运动后，在1900年期间（我稍后还会提到），所有教会财产都被毁坏，工作一度中断。[①] 1902年，我的医院开始大规模重修，之前许多限制都被取消，我的助手也被认可为医生。中国政府没有医疗行业的从业许可制度。我的助手一直在使用译本认真学习。我的第一部译作是《贺氏疗学》（*Hare's Therapeutics*）。在这本书和另一本书的翻译上，我前后一共花了3年时间。它一直是这个国家畅销的医学教材。我翻译的中文译本已刊行三版，并且很快就会有第四版。此后，我又翻译了索灵顿（James Thorington）的《屈光学全卷》（*Refraction*），目前第二版正在印刷

---

① 因此，盈亨利的女儿伊萨贝尔于1902年3月7日出生于北京城，其他子女都出生在通州。

中。我还教过精神病学，有一份怀特（White）作品的翻译手稿。我还印刷了美国医学协会的伦理手册。1922 年，我和另一位同事完成了一本关于汉字解析的书，是对汉字结构的解释。① 它在英国、美国、日本、印度、海峡殖民地和中国各地都非常畅销。

1906 年，协和医学堂在北京成立，授课语言是中文。1907 年，我受邀去协助这项工作，因此在 1914 年传教团将我安排到北京城内工作之前，我每周都要进北京城两次。我并没有把所有时间都花在教学上，因为"命名委员会"和翻译的工作耗费了我大量的时间。医学术语的规范命名需要"命名委员会"多年艰苦的工作。中文中几乎没有如防腐剂、微生物、缝合、绷带、诊所、白内障等医学术语，相同的词汇表出现了多个版本，所有这些术语都亟待被创造和定义。搬到北京城后，我几乎没有时间行医。

中国生活中的一些有趣的细枝末节②

1900 年 6 月，由于义和团起义，我们被迫离家到英国使馆避难，在那里所有的外国人被围困了 56 天。围困初期，所有的教会财产被洗劫一空。我不会讲述这些袭扰的细节，因为你们可能已经很熟悉了，我只讲几件事情。我曾从美国采购了一个用于教学的骷髅骨架模型。当医院被洗劫时，这具骨架被发现并送到城里的地方官那里，他认为这可能是先人的骨架，因此变得愤怒并扬言要砍我的头，还悬赏了 700 盎司白银（约 1000

---

① Wilder, G. D. and Ingram, J. H., *Analysis of Chinese Characters* (New York: Dover Publications. Inc. 1974). Unabridged republication of second edition published by the College of Chinese Studies in China 1934. 1st ed. 1922. "华北协和语言学校"（The North China Union Language School）的二年级学生被要求通过这本书认识和书写万卓志（George Wilder）以及盈亨利给出词源解释的 1002 个象形文字。
② 作者没有提到 1900 年前的情况。他的第一位妻子萨利生了 3 个孩子，但只有出生于 1891 年 1 月 21 日的茹丝活了下来。萨利于 1891 年 2 月 2 日去世。1895 年 9 月 21 日，盈亨利于温岚地返乡休假时与梅塔结婚。

美元)。这虽然不算太高的金额,但考虑到那里的低工资水平,也算是很有分量了。骨架在衙门里悬挂了一段时间,最后被精心埋葬。如果这个贫民的灵魂(如您所知,贫民是解剖工作的骨骼来源)一直跟随着他的骨头而存在的话,我觉得他应该会对那些"无名战士"[①] 心有戚戚焉吧。

在使馆围困期间,一名挪威人精神失常,曾两次逃入敌军营地。他被盘问关于我们的状况,他告诉对方的信息包括:他们的火力方向太高,造成的伤害很小。他被认为是疯了,并被允许返回。这发生在我们命悬一线之时。我们觉得他对我们的安全构成了威胁,因此任命了一个七人委员会来决定如何处理他。然而当"处决"与"监禁"平票,均为三票时,我的决定变得至关重要。如果是你面临这样的选择,你会作出怎样的决定?我最后还是不忍心在行刑队面前发出处决的命令。解围后,此人被英军带到天津。在那里,他愚弄了军官。他恳求押送员带他出去锻炼,两名锡克人被任命为警卫负责押送。当他们走到离监禁地点很远的地方时,他遇到了另一名英国军官,他向他敬礼并寻求帮助,称:"这两个锡克人说我疯了,他们在跟踪我,我求你把他们赶走。"锡克人被命令回到他们的住处,他便逍遥法外。

有近 1000 名外国人和 2000 名当地基督徒被围困。被围困期间我充当了"马肉监察员",这个头衔是我自取的。我检查了所有被宰杀的马和骡子,在其中发现的寄生虫的数量和种类是惊人的。看来在极端的情况下,动物也在劫难逃。只有少许肉类是正常的——但也只有最坏的才会被丢弃。我的每日所见让我无法享用这些肉类,我脑海中充斥着各种画面。即使在烹饪后,我仍然有蠕虫在爬行的幻觉。这纯粹是个人感受,其他人没有类似感受。就肉类而言,我们别无选择——要么吃下去,要么挨饿。在英国公使馆这段时间我的体重减少了大约 20 磅。150 多只动物被屠宰,在从外面得不到食物的情况下,怎么会有这么多动物?朝廷下令让所有外

[①] 无名战士(Unkown Soldier)应指义和团战士。

国人离开北京前往天津，为了确保这一命令的实施，100 辆马车和大量马匹被送往使馆负责运输。这是一个用来摧毁我们的狡猾陷阱。当我们刚出城时，一支兵力从天津赶来救我们，但由于敌方攻势猛烈，只得撤退。死伤人数过多让他们无法前行，此时马车和马匹意外拯救了我们。我们用马当食物，用马车当燃料，二者构成了我们的主要供应来源。使馆中除了上述提到的这些马外，馆内自己还有 50 多匹骑的马。它们都被合在一起供食用。使馆内还奇迹般地有 80 吨小麦。北京正遭受小麦短缺，该地区已经 3 年多没有生产小麦了。一个在使馆区内开店的粮商刚刚收到这批货，到我们手上时还依旧存放在粮箱里。所有人都知道我们因拒绝离开这座城市会导致帝国军队攻击使馆。粮店的老板离开了他的商店并且逃跑了。我们同时还发现了 11 块磨石和 15 头用来转磨的骡子。我们现在得到了生活必需品。通过日磨夜磨，可以生产出足够的面粉来满足一天的用度。因所需的面粉数量非常之大，以至于无法精心地制作，面包的质量乏善可陈。我从来没有遇到过这种酸面包，事实上也没有人过度依赖这种主食。

总而言之，使馆召集了 412 名战斗人员。在我们脱困之前，有 67 人被杀，167 人受伤。也就是说我们一半以上的战斗人员要么在医院，要么在坟墓。当然，我们离死亡其实也只有一步之遥。

我的 1918 年跌宕起伏。一月时，我被召去京汉铁路的一个车站抗击肺鼠疫。① 碰巧这个车站是瘟疫出现的唯一地方。从未有人能从这种疾病中康复。我们为那些已知的感染者建造了凉棚，当他们死去时，他们会被掩埋，凉棚和被褥就地焚烧，这样消毒工作就完成了。这次经历相当惊险。通过这些措施，死亡人数最后不到 20 人。当我们巡察病患区时，会戴上口罩以防止传染。瘟疫平息后，我在政府的帮助下在那个地方开了一家"粥铺"，因为几个月前一场毁灭性的洪水袭击了这座城市，摧毁了所

---

① 此次疫情应指 1917—1918 年在中国内蒙古、山西、河北等地出现的肺鼠疫疫情。当时盈亨利被京汉铁路局临时聘用前往抗击鼠疫。后文所提到的"这个车站是瘟疫出现的唯一地方"可能应该是指这个车站是在京汉铁路上唯一出现瘟疫的地方。

有庄稼，人们当时正在挨饿。①

那年9月，我应美国红十字会的邀请前往西伯利亚，在捷克斯洛伐克军队中工作。这支军队被俄罗斯人俘虏，最初他们与奥地利人作战，但由于他们是斯拉夫人，因此他们与俄罗斯人之间的关系比他们与奥地利人和德国人之间的关系更为密切。他们便会经常整团地投奔俄国人，但俄国人对他们的待遇却不尽相同。② 当俄国在1917年与德国单独缔结和约时，捷克斯洛伐克人处于尴尬的境地。美国政府对捷克人的性格和忍耐力印象深刻，他们被困在外国，且布尔什维克试图消灭他们。他们一共约有5万人，都在拼命地为了活下去而努力斗争。我们没有时间详细讨论这场斗争的细节，但我将介绍我们在西伯利亚图们建立的美国红十字会医院。该医院的负责人是我的老朋友查尔斯·刘易斯博士（Charles Lewis）。图们是沙皇政治监狱的所在地。这座监狱容纳了16万人，每次想到它都会让我不寒而栗。我不会详述糟糕可怕的事情，而是会讨论一些有趣的事情。红十字会医院建在一所美丽的私立学校内，可容纳300名患者。医院的工作需要40名护工。我们听说在沙皇的政治监狱——后来被用作军事监狱——我们可以得到想要的囚犯来充当护工。刘易斯博士为40名马扎尔人（奥地利人）囚犯写信给俄罗斯当局。该请求被拒绝，因为请求信函上没有盖上美国红十字会印章。我们向捷克人求助以解决这个难题。我们没有红十字会印章，但捷克人同样也没有。在我们的物品补给中，有橡胶鞋跟，上面有"Goodyear"这个品牌名称。于是在之前请求信函的角上，我们用鞋跟的圆底盖上了印章并再次呈送给当局。当他们看到这个印章时，说"Horrosho（很好）"并派出了40名马扎尔人。

在图们时，我的俄文老师曾是沙皇女儿们的用人。我不想让你们觉得我是个俄文专家，但我确实需要懂得一些语言才能生活下去。她本应与皇

---

① 此处应指1917年7月至9月发生的海河流域大洪水。
② 一战期间，捷克斯洛伐克属于奥匈帝国，而奥匈帝国处于同盟国阵营，与处于协约国阵营的沙俄作战。

室一起被处决，但在行刑前几周，患上了阑尾炎，不得不被带到另一个城市进行手术。当她康复时，皇室已不复存在。

沙俄皇室在被处决之前被关押在叶卡捷琳堡。1918年春天，我去了那个城市，并去过那个曾作为他们监狱的俱乐部。1918年12月时，它已经被用作捷克斯洛伐克军队的总部。

与开普梅相比，西伯利亚天气恶劣。冬天外出时，必须注意观察同伴的脸，如果脸上出现白点，则表明正在结冰，就必须用雪来擦这些点。在图们的时候，我去森林里看过，那里的雪大约有2英尺厚。我很惊讶地看到狼在这种情形下的行进方式。我虽没有目睹行进中的狼，但的确看到了它们留下的印记。因为狼是夜行动物，我却不愿意晚上出去。它们在雪中进行跳跃，每次跳跃距离长12英尺到15英尺，这样它们便避免了花力气在雪中开路。另一个令人惊讶的事情是马被照看的方式。当马被系在雪橇上时，它们会被驱赶着一直奔跑，马身上会起泡沫。停下来时，它们既不会被盖上东西也不会被允许走动，并且被留在户外。温度速降，汗水成冰，这反倒是它们驱寒的屏障。当我说这些动物应该被关进谷仓时，他们表示反对，并说那反而会给马带来死亡。

俄罗斯的房子建在我小时候称呼的"荷兰灶"的上面，全家就住在那上面取暖。俄罗斯人也没有床，但他们有木地板，在这次旅行中，我们用自带的床上用品睡在地板上。另一个奇怪的装置是一个距离天花板约3英尺的宽架子，一些家庭会睡在上面，它将居住者升高到房中最温暖的部分。4月15日，我所在的部门需要轮换，我们便前往符拉迪沃斯托克。当我们经过贝加尔湖时，有人正在一条河流的冰面上挖沟导入湖中，这样冰面就更容易破裂，并可以用于航行。冰面的沟很深，当一个人站在沟中可以没过头顶。从图们到符拉迪瓦斯托克，正常时间是六到七天，我们却花了一个月的时间，是因为火车服务被苏联人扰乱了。

在符拉迪沃斯托克，我被要求担任1000名伤员的医疗官，这些伤员即将被美国红十字会遣返波希米亚的布拉格。我们于1918年6月15日离

遥望与亲历 | 一个西方家庭眼中的中国（1887—1950）
Outsider and Insider: China from a western family's records (1887—1950)

开符拉迪沃斯托克。我们首先到达的是日本神户，在那里停留了大约一天。离港后，我们收到了一个无线电报，命令我们前往加利福尼亚州的圣地亚哥。我预计我们会遇到恶劣的天气，并担忧捷克人无法适应。但是在整个太平洋航程中，这艘船仿佛像停泊在码头时一样平稳。抵达圣地亚哥后，我们被命令前往克尼营地（Camp Kerney），在那里我们停留了7天，准备从南部火车线路穿越整个美洲大陆。队伍分为两组。老普尔曼（Old Pullman）车厢供我们使用，旅途相对舒适。在大城市的火车站，我们遇到了捷克人的朋友，他们通过电报得知我们的到来，并为老兵们提供茶点。在新奥尔良，一位接待委员会的成员、一位漂亮的年轻女士走过来用法语对我说："Parlez-vous francais?（你会说法语吗？）"我用俄语回答说："Net，Ya ne ponemau po Franzuski.（不，我不懂法语。）"她似乎觉得完全无法与我交流，认为我是捷克人。我注意到了，便说："你能用英语说点什么吗？"她惊得差点摔倒。我立即得到了她当时手头的所有茶点。

由于威尔逊总统（Thomas Woodrow Wilson，1856—1924，美国第28任总统）希望见到捷克军队的军官们，我们便开始出发前往华盛顿。我们驻扎在梅格斯营地（Camp Meggs），第二天下起了倾盆大雨。到了与总统会面的时间，我们动身前往白宫广场。华盛顿海军陆战队乐队走在队伍的最前列。他们和我们一样都湿透了。当天可能是7月20日，就气温而言，我们并不难受。当我旁边的军官抓住总统的手时，他的袖子已经湿透了，这突然的动作让总统身上沾上了水。当总统得知我是美国人时，他停下来，对军官们说："我很高兴你们在乌拉尔山的活动中有美国代表。"我从未如此自豪。从梅格斯营出发，我们前往纽波特纽斯（Newport News），在那里我们登上了美国苏斯奎哈纳号舰艇（Susquehanna）。不知为何这艘船上的军官被告知我们是布尔什维克派，这导致他们对我们的接待不太热情。但我们仅仅是乘船而已。当时当1000名捷克人聚集在甲板上唱国歌时——顺便说一句，捷克人几乎都是有才华的音乐家——那首赞歌或国歌俘获了这艘船。之后的那个礼拜天，船上牧师用了大约半小时的时间来表达有我们在船上他们有多高兴。我们在布雷斯特（Brest）靠岸，但很难找到住处。法国在战争中受创，还没有完全恢复。

经过巴黎前，我们发了电报要求在下一站为我们准备充足的咖啡。当咖啡端上来时，我对其中法国白兰地的气味感到震惊。它似乎是由三分之二的咖啡和三分之一的烈酒组成。我问他们为什么要加入酒精，他们说："哦，只是加入一种味道而已。"离开开普梅后，我对饮酒的想法没有改变，所以这咖啡对我没有任何吸引力。我们对法国城市街道上残障人士的数量印象深刻。

进入瑞士后，它就像另一个世界。战争的包袱并没有使人类变得冷酷无情。在瑞士巴塞尔，我一大早就被叫醒，被邀请到餐厅共进早餐。白色的桌布给人留下了深刻的印象。这是我好几周以来看到的第一个（桌布）。

在通过法国、瑞士和奥地利的部分地区时，我们分开搭乘两列火车。但在我们进入波希米亚之前，捷克人希望火车连接起来，这样他们就可以一起进入他们的祖国。那个夜晚永远不会被忘记，狂欢和歌唱便是他们的命令。无人能够入睡。这1000人中的许多人都有过痛苦的监狱经历，许多人都看到他们三分之二的战友被埋葬在西伯利亚或其他国家。多少年来，家都是那么遥不可及，但现在他们即将再次进入波希米亚。并没有人喝醉。当我们到达波希米亚首都布拉格时，这座城市宣布放假。所有人都聚集在车站，悲喜交集。一位经常与我交谈的军官无比渴望看到他的祖国。我看到他乘坐汽车离开车站，他坐在他妻子的身边，一个小女儿搂着他的脖子，她大概是在他去前线之后出生的。他的脸上流露出无比幸福的表情。

相反的情况也给我留下了不可磨灭的记忆：当老兵们从车站开始行进时，一位忧心忡忡的妇女站在队伍旁边，不停地询问某人是否在其中。她得到的回答总是摇头。她继续询问，直到整条队伍都经过，这时她的脸上露出了深深的绝望。

4名陪同这些来自符拉迪沃斯托克的老兵们的美国人乘坐汽车最后离

开车站,但我们被赠送鲜花以表示感激。街道上挤满了人,每一扇窗户,一层一层的,都挤满了观看者。别人也许会认为某些皇室要人正在访问这座城市。

我们在最好的酒店得到了款待,并参观了那个最有趣的城市。我们观看了波希米亚歌剧,"皇家包厢"供我们使用。捷克语是最难的语言之一,我没有尝试学过,因为所有捷克人都知道俄语。一天,我走在街上,一位农妇跟我搭讪,她用她的母语说了很多。我可以看到她的脸上洋溢着感激之情,当她停下后,她向我走近并拍了拍我的背。可能她是某位老兵的母亲或妻子。我们从布拉格返回巴黎后,我在兴登堡防线上来回走了约1000英里,我对此十分满足。沃尔特·司各特爵士(Walter Scott)的诗句一直在我脑海中浮现,"没有花朵的罪恶杂草(The weeds of vice without the flower)"。我还拜访了当时正在清理战场残骸的中国苦力。之后我们去了马赛,在那里等了一个月的船。在回去的路上,我们在亚速尔群岛上停留了一天,终于结束了18个月的国外服务后返回北京。

如果不是因为俄国的布尔什维克起义①,数千名退伍军人本可以向西经过2000英里回国,但那次起义让他们只能往东前往他们的家乡波希米亚。最终,我的红十字会经历让我差点绕地球一圈才回家。

我的这段从摩根突袭开始的战争经历并没有结束。1926年春天,我志愿去协助照顾在中国内战中的受伤士兵。这是一场似乎无法停止的战争。我的主要职责是对抗斑疹伤寒。1918年,在汀州,我设计了一个有成效的去虱剂,我还被请去检查一间部队医院受到虱子侵扰的状况,这所医院正收治着3000名伤员。我只会说这些努力是成功的,但我不会去详细描述去虱剂,因为美国几乎没有这种可怕的疾病。我可以向你保证,当上千名伤员抵达时,去照顾他们并不是一件愉快的事。

促使我赶紧寄走手头这封信的一个原因是,另一场战役似乎即将到

---

① 指俄国十月革命。

来。日本人离我们的城市很近,在这种情况下,我不想让我的老朋友们失望。

日本人就像彼拉多①(Pilate)一样,对真理一无所知。得体的人可以问:"什么是真理?"但他们对世界具有巨大的威胁。他们试图破坏国际联盟,使世界陷入爆发世界大战的危险。它们目前正在东部约150英里处,北部仅60或70英里处。他们正在为一条河流的控制权而激战,这样他们就可以通过河流将鸦片从满洲带到内地。他们声称是为东方的和平而战,但他们实际上却是在毒害中国,并用财富装满他们的腰包。

盈亨利于北京
1933年5月

---

① 彼拉多是指钉死耶稣的罗马帝国驻犹太总督。

伊萨贝尔回忆录（节选）

①

一

毓朗贝勒一家②

十年前的北京，当我抵达紫禁城北门时，一排架好的刺刀拦住了我，我被拒绝入内。我在那些围墙内的浪漫和令人难以置信的真实时光结束了。从1922年秋天到1924年11月那段日子，我教过满洲皇后英语，先是在她家里，在她嫁给皇帝后，则是在皇宫。

关于这个独特的机会，我收到的第一个暗示是来自我母亲的一封信，当时那封信正在横滨等着我。③ 那时我刚在美国读完四年大学，准备启程

---

① 这是伊萨贝尔在1934年所写的回忆录，主要回忆了她因何机缘成为婉容的英文教习，以及参与包括溥仪婚礼在内的一系列溥仪小朝廷的活动的见闻。她试图联系出版社出版此书，但之后被出版社以"不够令人兴奋"为理由拒绝。本译文为节译，仅译出了她的家庭与毓朗家族交往，以及婉容出嫁前她对婉容授课的相关回忆。本译文所有脚注皆为译者注。
② 毓朗（1864—1922），爱新觉罗氏，宗室，清末军机大臣。1907年袭贝勒，1910年授军机大臣，1911年改授军谘大臣。
③ 当时伊萨贝尔正从美国坐邮轮返回中国，且会在中途停靠日本横滨，所以伊萨贝尔说信在横滨等她。

回北京。母亲在信中写道，我的姐姐米莉安正在给那位刚刚被许配给"小皇帝（Boy Emperor）"的满洲公主①教英语。她的父母来找我父母，问他们是否可以推荐一位合适的教习。当米莉安被推荐时，他们很高兴，因为他们特别想要一个会说中文的人。但这只是暂时解决了问题，因为米莉安已订婚，并将于10月离开北京成婚，婚礼时间与公主的婚礼时间是同一天。我的父母建议我可以接手这项工作，他们会写信告诉我这项计划的后续情况。

"当然，我们当时并没有承诺你会接受这个职位，"母亲写道，"但米莉安觉得你一定会应允。她完全爱上了她的'小学生'，回家后经常讲述她的学生在课堂上展现的美貌、魅力和惊人的学习能力。她本该每天教一小时课，却总是待两三个小时，她们相处得很开心。她们的家庭成员，至少二格格和那位小弟弟，在下课后还会进来聊天开玩笑，总不让她走。你还记得二格格吧?"②

我当然记得，我的童年记忆之一就是当年我们住在通州的时候，毓朗与他的夫人以及女儿们的一次到访。经过15英里的旅程后，他们乘坐的一长串光鲜整洁的"北京车"抵达我家，这些车由漂亮的骡子拉着，并由骑手护送。第一辆车上载的是贝勒，他急忙向我父亲打招呼，从第二辆车上下来的是福晋，接下来的两辆车上下来的是他们的4个女儿。她们就像一朵朵鲜花，穿着可爱的长及脚踝的礼服和亮色丝绸无袖袄褂，小而未裹的脚穿着漂亮的绣花鞋，黑色的头发用红色流苏绳系成一根长辫子。她们风度翩翩，却又充满生趣，自然不压抑，因为满族女孩与男孩一样享有教育和继承的权利，不被约束在闺中。

后面跟着一群太监和婢女，吵吵嚷嚷地高声问候，车夫解开骡子时的呼喝，太监们从车上拿下礼物跑前跑后：用红纸齐整地裹着的圆形果篮，

---

① 此处满洲公主便指婉容。作者习惯使用prince、princess来称呼这些宗室成员。
② 这里的二格格指恒馨，小弟弟指润麒。

红色漆盆中的蛋糕,芦苇篮子里盖着红纸的烤鸭,还有一匹丝绸和一块同样包裹着红色的缎子……每个包裹上都贴有写着贝勒名字的长长红色纸条。客人们终于被领进了屋子,仆人跟随其后。我记得有个高个子太监,他的任务就只是负责贝勒的水烟管和他的小银痰盂。我父亲和贝勒坐在房间的一角聊天,而我们这些孩子也被领进来拜见福晋和她的女儿们。她们抚摸着我们的手,当我母亲的面夸赞我们的容貌,对着米莉安的红色长辫子、我棕色的大眼睛、我弟弟的金发头等,以及我们的礼貌、我们的大个头赞叹不已,仆人们非常自然地对每一声赞叹都随之附和。当这些礼仪终于结束后,我们带着年轻的格格们去看我们的秋千、宠物和玩具,留下母亲带着福晋和好奇的仆人参观整个房子。应她的要求,从阁楼到地窖无一遗漏。福晋是一个矮小活泼的人,非常机智,很爱笑,对每一个话题都充满疑问;她聪明的好奇心没有尽头。她一定要亲眼看看并了解我们的炉子和供暖系统、厨房设备、浴缸、苗圃,母亲如何种植可爱的花朵和蕨类植物,地毯和地板如何保持得如此干净。晚餐时,她急切地品尝每一道菜,并询问她最喜欢的那些菜的菜谱。她称赞我母亲调教中国厨师的能力,还在饭桌上时就吩咐太监给厨房打赏。她也喜欢吃西药,我相信她甚至会装出一些症状以从我父亲那里新开一些药。有一次,我父亲只给她开了个包括清淡饮食和居家休息的处方,她毫不掩饰她的失望。她把我拉到一边,不断地抱怨,坚持让我向父亲要药。"我一吃他的药就好了。"她说。她最终拿到了药。

他们的来访不仅一次。我们住在通州的那些年,我父亲管理着一家小型教会医院,贝勒和他的家人曾多次来家里拜访并待上整整一天。每年农历新年,他们都会专门派使者送来礼物,包括蛋糕、水果和开着花的植物。但他们的来访并不总是为了消遣,有时女儿们需要开补药,或要刺破疖子或检查眼睛,还有福晋总是需要开药。有时,父亲会被叫到北京城,到他们西城的宅邸照顾病人。尽管时光荏苒,世事变迁,我们两家的友谊仍维持着。在我们搬到北京之前,共和国取代了帝国,满族掌控了近300

年的权力和财富如烟逝去。一些明智的宗室尽量避免公开露面，减少公开的活动，平静地生活在他们偌大的宅邸中，这算是幸运的。而另一些则选择吸食鸦片度日，这是一种虽然简单消极但极具毁灭性的方式。还有一些人是被贪婪的仆人引诱着吸食，以至于逐渐放松了对资金和财产的控制。

毓朗贝勒身体虚弱，只活过了民国的前十年。在这十年里，他时常为自己和所有满族宗亲的安危感到忐忑不安。北京不稳定的新政府如走马灯般更替，从总统到军阀，然后又换回来，随着每个新政权的出现，有时是一夜之间和平过渡，有时则是暴力取缔。满族人因此经常担心他们的人身和财产安全。如今是福晋在力挽狂澜地打理着他们日益衰败的家业。这位了不起的小老太太似乎永远不会真正变老，而这些艰难岁月所带来的负担只会增加她的干劲和能力，她从未表现出任何挫败感。如今，在政治风暴间隙的每一个平静时期，她都会像往常一样出去参加外国公馆私人宅邸主办的晚宴、招待会和麻将派对；没有比她更受欢迎的客人了，她高亢欢快的声音和难以抑制的笑声让所有人都喜欢她。作为北京最被钟爱的女主人的卡尔霍恩夫人（Mrs. Calhoun），我们的亲爱的邻居谢菲尔德夫人（Mrs. Sheffield）①，都是她忠实的朋友，后者总是称她为"维多利亚公主"（Princess Victoria）。

五格格是他们女儿中最年轻漂亮的。她苗条可爱，就像她头发上的花朵一样。和所有纯正的满族女性一样，她皮肤很白，是象牙色或几乎纯白色。她喜欢与人交往，即使和不会说中文的外国人在一起也没有陌生感。她喜欢我的姐姐米莉安。在五格格结婚后的某段时间，那会儿我还在上学，她们成为亲密无间的小伙伴。在一次政治动荡期间，福晋来找我母亲说，她担心女儿的安全，她住在城内一个布满军队的区域，而且叛乱劫掠的危险近在眼前。于是，她问我母亲是否可以让五格格来我家生活一段时间，直到事态平息。母亲唯一的顾虑是担心她会不适应，过不惯我们简单

---

① Mrs. Sheffield 是传教士谢卫楼的夫人。

的生活。其实这种担心显得多余了，五格格只带着一个随身丫鬟就来了，毫不费力地迅速融入了我们的家庭和生活，仿佛她原本就生活在这里。她住在客房，在她的建议下，为了方便所有人，她的丫鬟在她床边打地铺。再也没有比她更合适或亲切的客人了。她很快乐，充满乐趣，在吃饭时开玩笑说父亲过去给她开的药味道很不好，每天用来给母亲的花"浇水"。有一次米莉安发现她穿着漂亮的长袍，在储藏室里开冰箱，为小猫倒牛奶。全家人都为她的离开感到难过，数米莉安最伤心，因为她们年龄相仿，十分要好。

毓朗贝勒家的 4 个女儿都结婚了，有的刚好在民国之前结婚，有的则在民国初期混乱的年代结婚，但那些住在北京或附近的人还是会时不时地过来拜访、召唤或咨询我父亲。父亲偶尔也会去那衰颓的府上拜访他们的父亲，虽然往往是无用功。看到他那曾经机警精明、身形优美的老朋友——乾隆的六世孙，如今卧床不起，因灾伤心，因病伤身，父亲十分难过。毓朗贝勒最终在 1922 年冬天离世。几周后，他的女儿二格格有幸看到她可爱的继女坐在皇家婚礼椅上，成为清朝最后一任皇帝的新娘。

二格格嫁的是清朝贵族鳏夫荣源，他们大部分时间住在天津。郭佳①后来成为皇后，是荣源前妻的女儿，她已不记得自己的生母。1917 年 7 月，她的祖父张勋②，这位满洲将领，为年轻的皇帝举办了一场复辟活动。这个所谓的"仲夏皇室"只持续了 12 天。在经历了令人难忘的炮击、机枪射击和空中轰炸之后，复辟失败。我们住在满族军队驻扎的皇城附近。那天，当我们平躺在塔顶上时，从我们身边呼啸而过的子弹令人极其不安。我们看到一架飞机飞过紫禁城，向金色屋顶投下一颗炸弹，扬起一大片尘土。

一直到 1922 年，我们都很少见到二格格。她 15 岁的继女于 3 月与皇

---

① Kuo Chia，此处应指婉容。婉容全名为郭布罗·婉容。
② 作者此处记述有误，张勋非婉容的祖父或外祖父。

帝订婚，紧接着，包括现在的两个儿子在内的一家人都搬到了北京，为 9 个月之后的皇室婚礼做准备。他们住在北城靠近后门，即皇城后门的一处大宅。初夏的时候，米莉安应邀来这里给皇后上课。

二格格很像她的母亲，身上有着与那位老太太一样的风采、幽默和能力。从她的父亲那里，她和她的姐妹们继承了他们的贵族风度。他们说的是宫廷里的清晰美丽的中文，听着令人高兴和羡慕。

二

在帽儿胡同上课

我于 7 月到达北京①，但直到 9 月才见到她，我们亲切地称呼她为"小皇后"。因为在她父母的建议下，她不情愿地在炎热的夏天停了几周的课，所以米莉安和我们一起去了趟内蒙古露营，那是我们最喜欢的避暑胜地。她比我们早回来继续她的教学，因为她知道皇后正期盼着她。9 月 26 日，应皇后的邀请，我陪着米莉安去了帽儿胡同的宅子。和许多北京的精致宅邸一样，只有穿过主街外尘土飞扬的狭窄小巷才能进入那里。宅子实际上是一连串的房子和院落的组合，完全隐藏在高高的围墙后面。我们从一个小侧门进入，因为正门正在被拓宽扩大以供凤舆通过。看门人向一个太监喊了我们的名字，太监大声重复了一遍，招呼我们，然后领着我们穿过了几个院子，每经过一个院子就喊着我们的到来，听到的每一个仆人都重复了一遍。于是整个宅子都知道英格拉姆家二女儿和三女儿到了。然而，当我们到达会客厅时，太监离开我们去通知皇后。与此同时，更多的太监出现了，端着茶，带着好奇和问题，我们就这样消磨了 10 到 15 分钟的时间。

最终太监回来，宣告皇后驾到。她向我们走来和我们握手，一个美丽

---

① 此前，伊萨贝尔在美国韦尔斯利学院读本科。

的年轻女孩，微笑与友好。我们之间没有任何尴尬的沉默或难堪。皇后温柔地握着米莉安的手，急切地问我是否高兴回到中国，是否喜欢我的内蒙古之旅，然后她眨眼取笑我渴望的日光浴，问我是不是不怕被当成中国人。我回答说："也许会被当成汉人，但绝不会被当成满人。"我认为这回答让她很高兴，因为她气质迷人，皮肤很白，而她那长长的黑眼睛、微弯的眉毛和有光泽的黑发让她显得更白了。她很时尚地随意且谨慎地使用了粉底和胭脂，后者涂在脸颊和下唇上。她戴着长耳环，头发上插着精致的珠花，还有几朵茉莉花散发着香味。她的手小得令人难以置信，纤细的手指手腕上戴着几枚戒指和手镯。

当她转身和米莉安交谈时，我盯着她所构成的画面，大饱眼福。我欣赏着她的美丽，欣赏她对礼服、鲜花和珠宝色彩的别致选择，她优雅的动作和精致的举止。她个子不高，只有 5 尺多一点，但她那十分纤细的身姿，高领贴身的长袍，长到几乎遮住她的小绣花鞋，梳成高发髻的头发，都让她看起来比她实际身高要高。

但皇后在这第一次见面给我留下的印象最深的还是她那迷人的一闪而过的笑容和不断变化的表情，一会儿庄重严肃，透着皇室的威严，一会儿又是快乐、机警和少女似的，或者又是闪烁和淘气。后来我还看到了容光焕发与痛苦失败。

二格格进来了，还是一如既往的亲切和风趣。从她那随和的样子，谁也猜不到她是那年秋天北京最忙碌的女人。然后皇后的小弟弟就冲了进来，一个 10 岁左右的俊俏小伙子，是皇后的最爱。我们都打趣他在他姐姐面前滑稽磕头，退下的太监们看得目瞪口呆。然后他仔细检查了我的珠子，并确信它们并非真正的珍珠。当我们喝茶吃甜食时，他画了亲戚朋友们的漫画，对每个人发表了非常有趣的个人评论。

10 月 9 日，我开始给皇后上课。每次来时都是与我第一次到访时的礼节相同。但是皇后进来后，我们就直接进入一个布置成书房的小房间。我们很少被人打扰，虽然不时有太监悄悄进来，拿来新鲜的茶水。我对她在 3 个月的学习中取得的快速进步感到惊讶。我发现除了要跟上她的学习欲望外，上课从不困难。如果必须取消课程，她会讨厌这些中断并感到难过。看到她在掌握难懂的发音和习语后的喜悦真是一种享受，而且她并不害怕在谈话中使用她有限的词汇。她的记性极好，我很少需要重复同一个词。有一次，她忘记了一个词，便摇头说道："我记性很差。"我们试图在课堂上只说英语，但在一个小时课程快结束时，我们总是回到半英半中的对话中，以便更快、更轻松地交流。第一节课的时间过得很快，直到二格格关心她的继女进来聊天时，我才知道时间比平时多一个多小时。然后，我意识到她是担心皇后会过度劳累，于是我离开了，并对逗留这么久表示了歉意。

一两天后，皇后让我和她共进晚餐。当然，那是一个只有女人在场的小型家庭聚会，其中有我多年未见的五格格，她快乐、聪明，总是在笑。看到五格格和二格格在一起，一直开玩笑，斗智斗勇，玩得很开心，真是一种享受。食物很棒，因为是二格格全程负责。煮饽饽、肉饺子，她亲自准备的，也是我吃过的最好吃的。她一定注意到我多么喜欢它们。在农历新年时，她寄给我盛满她问候的一大托盘饺子。也不是只有我一个人赞美她，因为皇后告诉我，二格格以这道菜而闻名。皇后出嫁后，掌管着天下最优秀的厨子们，但她还是会派人回家取二格格包的饺子。

第二天，我到后发现皇后穿着可爱的长袍，袖子卷到肘部，正在做小蛋糕，材料已经被带到她的房间里，她正在混合搅拌面粉、蜂蜜和枣，再将它们巧妙地塑形并在板上切块后，送去厨房烹饪。一个太监端出一个盛着水的大银盆，让皇后在里面冲洗她的手，然后我们就开始上课了。课后我们品尝了蛋糕，非常美味，她用一小盒子盛着满满的蛋糕让我带回家给米莉安品尝。皇后第一次的烹饪尝试十分成功，第二天她又做了一次。这次用了玫瑰花瓣增香——它们闻起来和香水的味道一模一样。

10 月 19 日，我们在皇后翻修后的闺房学习，她刚搬进来。闺房有宽敞明亮的房间，刚粉刷和翻新过的墙纸，有足够的空间容纳不断增加的盒子和箱子，还有越来越多的结婚礼物。那些装在特殊的玻璃覆盖的红色托盘和箱子里的礼物被堆放在地板和桌子上，一览无余。它们经常在我们学习的时候被搬进来，所以我们会停下来快速扫一眼。有一天，我正好也在那里时，她祖父张勋的礼物送到了，皇后起身迎接并向送礼的代表表达谢意。张勋是最富有的人之一，自然出手不凡：礼物是几十匹漂亮的丝缎，几双大银碗、金碗，六只纯金"鞋子"。①

---

① 作者此处记述有误，张勋并非婉容祖父。纯金"鞋子"疑为金元宝。

溥仪大婚记录

一

梅塔对溥仪大婚的记录

1922 年 12 月 3 日梅塔写给女儿米莉安的信①

我想我先要说回几天前发生的一切。伊萨贝尔每天都去格格②家，包括婚礼当天。这是不是太不同寻常了？星期三他们没有学习，只是聊天；星期四，感恩节，她在家的最后一天，伊萨贝尔被邀请上午前往参加一个仪式，之后向一些外国客人介绍皇后。

我还是必须要说回之前的其他一些事情，然后过渡到这个部分。我想我上次告诉过你，伊萨贝尔被邀请到酒店去见欧尼斯特·汤普森·西登

---

① 米莉安在婉容未出嫁前也曾担任过婉容的英文教习。本译文所有脚注皆为译注。
② 这里的格格（princess）应指二格格，婉容继母。当时婉容未出嫁，还住在家中。

（Ernest Thompson Seton）①的夫人。好吧，这位女士②别有所图。她想让伊萨贝尔去找一个让她见皇后的机会。伊萨贝尔告诉她这与她无关，尤其在这种时候她不可能去叨扰皇后。西登夫人便去了公使馆③，佩克夫人（Peck）等人正在喝茶或用午膳，还请了福晋（Fu Chin）④等宗室成员，她见了她们，自我介绍自己是一个显赫之人，而且是一名"作家"，如果她能够观摩婚礼的仪式，就可以向公众讲述婚礼的精彩之处云云。

在婚礼的前一天早上，通常会举行所谓的"册封礼（Seal Ceremony）"⑤。皇帝派遣庞大的队伍送来印玺和许多金色箱子；这些箱子里装着要在仪式上宣读的卷轴。皇后必须接受此印，并在仪式上回答卷轴上向她提出的问题。这个仪式将确立她皇后的身份。

仪式的前一天，他们家（指婉容家）向我、凯瑟琳（Katherine）和伊萨贝尔（Isabel）发出了邀请，让我们在感恩节早上9：30出席。哦，对了，茹丝（Ruth）也受邀了。于是我们叫了辆车前往。佩克（Peck）夫人、西登（Seton）夫人和卡尔霍恩（Calhoun）夫人早已经到了。佩克夫人原本想邀请谢卫楼（Sheffield）的夫人做翻译，但是谢卫楼的夫人要去通州（Tungcho）过感恩节，所以佩克夫人又邀请里德（Reed）小姐代为西登夫人做翻译。

---

① 欧尼斯特·汤普森·西登先生（Ernest Thompson Seton，1860—1946）是一位作家和野生动物艺术家，还是美国童子军创始人。
② 这位女士是指西登先生的夫人格蕾丝·汤普森·西登（Grace Thompson Seton，1872—1959），她于1920—1930年到日本、中国、印度、埃及和拉美国家旅行、摄影并著书。关于中国，她著有《中国灯笼》。
③ 此处应指美国公使馆。佩克夫人疑即Willys R. Peck的夫人。Willys R. Peck出生于天津的一个美国传教士家庭，1908—1913年任美国公使馆助理中国秘书，1913—1914年与1919—1926年任美国公使馆中国秘书，1914—1919年间曾在青岛、汉口和天津担任参事。他在中美外交方面一直是个比较有影响的人物，于1945年退休。当时美国公使馆会邀请满洲贵族女性等定期举办午餐会（tiffin），这是清末驻华公使康格（Edwin H. conger，1843—1907）的夫人Sarah Pike Conger（1843—1932）所留下来的传统。《中国灯笼》中有记载此次会面，第6-12页。
④ 此处福晋是指毓朗福晋赫舍里氏，她是婉容的外祖母。
⑤ 册封礼是为准皇后授予象征皇后地位的金册和金印（也称金宝），因此被梅塔称为"seal ceremony"。

西登夫人请求拜会总统①，这次会见定在了 10 点钟。她如坐针毡，唯恐这个仪式会……

结果，我们一直等到 10:05，然后佩克夫人告诉她，她必须遵守与总统的约定；她便希望能及时赶回来。由于胡同（hutung）里人群太拥挤了，她又花了 15 分钟才出去到街上，他们打电话问她为什么不在那里。最后她还是赶过去了，总统恰巧也在。之后她又在仪式举办前回到了荣府②。

这种有权势的人通常什么都见得到，所以我们其实暗地里希望她赶不上仪式。她离开后，我们用了早餐，就在皇帝派来的迎亲队伍接近大门时，她及时赶到了。

看到这些真是太美妙了。他们将平台从主屋的台阶上延伸出来，和整个庭院一起铺上地毯，上面搭了个大棚（peng）。皇帝派了大约 20 名"女官""尼堪（ni khan）"③ 和 50 名男性官员从大门到主屋门口排成左右两排。队伍夹在携带的印玺和其他东西之间行走；有乐队护送他们。他们在台阶上停下，皇后穿着整套的皇家冠服走了出来，站在一个黄色缎垫上，向持印玺者鞠躬。外面短暂的仪式后，印玺和其他东西一并被带到房间里，放在铺着黄色缎子的长桌子上，皇后入内下跪，进行宣读仪式，她必须回答一些问题。我们可以从平台上看到这一点，但不准入内。仪式一结束，她就回到她的房间，然后我们可以进去看看印玺和带来的其他东西。就在此时，我们不得不再次为我们的同胞感到羞耻，因为西登夫人直接拿起印玺观看，这让他们震惊，印玺被立即夺回，并被放到了触摸不到的地方。

之后，这些物件再次被包裹起来，放到金盒中，并送回皇帝那里。

皇后脱下袍服，换上现代衣服后，就过来和我们握手，我把她介绍给

---

① 根据《中国灯笼》，此处指民国总统黎元洪。
② 原文为 Jung's，可能是荣源住所的简称。
③ 此处似乎指女官为尼堪。后者为满语，多指汉人。

陌生人。随即她转过身，接受屋子和院子里所有官员的祝贺。她坐在桌前的椅子上，来宾全都跪下向她行礼。她表现得十分亲和，丝毫没有高人一等的感觉。

比起她后来站在皇帝身边的那一部分，我真心觉得我们在这一部分看到的婚礼仪式要更多些。整个过程，她都如此亲切。她的母亲则如此高贵。他们无疑对我们很好。大格格①问我有没有去看紫禁城内的婚礼队伍的门票。我告诉她没有。她说她会给我们一家人都送门票。

她做到了。我一开始想我们先去看电影然后等着去婚礼，但我们的票是在凌晨3点入场，所以我们便决定早点上床睡觉然后起床。我想我们比那些熬一个通宵的人还是要好些。我们把起床闹钟定在2:30，然后前往神武门——这是故宫的后门，在煤山对面。当时路上就已经挤满了汽车和运输车了，我们几乎无法进入大门。我们只得在里面步行了将近1英里，直到我们到达迎亲队伍进入皇帝私人场所的入口。那里为我们搭了一个大帐篷，并提供餐饮。棚里面温暖舒适，挤满了使馆人员和政要。我们见到了很多熟识的中国官员和五格格（Wu ke ke）。她的丈夫和岳父都在那里。

迎亲队伍来了，人潮分列在路的两边，队伍在中间穿行。队伍不是很长，但非常壮观，令人印象深刻。先是乐队，再是旗帜、华盖，最后是骑马的人和皇后的凤舆。凤舆像是一个巨大的方形盒子，盒子的每个角落都绣有黄色刺绣和蓝色凤凰，顶部有点像王冠或皇冠的形状。轿夫们很安静，太监们走在她轿子的两旁作为保护者，一切都井然有序，令人印象深刻。我们跟着凤舆一起走，直到大门处。② 大门打开，她进去了，大门关闭，我们都被留在外面。

庄士敦先生第二天写信给伊萨贝尔说，他是那天晚上内廷里唯一的外国人。他看到皇后从凤舆上下来，走到皇帝身边。当大门在她身后关上

---

① Ya Ke Ke，疑为大格格，即爱新觉罗·恒慧。
② 溥仪大婚时，婉容凤舆由紫禁城东华门入宫。

时，已经 4 点了。月亮已经落到云层后面，这让人们得以欣赏美丽的灯笼。

庄士敦先生曾向伊萨贝尔保证会邀请她周日进入紫禁城参加"受贺礼"（Congratulatory Ceremony），所有外国使臣都被邀请参加。感恩节那天，他告诉她，使臣团体的名额正在减少，因为他们圈子之外的人也被邀请了。他们只想要外国使臣，所以他去了紫禁城里的机构，为她和卡尔霍恩（Calhoun）夫人拿到了一枚徽章，这样他们就与使臣团体无关了。他今天早上（星期日）10 点派车来接她，她进宫了。庄士敦先生已经"沦陷"于她了，他对她无微不至，我相信他也会竭尽全力让她进入皇宫继续她的教学。蔡斯（Chase）太太告诉我，他对伊萨贝尔有说不尽的赞美。我希望他能继续喜欢她，并希望他能对皇帝有些影响，让她进宫。

周日下午伊萨贝尔从皇宫回来，并且放弃了记录这件大事。她进入里面的门，就是那天晚上我们看到皇后进入的那个门，然后她和卡尔霍恩夫人坐在观礼厅的椅子上。人来齐后，接待队伍便形成了。醇亲王（Prince Chan）、载涛（Prince Tsai Tao）、皇帝与皇后……第一位是皇帝的父亲。在这支长队中的每个人都被介绍了以后（我忘了说庄士敦先生在迎宾队列中），他们站到一边，皇帝上前用英语发表演讲。然后他们享用茶点并度过了愉快的时光，而皇帝则按照等级接待了所有官员（数百人）。

好吧，我想我已经告诉了你最重要的事情，剩下的就让她告诉你。庄士敦先生很快就会来看我们并与我们结识。他已经邀请了伊萨贝尔参观他的庙并成为它的女祭司。

你看，他已经被取悦了，否则他不会为她做那么多。他将她介绍给皇帝，成为皇后的老师。

二

伊萨贝尔对溥仪婚礼的记录（1934年）

一位年轻的美国女性讲述了在中国帝制的黄昏时期举行的皇室婚礼，提供了对中国的满洲贵族的礼仪及其他的独特见解。作为皇室新娘的教习，伊萨贝尔·英格拉姆（Isabel Ingram）沉浸在中国历史上最后一场皇室婚礼的浪漫和兴奋之中。"末代皇帝"溥仪最近因为一部电影①而广为人知。伊萨贝尔的故事让我们更加了解末代皇后和她短暂且苦乐参半的时光。

伊萨贝尔1922年从韦尔斯利学院毕业后前往中国，被选为溥仪妻子的私人导师。伊萨贝尔亲历了那个举办华丽仪式的神奇之夜，并对仪式作了描述，尽管后来在她与王室的联系中有许多黑暗时刻——包括目睹皇帝和皇后被共和党人扣押和监禁，结束了满族200多年的中国统治史。

中国是伊萨贝尔的家——她和她的6个兄弟姐妹都出生在那里，从小就懂普通话和北京附近的方言。在荣源这个满洲贵族崛起之前，她的家人已经结识了荣源、荣源的妻子二格格和年轻的郭佳（Kuo Chia）多年。伊萨贝尔在1934年写下了这次奇遇，她在日记中详细记述了这个故事。②

礼成（And So They Married Her）

星期四，11月30日（1922年），满满一天的安排。在二格格的亲自邀请下，我和母亲以及大姐小妹一起在皇后家里待了一整个上午，然后回家吃感恩节晚餐；晚上作为庄士敦先生的客人，我又去参加圣安德鲁舞会

---

① 指电影《末代皇帝》，上映于1987年。
② 这段文字疑为在1987年后，伊萨贝尔为这段早于1934年完成的文字重新发表时写作的导言。

（St. Andrew's Ball），这是当时北京的一项大型社交活动；12月1日凌晨，我又直接从舞会出发，在黎明前前往紫禁城观看迎亲仪仗进入皇宫内廷。

图29　婚礼当天婉容宅邸内二格格（右三）与润麒（左二）等人合影

我们于早晨9点半到达皇后住处。仅有的几位外国客人已经到达——卡尔霍恩夫人、美国公使馆的佩克（Peck）夫人和一位成功获得邀请的美国作家，以及陪同她们担任翻译的伯莎·里德小姐（Miss Bertha Reed）。我们要看到的仪式是"册封礼"——皇帝授予金册金宝（即金印），这是三场婚前仪式中最后也是最令人印象深刻的一场，也是皇后唯一积极参加的一场。除了那位作家，我们这个外国人小团体中的每个人，不是在中国出生长大，就是在中国生活了很多年，我们都意识到我们作为外人，能够被邀请是多么幸运的事，因为这个独特而庄严的皇家仪式的观礼者在以往都只有皇后的直系亲属和最亲密的朋友才能参加。除了那一位，我们都端庄得体、谦恭有礼，并对这一崇高的荣誉表示感激。

因为仪式要过一会才开始，我们就在喜庆的庭院里逛，拜访了满族的女士们和那里唯一一位汉族夫人哈太太（Ha Tai Tai 拟音），并欣赏了精美的嫁妆。仪式结束后这些嫁妆就会被搬走。当他们到达时，他们中许多人我都见过，但是从来没有像现在这样齐整。然后我们被请进屋里，吃了早餐。过了不久，消息传来——紫禁城的游行队伍即将到达。我们和一小群满族客人一起被护送到一个被抬高的走廊，位于庭院的一侧，那里可以观看到整个队伍。棕色的麻织地毯覆盖着庭院的砖，一条短坡道通向一个从大门延伸的宽阔平台。平台上站着两排约 20 名宫女，或称女官（niu kuan 拟音），身着红色锦缎礼袍，饰以色彩华丽的云和其他符号，尾端是极深的对角彩虹色条纹下摆。袍子前后挂着一串长长的朝珠，高高的黑色头饰上镶嵌着花朵，使整个服装显得更加完美。

庭院下方两侧列队站着太监和大约 50 名宫廷官员，他们穿着几乎完全相同的官服，身上穿着更短些的、毛衬里的绸缎外套，前后绣着大的补子。他们也戴着长长的朝珠，头上的帽子用绳子绕下巴下固定，上面装饰着花翎和各种等级的顶珠。终于，在民国活动中看了十年单调且不合身的服装后——不土不洋的制服和廉价礼服——我们再次饱览了这些华丽、庄重的满族服饰，它们生动地提醒我们这个帝国曾经的荣耀。

一切就绪后，皇后由两位侍女扶着，神情庄严地从屋子里出来，缓缓走到平台中央，站在一个平坦的黄缎垫子上，等候皇帝的使者从外大门进来。她的一身黄缎皇袍，用金色和其他色线绣上诸多符号，其中以龙凤最为显眼。仪式项链是大琥珀珠和珍珠，她戴着一个特殊的头饰，是一个窄八角形红色皇冠，上面装饰着金色丝花图案，顶部是一个6英寸高的珍珠宝塔。

随着仪式音乐的响起，院门打开了，一位皇家使节，也是皇族亲王，托着覆盖在黄纱下面的皇权象征物恭敬地缓步向前。① 身后跟着几位王爷，他们托着黄帛覆盖的盒子，盒子搁在黄色的底座上，盒子里依次装着金册、金印、敕文。皇后一行人一见到这些帝国象征物，就都跪了下来。短暂的仪式后，皇后与宫女大臣跟着使节进了屋子，金册和金印都被放在一座披着绸缎的特别案台上。宾客们被邀请到平台上透过大窗户观看这场仪式，因为房间里已经挤满了官方参与者。在用满语宣读敕文时，皇后下跪。每隔一段时间，她就会做出回应，最后，她做了一套起立、鞠躬和下跪的精细仪式。

一切都结束后，房间里空无一人时，我们被邀请近距离观看案台上的金册金印，这是皇帝送给皇后最珍贵的礼物。帝国象征物的每一侧都站满了人。就在这时，在我们还没意识到发生了什么时，那位作家挤到了前面，抓起皇权象征物并掀开了它的盖子。金印瞬间就从她手中被夺回，然后放到了触碰不到的地方。我们都因她的无知和不敬感到震惊，也为我们是同胞而感到羞耻。在肆无忌惮地获取写作素材时，她如此粗鲁地滥用我们女主人的亲切款待，真让我们羞愧。

礼品被装回它们的盒子里，要和皇后一起进入紫禁城，我们正要离开房间时，令我们高兴的是，二格格——无论她多忙，总是为她的客人考虑周到——请我们留下来去会见皇后，当时皇后已经退回她的房间去脱掉礼仪服装了。她一会就穿戴着现代满族长袍和高头饰出现了。她亲切地向我们打招呼，让我为她介绍陌生人，并微笑着与每个人握手。随后，她端庄

---

① 此处的皇权象征物应指金节，由正使所持。

而甜美地坐在一张类似王座的椅子上，微微低头，所有的宦官和官员都跪在她面前，三磕头。虽然这一切很快就结束了，但是皇后在面对这些虔敬行礼的尊贵男性的忠诚时所表现出的优雅朴素，一直停留在我们的记忆中。此外，我还有更亲密的回忆值得珍藏，因为在她婚礼的前夜，当我去道别并送上我最后的美好祝福时，她紧紧地握着我的手，似乎恋恋不舍。

离开时，我们很艰难地穿过狭窄的小巷，因为数百人聚集在一起观看早先的游行队伍，现在越来越多的人加入了进来，他们渴望看到队伍中的婚礼礼品。

当天早些时候，另一个年轻的女孩①已经离开了她的家，进入了紫禁城。她的进入是庄重和受到尊敬的——尽管并不壮观。按照传统，妃子必须先入宫，以便她可以帮助准备皇后的到来。

圣安德鲁舞会（St. Andrew's Ball）是一场喜庆的活动，长长的餐厅挂满了旗帜，桌子上摆放着两种著名的苏格兰产品——石楠花和黑格威士忌。② 庄士敦先生，我们的东道主和舞会的赞助人之一，被他的学生——皇帝新郎留在宫殿里了。他赶回晚宴时正好看到了由风笛引领的肉馅羊肚（Haggis）③ 的盛大入场式。晚宴在热情洋溢中开始了，整场宴会的欢乐只有在带着来自苏格兰高地的荣耀为圣安德鲁进行年度的庄严祝酒时，才会短暂地冷却一下。之后，500多名客人一起转移到舞厅，跳起了苏格兰舞（Scotch reels）和现代舞。在庄士敦先生再次被新郎召唤到宫殿之前，这一切都还几乎没有开始。他后来告诉我，他一直待在皇帝身边，直到新娘轿子被带到皇帝跟前。这时，皇帝退下，独自去了大婚殿④。庄士敦先生则站在皇帝的父亲醇亲王身边，看到皇后——用丝巾遮住了脸——由侍女们扶着从凤舆上走下来，然后离开大厅去见皇帝，当他揭开她脸上的面纱

---

① 此处指文绣。但文绣入宫并非当天，而是早两天。婉容入宫是1922年12月1日，农历十月十三日，而这里描述的册封礼则是在前一天，即11月30日。文绣入宫是在11月29日。
② 庄士敦是苏格兰人，因此这场宴会充满了苏格兰特色。
③ 肉馅羊肚是一道苏格兰特色菜，由羊内脏做成。
④ 应为坤宁宫。

时,她将第一次见到她的新郎。

尽管舞会很欢乐,但那天晚上我的脑海中一直想着小皇后。凌晨 3 点,她将在她家中进入凤舆。队伍缓缓地穿过安静的街道,街上新铺黄土,两旁排满民国士兵,于 3:45 抵达紫禁城外城。

凌晨 3 点,我和另外几人一起离开了舞会。一轮明月在无云的天空中照耀——我们看到它的光芒反射在金色的宫殿屋顶上,我们乘坐黄包车沿着紫禁城北门,即神武门前的堤道前行。在无数汽车、马车、私人黄包车和随从们的混乱中,我们下车,步行到神武门门口。我们给门口守卫看了为这个场合精心分发的特别通行证——得再次感谢庄士敦先生。然后我们穿过了洞穴般的大门——在此之前和之后都是封闭的,除了少数得到皇帝许可的人才能进入——我们进入了紫禁城。

我们走了很长一段路,时而向东,时而向南,穿过狭窄的石砌通道,两侧是高墙——一个名副其实的深谷迷宫。除了拐角和交叉路口有巨大的灯笼照亮我们通往帝国阅兵场(Imperial Parade Ground)① 的路线外,在其他地方几乎没有光线穿透他们深深的阴影。在这广阔的空地上,竖立了一个巨大的席屋②,用来招待等候的客人,因为他们不能通过这个庭院。当我们走近时,马夫正牵着马匹经过,这预示着最高等级的王爷们已经到了,因为只有他们才有在紫禁城骑马的特权。席屋内及周围有千余名官吏和身着华丽服装的满族、蒙古族和汉族贵妇,还有一小群外国人,大多来自各使馆。席屋内的各种精心布置保证了客人的舒适度:不仅有炉子可以抵御夜晚的寒冷,而且地上还铺着地毯,桌子上摆满了食物和热茶。我们在里面坐了一会儿,然后随着预定时间的临近,我们朝庭院走去,站在一段通往景运门(Gate of Propitious Destiny)的大理石台阶附近,游行队伍

---

① 这里的帝国阅兵场应指故宫箭亭前的射箭操练武艺场所。
② 《中国灯笼》中提到这个搭起来的建筑叫棚屋或者席屋。《中国灯笼》,第 36 页。

将通过它进入大内（Ta Nei）。① 没过多久，我们就听到远处传来了陪伴着新娘的乐队演奏的古老乐曲。声音越来越近，在一个高音上它突然停止。越过开阔的大庭院，在一条特殊的黄土小路上，我们看到了队伍的到来。对于中国的婚礼行进队列来说，这次的队列不是很长，但井然有序、紧凑且非常奢华，月光让服装和装备上耀眼的猩红色、黄色和大量精致的金色变得柔和起来。

走在前面照亮道路的是 60 个提着大号角灯笼的人，随后是 100 个带着装饰性和象征性仪仗物品的侍从：早期武器的木制复制品，红色和明黄色的刺绣伞以及在杆子上飘扬的龙凤旗。跟在他们身后的，是许多宫廷仆人，他们端着精美的微缩版黄色亭台，里头装着金册、金印，以及皇后的礼袍和嫁妆。紧随其后的是以庆亲王（Prince Ch'ing）为首的骑马官员。庆亲王作为皇帝正使（Senior Imperial Commissioner）手持皇帝金节，副使（Assistant Comissioner）则带着皇帝的敕令。紧随其后的是十几个提着小香炉的年轻太监，香炉吊在银链子上晃来晃去，里面不断飘出熏香烟，淡淡地飘散在他们身后的凤舆周围。这是一张大轿，由 22 人抬着，上面覆盖着华美的黄色绸缎，四周挂着猩红色的流苏和配饰。方形凸出的轿顶的每个角落都立了一只蓝色珐琅凤凰，嘴里叼着一根长长的丝线来回摆动。轿顶中央是一个八角形的圆锥台，上面有许多小鸟，最中央是一只张开翅膀的金凤凰，顶着一个圆形的金饰。凤舆的轴和横杆上覆盖着红色和金色的漆。虽然我们深知无缘目睹隐藏在貂皮衬里和缎面软垫中的更华丽的景观——盛装大婚礼服的皇后——但凤舆自身已经呈现华丽景象。两旁的宦官走得很近，总是抱着保护自己皇后的念头。看到他们这样保护着她，我

---

① 溥仪大婚时，婉容凤舆由紫禁城东华门入宫。入宫后的路线无考。清朝时，皇帝大婚时皇后一般是从紫禁城南面的大清门中门进入，经午门、太和门、中左门、后左门等到达乾清宫。但溥仪退位后，紫禁城的外廷三殿都不属于小朝廷活动范围，平时出入一般都从北门神武门。而在溥仪大婚时，当时民国大总统黎元洪特批，允许皇后从东华门入。从这段描述来看，进入东华门后，队伍北走经过箭亭等，从景运门进入内廷，之后经过乾清门进入乾清宫。

很高兴。

凤舆之后又跟着许多宫廷官员、侍卫骑兵、皇后宫内自用的空着的黄轿以及乐队。但我几乎没有看到他们,只看到了凤舆被细致而熟练地倾斜地抬上台阶,穿过大门进入神圣的内廷。刚好4点——新娘准时到了。然后"砰"的一声,巨大的两扇门被关上了,我们什么也看不到了。于是,在灯光、音乐和色彩的映衬下,小皇后跨过了她新家的门槛。

当我们回家时,在黎明前的这个庄严的小时里,月亮在云层中落下,让夜晚变得漆黑。我们非常安静和疲惫,但仍然为奇妙美丽的场景及其戏剧性的结局而激动。我一次又一次地听到小皇后身后那扇大门关上的声音。

而现在,在我们身后,是有着宏伟的古老红墙、大理石台地和富丽堂皇的宫殿(pillared hall)的紫禁城,皇室婚礼正在其中举行。

伊萨贝尔日记（节选，1922—1924）[①]

◇ 1922 年 9 月 26 日

和米莉安（Mirm）一起去见小皇后。[②] 以中国女孩的方式做了头发。梳头的太监生病了。她没有学多久——而是想和我们一起玩。我和二格格，还有皇后的弟弟聊了天。[③] 太可爱了——画画——士兵和男人。很多茶和蛋糕。皇后的弟弟因为生病而脸色苍白。喜欢二格格——非常友好，皇后也是——精致，穿着得体。

◇ 10 月 1 日（周日）

米莉安、Kitty[④] 和我去了皇后家，玩得很开心。拿了一个装满裙子等

[①] 该日记为伊萨贝尔 1922—1924 年在北京生活时所写，此处仅将与溥仪小朝廷有关的部分译出。伊萨贝尔在记日记时经常会使用威妥玛式拼音和其他拼音方式来记录一些地名和其他词汇，译者在翻译时将这些拼音用括号记录保留在译文中。该部分注释皆为译注。

[②] Mirm 全名为 Miriam Ingram，是伊萨贝尔的妹妹。这里"小皇后"（little empress）是指婉容，当时 16 岁，已被溥仪选为皇后，但还未举办婚礼，因此居住在自己家中，位于北京市东城区地安门外大街帽儿胡同。婉容全名为郭布罗·婉容，达斡尔族，满洲正白旗人，生于 1906 年，逝于 1946 年，父亲为郭布罗·荣源，母亲为爱新觉罗·恒香。

[③] 二格格是指婉容的继母爱新觉罗·恒馨，后改名金仲馨，为清末军机大臣毓朗贝勒的次女，故被称为"二格格"。皇后的弟弟为郭布罗·润麒（1912—2007 年），当时 10 岁。

[④] Kitty 是伊萨贝尔妹妹 Catherine/Kathryn "kit" Ingram，1911 年出生。

衣物的手提箱,因为她说她想试试,但二格格认为在她听到皇宫的消息之前,最好先不要试。我做了一个两侧凸出的发型。弟弟问我会不会影响听力!太监拿来银镜和皇后自己的梳子。周围的人都被逗乐了。

◇ 10月9日

开始了我在皇后处的工作。① 一开始走错了门,西门——士兵驻守。待了太久——不知道如何逃脱——针锋相对——宾馆的约会。让这可怜的女孩从一点半学习到5点!

◇ 12月15日②

二格格派她自己的太监——那个和皇后弟弟一起玩的高个子——护送我进宫。我们坐人力车到神武门,③ 那里有一顶椅轿等着我,那种有两个轿夫的宫廷小轿子——红色的椅子和绿色的把手,我爬了上去,周围的士兵都瞪大了眼睛。④ 我们被抬进大门,顺着后墙往东,后往南,到了苍震门(Tsang Chen Men),在那里我遇到了几个皇后的太监。我从第一顶椅轿上下来,坐到了另一顶椅轿上——有6个轿夫,前后各一个,杆子每侧两人紧扶住。我发现我没走太多步。然后一边队伍里的男人和另一边的太监都告诉我他们看到我有多高兴,并问我是否觉得冷。我带着我坐人力车用的毯子,盖在身上。我们从苍震门向西走,经过了皇帝的书房后门。令我吃惊的是皇帝和一些仆人站在那里。太监们悄声说让我下轿步行,所以直到经过皇帝后,我才上轿。我们互相示意,然后我爬进轿子离开了——

---

① 婉容与溥仪大婚是在12月1日,婉容于12月1日凌晨进入紫禁城。所以此处伊萨贝尔提到的在皇后处的工作是指在帽儿胡同荣源家中。
② 这是婉容与溥仪成婚后,伊萨贝尔第一次以教习的身份进入紫禁城。当时紫禁城负责内务府的邵英在其12月12日的日记中记载:"蒙召见,为皇后、淑妃之女教习盈姑娘、陈姓每日进内应备椅轿事。"(《邵英日记》,中华书局,2018,第576页)此处陈姓应为淑妃的教习。
③ 神武门是紫禁城的北门。溥仪退位后,活动范围被限制在乾清宫以北的区域生活与居住,故北门神武门成为主要的进出紫禁城的通道。
④ 《邵英日记》中提及其所安排的。

穿过大门往北，然后又往西，走了太多台阶，让我感到不舒服。经过了大殿（tien），然后在那个令人难忘的早晨，椅轿停在了那里。我再次走下台阶，穿过了另一道门，终于站在了皇后的宫室前。

我在这里下了轿子，跟着太监经过第一个殿和第二个殿，进入了第三个殿（皇后居所）。我被带到左边的房间，被邀请坐下。太监们一个接一个地进来请安——其中有两个是没在帽儿胡同（Mao Er Hutung）见过的新人。他们都非常愉快，似乎和我见到他们一样高兴。莎莉（Sha Li）①进来，我们聊了一会儿，还有另一个丫鬟。小女奴也在那里——两个都在。房间很舒服，我用可爱的杯子喝茶。我等了好一会儿——这让我有时间仔细看这房间。到处都是可爱的菊花，有的被剪下来放在花盆里。很快，皇后来了，很高兴再次见到她。她的头发在顶上打成一个结，戴着可爱花朵。她的裙子是会变色的浅蓝，带一点绿色。

我们没有待在这个房间，而是穿过院子来到第二个殿。我们在那里聊了一会儿——但并不很久，之后皇后开始读书，我们一直学到 3 点半。我很高兴看到她都还未忘记，我们像以前一样轻松地进行英汉掺杂的对话。

皇后看起来瘦了一些，但看起来很开心愉悦。三点半，皇帝派来一个太监，让我们俩去养心殿。太后叫来银质盥洗盆等，收拾干净做好准备。我给鼻子补了点粉，准备好了。皇后坐在她的黄色轿子上，我到那的时候她已经到了。我步行前往，因为不远，也是太监们提议的。我们从后面穿过一条相当黑的通道进入一个房间，这个房间与其他房间被厚厚的布帘子隔开。在把这些放在一边之前，一个太监告诉我应该和皇帝握手。我有点尴尬地进去了。

我一进门，皇帝和皇后都在笑，这让我更尴尬了。我走到皇后跟前，跟她聊了两句，然后和皇帝握手。之后我们就很难找到可以聊的话题了。

---

① 莎莉应是婉容的贴身丫鬟之一，是婉容从荣源府带去紫禁城的。

我们聊了美国和英国。他想知道我是否在牛津上过学。① 他给我看了他和庄士敦先生一起读的书：理雅各（James Legge，1815—1897）翻译的《孟子》等。这些都装在一个手提箱里。皇帝没有戴眼镜，我能看出他是近视。然后他给我看了一封来自美国的"伊芙琳（Eveline）"的写在粉色纸上的信，她希望能成为皇帝的美国新娘的候选人。她提供了她的肤色、身高、体重等信息，并说如有需要可以提供照片。我又尴尬了——尤其是当皇后求着我想知道信的内容时，皇帝一直对我说"只是开玩笑""只是开玩笑"。我告诉皇后我会在第二天为她翻译这封信，但她马上就想知道。我最终换了个话题，因为我对于这样一封信感到十分抱歉，同时也不想在那里向她解释。茶被端上来，我们又待了几分钟，然后再次握手——称赞皇帝的英语，确实很好，然后离开了。出来后真是松了口气——见到皇上很高兴，但我很尴尬。当皇后知道我局促不安时，她就会"咯咯"地笑。

皇帝的房间里摆满了照片——他自己和几位亲戚的，许多时钟等。

◇ 12 月 16 日

又进皇宫了——这次是带我穿过御花园。我非常喜欢，确实少了一些可怕的台阶。一个太监过来说皇后在忙，我便没留下。

◇ 12 月 19 日

在宫里度过了一段美好的时光——皇后把她的头发梳成辫子——看起来非常可爱。说这样太"省事"（sheng shih）了。在她进来之前，我欣赏了房间里的可爱花朵。显然太监（新来的害羞的那位）告诉了皇后，因为他之后带着刚剪枝的鲜花回来了，是皇后送给我的。其中有三枝可爱的牡丹（mu tan）。当我离开时，一个带有"喜（shi）"字——高兴的意

---

① 庄士敦与溥仪当时正在讨论让溥仪去英国牛津留学的可能性。

思——的蛋糕盒被拿进来给我，让我把它带回家了。

◇ 12 月 21 日

皇后今天穿着紫色——让她显得可爱的颜色。

◇ 12 月 22 日

皇后又穿紫色衣服，头发编成辫子。我们改坐在炕（kang）上。学习效果没有之前一半好，但它更利于社交。

◇ 12 月 25 日

进宫，不学习——只是陪皇后玩。遇到了妃子①——可爱的小女孩，虽不好看，和她聊天很愉快，但她不敢和我说英语。

我们三人进了第二个殿（tien）的西侧房间：太监们被告知不要进来。她们是想试穿一些外国衣服——那些难看的东西——外套、西装和裙子，非常丑陋、僵硬和老式。我试图补救一下，但毫无希望。我们在两次尝试之间喝了些茶，度过了愉快的时光。妃子给了我一束她一直戴着的可爱的茉莉花蕾——我爱她。两个女孩都扎着辫子，都坐着轿子过来的。

◇ 1923 年 1 月 5 日

再次进入宫殿，圣诞节以来的第一次。再次进宫感觉不错。皇后脸色苍白，说她生病了，感冒、喉咙痛、恶心。我们没有学习，只是聊天。她用她的新的金钢笔写字，我教她如何从书桌上的银色墨水瓶中装墨水。那是她父母送给她的。她喜欢这支笔——一个新玩具。不停地写着她的名字——Elizabeth，还列出了我们在第二本书中迄今为止遇到的所有新词。

她问我是否听说了关于国会要否决满族帝制的传言。她说宫里很害

---

① 疑为淑妃文绣。

怕，还说她父亲要来看她。我想就是为了谈这件事。她看起来很着急，也很感兴趣。①

太监送来软绒布给她看，她选了一些粉红色条纹的布料作内衣。她似乎很高兴，因为送来请示她的东西是用皇室的黄色包袱包裹起来的。还带了两套英国瓷的马桶：这些不太搭。她还试戴了一些中国式的便帽和小帽子——现在正非常流行，一些用兔子皮毛装饰，大部分都是深色天鹅绒。她留下了两三个。还有银筷子、勺子、叉子和小银碟子被送过来，筷子太重了。

试戴帽子期间，妃子送来了4盒糕点。这些是天津（Tientsin）面包店的外国糕点。莎莉（Sha Li）被叫去重新编辫子，她的头发被帽子弄得乱七八糟。莎莉不得不解开两次才让皇后满意，第一次太紧了，第二次皇后的戒指卡在头发上，拉出来一大根辫子。皇后很生气——因为她最近生病了。莎莉将一缕长长的假发编进辫子。她现在大部分时间都把头发编成辫子，因为修复起来最简单最快。买了玻璃手镯，送了我3个灰色的。送来了两盒藕粉（o fen 拟音），他们为我们准备了两碗。我不太喜欢——太热太甜。在银盆里洗完手，给鼻子上了点粉，她就匆匆离开了。直到她最后离开房间，上了黄色轿子被抬到养心殿（Yang Hsin Tien），一切都很令

---

① 《我的前半生》，"我刚刚任命了郑的差使，就得到了一个很头痛的消息：民国国会里又有一批议员提出了议案，要废止优待条件，由民国接收紫禁城。早在两年前，在国会里就有过这类提案，理由根据是清室在民国六年闹过复辟，现在又不断向民国官吏赐官赐爵赐谥，俨然驾于民国之上，显然图谋复辟。现在旧案重提，说我不但给复辟引张勋谥法，更非法的是赏给汉人郑孝胥紫禁城骑马和援内务府大臣。"《邵英日记》，1922年12月25日，"午后至梅裴猗处晤谈，据云四川议员孙镜清拟提议案，云皇室违法，应取消优待等因，梅不肯连署，并劝其毋庸提出，孙尚未决定如何办理。当托梅君随时维持解释为要。晚，涛贝勒通电话，即报告有此一事。" 12月26日，"早，进内，见朱、陈、耆大人，谈孙镜清议员欲提议案，为皇室背叛民国，取消优待事，朱大人在上前陈明，上令阮总管要此议案稿，当即交阮总管呈交。" 1923年1月1日，"闻宝大人云议员李燮阳提出议案取消优待，追究复辟之事，已有卅七人连署，恐欲列入议事日程，当即回明王爷。……请懋轩看李燮阳议案，托其设法维持，伊已允为设法代托王兰亭、刘京兆尹转属议员等维持也，且云将来尚须属参议院掌笔之议员将优待条件加入宪法，以为永久保全之计，谈毕退出。同至福全馆晚餐，嘱钟捷南赴津报告徐总统，请为设法督催王懋轩速为设法维持也。" 1月2日、4日、5日、6日皆记载了如何应付提案事。

人兴奋。

◇ 1月6日

我打电话给二格格，想知道荣源（Jung Yuan，婉容父亲）有没有去皇宫。他没去，我进宫后发现他们在等我。皇后身着一身黑色的棉袄（mien ao），绣满了蓝色花篮图案，这让人印象深刻。我们几乎马上便开始了学习——她写了几次她的名字，还有 Grace（文绣）、Florence 和我的名字。我们读了很多东西——并无任何异常。她问我最近是否见过 Dorothy（载涛女儿韫慧）或 Arthur[①]（载涛长子溥佳）。说 Authur 正在学跳舞。我问她想不想学。她说跳舞没什么用，想学演奏风琴[②]。

我问妃子是否安好，她说："好，你喜欢她？"我说："是的，非常喜欢——她很友善。""脸蛋漂亮？"皇后问道！我们在3点半停止学习，我便离开了。

当我坐在小轿子上时，Arthur（溥佳）骑着马向我走来。"你好吗，盈姑娘（Miss Ingram）。"他说。我转身认出了他。我们聊得很开心，他在马背上，两边各有一个人，我坐在我的轿子上。他问："你13日去玩吗？"我说："是。"［指北京国际业余戏剧社（Peking International Amateur Dramatic Club），1923年1月11、12、13日］他说他要来看我，我说："请别来。"他说庄士敦先生邀请了他！然后我们分开了，他下马转乘他那闪亮的马车，我上了我的人力车。

◇ 1月8日

今天没课——中国农历二十二日。皇帝放假，皇后也放假。留着辫子长着冻疮的仆人来取药。妈妈治疗他的冻疮，也治疗了他的眼睛。他是我

---

① Arthur 为载涛长子溥佳的英文名，他出生于1908年，幼年经常出入皇宫陪伴溥仪习英文。
② 这里的风琴（organ）是指脚踏风琴。今故宫博物院与长春伪满皇宫博物院都保存有脚踏风琴。

每天在苍震门遇见的那个人。有一个严重的冻疮,已全部裂开,疼痛。

◇ 1月9日

像往常一样进了皇宫。在早上轿子停下的大殿(tien)前,轿夫突然激动起来,放下轿子让我站起来。我在他们的激动中误解了他们,并一直冷静地坐着,正在这时,皇帝坐着他的皇室黄色轿子经过。我感到糟透了,因为我在轿夫面前暴露了我对礼仪的无知。我和皇后谈到这件事,并说我很抱歉,她说:"哦,不用对不起,不用对不起。皇帝脾气(pi chi)不错。"但她告诉我她总是站起来,所以我现在知道如果再有一次我该怎么办。

我们今天做了很多阅读和谈话。她穿着一件浅蓝色的丝绸棉袄(mian ao);说她一直学习到凌晨2点。我说她真的不应该学到那么晚。她说她白天没有时间,她真的需要学习。她累了,说她的脸因睡眠不足而发青。

◇ 1月10日

我拿了4本书让皇后看看。我怕她一直读《精通英语》(*The Mastery of English*)会厌倦,觉得偶尔换一换比较好。我们把它们都看了一遍,决定留下一本《伊索寓言》,这似乎是必要的、简短的故事。我们把时间都花在看书上。她还买了父亲推荐的字典中的一本——海默林(Hemmeling)的《海事海关》(*Maritime Customs*)。我注意到价格是26.50美元。皇后很奢侈,另外两本字典也想要买。说她想买很多书(不管她是否能用到)。我说先看看,再决定买哪个会好得多。她最终答应了。

她穿着一件鲜红色的毛皮衬里礼服(ta hung,大红)——非常好看。3:25,她接到了电话——来自养心殿(Yang Hsin Tien)的皇帝,所以没有再学习了。一位太监告诉了我我的薪水数目。

◇ 1月11日

皇后仍在阅读《伊索寓言》,她似乎喜欢这些寓言。派出一位太监去找一份类似的本子，但找回的那份却有点不同。

◇ 1月13日

又进宫了。取了我的工资，一个太监拿来递给我，说是皇后给我的。我们在炕（kang）上学习。

◇ 1月15日

我进宫了，但没待多久。给她读了米莉安的信。她非常高兴，想了解米莉安的一切。并想自己回信，但她认为自己不会被允许。因为身体不舒服，她早早离开了。

◇ 1月22日

去了皇宫。皇后一身可爱绿裙，漂亮（piao liang）极了，但又换成了一件淡紫色的，因为皇帝告诉她，他的一位先祖在那天去世了，他们不应该穿得太轻浮。我给了皇后冻疮药，她的脚很疼。我给她带了一本柯比夫人（Mrs Kerby）的书——《一个古老的中国花园》（*An Old Chinese Garden*）。①

◇ 1月23日

又进宫了。冷极了，回来的时候脚都冻僵了。

◇ 1月25日、26日、27日

在宫里。本周只有一天没来。皇后学习很努力。有一天为了放松和练

---

① 此书应为文征明的《拙政园图册》，由 Kate Kerby 翻译出版。KERBY, Kate, *An Old Chinese Garden. A Three-fold Masterpiece of Poetry, Calligraphy and Painting illustrated by Wen Chen Ming*, *Chung Hwa Book Company*, Shanghai, nd c 1920s.

习，我们给格蕾丝（Grace）① 写了一封信。皇后说她知道格蕾丝看不懂。一天，我请皇后在格蕾丝面前提起我。她说："你喜欢格蕾丝吗？"我说："是的，她人很好。"皇后又道："脸好看？"她深知格蕾丝长得不好看。皇后很调皮。说她听说我在北京和一个样貌出众的男人订婚了。当我问他叫什么名字时，她说她忘记了。

◇ 2月2日

宫里没打来电话，我进去后发现苍震门（Tsang Chen Men）没有人在等。犹豫了一下之后，我和一位拿着我的毯子的老门卫继续往前走。我们一直走到最后一个门楼，然后到达皇后的宫殿。他们让我在那里等着。我进去坐在他们的炕（kang）上和轿夫说话。他们告诉我皇帝、皇后和妃子在放风筝。很快，那个长着可爱牙齿的好太监来了，把我从门楼带到了我们学习的二殿（tien）。在那里，我和因生病而头昏眼花的莎莉交谈过。我问了她所有的症状，以便告诉父亲。

过了一会，皇后到了，与我聊天。她很明显没有想到我会来，但因为她没打电话通知导致了这麻烦。她逗留了好一会儿，聊了会儿天。她身体不太好，想吃点药。说来紫禁城的人都病了——她的几个太监都病了。"但我知道他们的把戏，"她说，"只要他们有点累，就会说生病了。"我们又待了一会儿，然后我离开了。

◇ 3月5日（农历新年过后）

长假后第一次进宫。我们聊了很多，也学了很多。皇后饿了，所以我们吃了花生。第一次进到东边的房间。看到了皇后的头饰，她戴到我头上，却戴不上——后面的头发太多了。那是一件华丽的东西——珍珠、雕刻的珊瑚"喜"（hsi）字、玉、粉水晶和两种翠鸟羽毛，颇重。用来存放

---

① 格蕾丝（Grace）为文绣的英文名。

这些东西的大雕花柜——总是锁着的。她向我展示了皇帝给她的皮草，全都包裹在黄色缎面包袱（pao fu）里。我把米莉安的结婚照拿给她看。她盯着看，说："怎么这么漂亮？"

◇ 3月6日

皇后和我拍了照片，她拍了一些我和狗还有太监的照片。① 我给她看了我们旅行的照片，她非常喜欢。她的宫殿有很漂亮的新年装饰，所有的老乐器②都在她的第三殿（tien）外一字排开。她说她前一天晚上敲它们敲得很愉快。她买了很多手镯，给了我一些。

◇ 3月8日

皇后打电话给我，让我在第二天，星期五，带 Dunbar 和 Kitty 进宫看她。③ 我很高兴。

◇ 3月9日

Dunbar、Kitty 和我进了宫。当然是坐车进去，坐到前殿（tien）。Dorothy 在那里，我们拜访了她。她看起来和往常一样漂亮。很快，皇后就来了。她穿着浅蓝色的衣服，头发编成小结，上面有很多花。她很亲切，似乎很喜欢这次到访。她给了我们所有的玻璃手镯，并再次向我们展示了头饰。我想让 Dunbar 看到它。当然，我们忘记带钱，所以无法体面地给小费。

◇ 3月13日

一直到了苍震门，又折返了，因为没有预期我会来。

---

① 照片收藏中有伊萨贝尔抱狗在紫禁城的照片。
② 编钟、磬之类的。在溥仪、婉容婚礼照片中有类似场景的照片。
③ Kitty 是伊萨贝尔最小的妹妹，Dunbar 可能是她的弟弟。

第二篇 | 伊萨贝尔日记（节选，1922—1924）

◇ **3月14日**

当我到达时，文绣（Grace）和皇后在一起。我们待了一会儿，吃了一些二格格从西山带来的蛋糕。Grace 回去了，我们学习了大约一个小时，但皇后很困，所以我、Grace 和皇后去宫殿和庭院散步。我们先去了御花园（Yu Hua Yuan），翻过假山，然后穿过所有的花园。在一个秀丽的地方坐了一会儿，又高又漂亮，皇后认为夏天在那里学习会很好。我们继续往前走，看到了鹰，然后是人造葡萄藤等（这一切后来都被烧毁了），都很迷人。Grace 十分顽皮且非常大胆——或者假装大胆。回来后我们去了后殿（hotien）。我注意到皇后的一张照片，非常好。皇后弹奏了一会儿风琴，然后是3点半，传来皇帝正在学习的消息，所以我离开了。美好的下午。

◇ **3月19日**

跟二格格通话以确保宫里今天需要我。那是美好的一天，如此温暖和阳光明媚。先被叫到后殿跟二格格通了电话，然后我们去了中殿（tien），西边的小房间已经修成了书房——把床移了出来，放了一张桌子进去，布置得十分漂亮。与大房间相比，这个房间很好而且很安静。我们学习了很长时间。然后看了看皇后为窗台订购的一些雕刻的小摆设。一开始她穿了一件粉色和蓝色（浅色）条纹的礼服，但感觉很冷，所以换成了紫色的，十分得体。

◇ **3月21日**

比另外两位老师早进宫。现在我们都从同一扇门进入。我进去的时候皇后还没吃饭，所以我坐下来看着她吃 yang jo ser、烧饼（shao ping）和 cho。闻起来很美味，但我没有吃，尽管被邀请了。非常自控。她很快吃完，我们开始学习。她喜欢我的指甲、花连衣裙和大灰色帽子。我是为去参加格格准备的茶会而打扮的。皇后为我演奏风琴——她演奏中国古曲。挂在墙上的对子（tuei tze）被拆了——是胖娘娘①写的，字也很胖（pang）！皇后写的一些东西被挂起来了。他们看起来很好。

◇ 3月23日

今天进宫了，但没有做太多事。有些春困。

◇ 3月24日

当我到达时，Grace 正在和皇后谈话。我们待了一会儿，吃了一些二格格从西山送来的椰子糕。然后我们在花园里散步。皇后叫人拿来相机，我们一起拍了48张照片——8个胶卷。我们摆各种姿势，Grace 也是。她想钓鱼，所以我一路带着她的几个□□。太监跟在后面，每次停下都会备好茶。皇后向我保证每张照片都会给我一份，但我不太相信，虽然有可能成真。

图30　伊萨贝尔在紫禁城

◇ 4月2日

还是没有照片的迹象。我提起它们，立刻看出皇后不愿意给我看，所

---

① 这里的胖娘娘应是指光绪皇帝的瑾妃，后被封为端康皇贵妃。端康皇贵妃在伊萨贝尔日记中被描绘得比较富态，所以在宫中被称为"胖娘娘"。端康皇贵妃（1874—1924），即瑾妃，他他拉氏，满洲镶红旗人，是光绪帝的三位后妃之一。溥仪即位后，尊其为"兼祧皇考瑾贵妃"。逊位后，溥仪小朝廷为之上徽号"端康皇贵太妃"。

以我没再多说。她说它们在养心殿（Yang His Tien），我第二天就能看到。她没有好好学习。

◇ 4月3日

又进宫了。我没有提到照片。我想我永远不会看到它们了。

◇ 4月11日

进宫了，但没课。

◇ 4月21日

去了皇宫，没去天津。

◇ 4月23日

进宫了，遇到了胖娘娘。她很高兴，并称赞了我的中文，然后几乎立马离开了。我们边学边聊。皇后给我看了一张Lily（唐怡莹）的照片——胖娘娘的侄女，皇帝弟弟William（溥杰）的未婚妻。① 她非常漂亮。跟皇后在一起待了很长时间。

◇ 4月26日

皇后打电话给我。她有客人：Mary、Lucy和Lily，分别是16岁、12岁和11岁，都来自北府，还有她的弟弟。② 她过得很开心。

---

① 端康皇贵妃将其亲弟志锜的次女唐怡莹嫁给了醇王府世子溥杰为嫡妻。所以此处的Lily为唐怡莹，溥杰为Wiliam。
② 北府即为位于什刹后海北河沿的醇亲王府。第一代醇亲王为爱新觉罗·奕譞，第二代醇亲王爱新觉罗·载沣。载沣即为溥仪之父。这里的Mary、Lucy和Lily应该都是溥仪的妹妹，溥仪在《我的前半生》中提到Lily是他的三妹韫颖。按年龄来看，Mary应为韫瑛，Lucy为韫龢。溥仪：《我的前半生》（全本），群众出版社，2007年，第129页。

◇ 4月30日

进宫了。皇后努力学习。

◇ 5月1日

好课——21个生词,皇后很感兴趣。我打消了停学的念头。

◇ 5月8日

8点进宫,7点半离家出发。我在途中看到了"太妃(old ladies)"中的一位,她在去拜佛(pai foa)的路上。她看起来很像照片中的老太后。她身着礼袍,坐在一张开放式的黄色轿子上,有许多轿夫和仆人,一人拿着一个粉袋或化妆包,紧跟其后。看到她,我的轿夫停下来把我放下,我站在不远处,直到她走过。我听到她对一位仆人说了一些关于我今天来得这么早的事。后来皇后告诉我,她说我有一双可爱的眼睛,很好看!已经走到最后几步台阶,我就索性没有再上轿子,所以我走了剩下的路。

我不得不等待皇后很长时间。她最终现身了,非常漂亮。她戴着珍珠、珊瑚和玉石头饰,我以前见过,但不是在她身上,她曾向Dunbar展示过。还有我曾在橱柜里看到过的礼袍。她的装束很可爱,两侧和后面都有一串长长的珍珠,短短的流苏绕着她的脸。她的脖子上挂着一种珠宝项圈,耳环和纽扣都很相配。她上前微笑着迎接我,伸出她的手。我不想伸手,不知何故,与她握手似乎与她的服装并不协调。我本可以毫不费力地磕头(ke kow)——她太可爱了。她说了几句话,说我多可爱!想象一下,当时她自己也是如此美妙。她喜欢我的绿色格子裙和帽子。然后她告辞,坐上轿子离开去拜佛(pai foa)了。15分钟后她就回来了,脱掉了她所有可爱的物件,重现了她少女的一面。我们回到了她的房间,我看着她吃早餐。我确定她吃得太快了,但她说想完成一些学习任务。所有这些仪式和习俗都"太麻烦了"。说我长得这么像姐姐,想知道是不是因为我像她一样,也要结婚了!

◇ 5月9日

9点进宫,等了一个小时没看到皇后——恐怕有点太早了。她学习很努力。我真的很喜欢早上去。那时的故宫看起来很美,清新可爱。

◇ 5月14日

这次是12:30进宫,但又等了很久。她穿着浅绿色的衣服,太可爱了。老太太又送来一批食物。哎呀,真好吃。我吃东西时有点快。皇后有几磅她喜欢的液态巧克力,我不怎么喜欢。

◇ 5月16日

与皇后共进早餐——很有趣。我9点到达,但直到10点才看到她,然后我进去看着她梳头发,之后我们吃饭。精致的餐巾纸——我的有许多彩色方块,她的有蓝色和金色的凤凰。美味的食物。这么好的食物,但我控制住没吃我想吃的所有东西,因为她吃得很少。我也不得不说很多话,她一直为糟糕的食物道歉。

◇ 5月22日、25日

在宫里。

◇ 5月26日

匆匆赶往皇宫,没课,越来越可气了。不知道是不是太监故意的。

◇ 5月28日

再次进宫。Grace(文绣)和皇后在一起。我已经很久没有见到她了。

我们聊了一会儿她就离开了。我们没有学太久，因为皇后很困。早早离开。

◇ 5月29日

再次进宫。Grace（文绣）一直在那里，但在画画自娱自乐。她早上学习（有空时），但那天没课。我们努力学习了很久。不知道是不是为了给 Grace 留下好印象呢！3:45 停止。

◇ 5月30日

没课。听说全家都去北府（Pei Fu）了，还蛮热闹的，去看望生病的奶奶。

◇ 5月31日

前往宫中，现在在后殿（tien）读书了，因为他们在前殿清点那些首饰。度过了愉快的时光。皇后是那么的天真和快乐。我们看了一些她买的新书。我建议将鲍德温读物（Baldwin readers）送回，并保留带有中文翻译的《鲁滨逊漂流记》（*Robinson Crusoe*）和《伊索寓言》（*Aesop's Fables*）。我们喝了柠檬水，吃了美味的玫瑰（mei kuei）糕。我听说 Lily（韫颖）又来了，这意味着不上学了。被告知要去北府（Pei Fu）。

◇ 6月1日

又在后殿，又一堂精彩的课，事情正在好转。Lily（韫颖）打来一个长长的电话，她很快进宫了。外面很热，皇后出门时被一把黄色的大阳伞遮住了。

◇ 6月2日

回到前殿学习。皇后向我展示了她在 5 月送给皇帝和三位老太太的金袋——荷包（he bar）。可爱的东西，新且漂亮。我们一直学到 3 点，然后 Grace（文绣）和陈小姐（Miss Chen）① 过来了。我第一次见到陈小姐。她看起来很友好。我们待了一会儿，然后出去拍照。我不得不设置相机，所以不知道它们拍出来怎么样。陈小姐和我一起离开——我在前面！我必须跟她一起去喝茶。

◇ 6 月 7 日

再次进宫。他们又到北府看奶奶了。皇后说她奶奶很沮丧，一直哭。我们喝了一些柠檬水，这让我觉得很有趣。我想到了庄士敦先生说的关于被下毒的话！我在帽儿胡同遇到了那个伤了腿的太监，他很好，但不说话。

◇ 6 月 14 日

再次进宫。皇后的头发梳了两把头（liang pa tou）②。她看起来很漂亮。我们跑出去看一架飞得很低、掠过我们的飞机。

◇ 6 月 23 日

皇后想知道我去庄士敦先生家的情况。她给了我一些陈小姐和狗的照片。

◇ 6 月 26 日

午夜时分，宫中发生火灾。我很早就离开了酒店屋顶，错过了它。那些留下来的人看到了全过程。

◇ 7 月 9 日

又进宫了，穿了我的黄色蝉翼纱，皇后很喜欢。我们在后殿（ho

---

① 陈小姐疑为文绣的教习。
② 两把头，又称"二把头"，是满族女性的代表性发式。

tien）凉快的游廊上吃西瓜和烤玉米。

◇ 7 月 11 日

暴雨，但我进宫了，没有课，有点气愤，因为一路上糟透了。

◇ 7 月 13 日

一切准备就绪，到门口时被告知取消时，换了网球装。

暑假：内蒙古和 PTH①

◇ 8 月 17 日

进宫了，但没待多久，因为他们在第二殿（tien）做煮饽饽。闻起来很香，他们让我留下来，但我觉得不合适。他们准备送一些给北府（Pei Fu）和二格格。

◇ 8 月 18 日

再次进宫，我们只是待一会儿。皇帝在那里，我们待在游廊上。里面的花很可爱，狗很可爱，看到我来很兴奋。皇帝向我们展示了他的大狗——"老虎"——必须被牵着走——了不起的东西。我们喂它饼干。拍了几张照片。

◇ 8 月 20 日

邀请 Bili 来喝茶和打网球——他也来了，下雨了，我必须进宫。有些反感，也很冷。我们学习了一会儿，出去之前天已经黑了。我的薪水少了

---

① 此处 PTH 意义不明。

100 美元，所以跟皇后说了。

◇ 8 月 21 日

与皇后共进晚餐。很美味。我们先待了一会儿，然后吃饭——从来没有这么开心过。

◇ 8 月 22 日

再次和她共进晚餐，一如既往的好。

◇ 8 月 27 日

再次和她一起吃饭，这正在变成惯例。

◇ 8 月 28 日

再次一起吃晚饭。我们仍在绣十字绣，这对我来说太难了，但我们坐在外面做，所以很愉快。

◇ 8 月 29 日

皇帝过来了。我们三人吃饭。① 他感觉不舒服，只吃了一些。很美味。之后在煤山野餐。

◇ 8 月 31 日

进宫了，"我们四个"（we four）去了老夫人端康（Tuan Kang）的住处②。他们取笑了我，因为我不自在，但食物很美味，鲜花和宫殿也很可爱。

---

① 此处"吃饭"英文为"had chow"，chow 泛指食物。
② 端康即瑾妃。

◇ 9月1日

皇后招待外国食物。他们把它做得很差劲。我开玩笑说我最好向他们展示如何［处理这些食材］。她让我不要嘲笑她的餐桌礼仪。她吃得比中国菜还多。

◇ 9月5日、6日、7日

在皇宫。

◇ 9月10日

皇帝在,喜欢我的红裙子和珠子。我们走到花园里,我把他们留在了永和宫（Yung He King）① 的门口,太妃的宫殿。

◇ 9月11日

又去了。太妃病了,所以他们去看她。

◇ 9月13日

在宫中。二格格和两兄弟在那里。我教"Toutze"在帽子（Corona）上写下他的名字 John Jung。他喜欢它并很快学会了。皇后戏弄了胖弟弟。我们待得挺好。

◇ 9月20日

我到的时候,皇后和她的弟弟正在画画,用她祖母的文具,把玻璃放在上面画画。这很有趣。我画了一朵深红色的菊花,皇后画的是粉红色的睡莲,弟弟画的是艳丽的红百合。我们也有好吃的东西,栗子、红薯、坚

---

① 永和宫为端康皇贵妃的住处。

果等。皇帝过来看我们在做什么。

◇ 9月21日

皇后身着一袭艳丽的红色长袍，美艳动人。我忍不住十分羡慕，于是她派仆人给我带来了一整匹这种布——简直好得令人难以置信，如此可爱的颜色，我不知所措。皇帝来了，给我们展示了一些宫廷宝物，美丽的老缂丝（ke ssu）佛教图像和在一本木质镶玉的书上的精美古字。皇后没有学习，决定给我梳两把头的发式，便叫来了侍女。皇帝也在看，似乎很感兴趣。花了很长时间，但好在最终完成时，我完全变了样。皇上召来太监，盼咐他给我拿一套服装——一件漂亮的缂丝（ke su）袍子，上面布满了蝴蝶。

图31　伊萨贝尔与润麒合影

皇帝告诉我它是属于太后的。他给我拍了几张照片。

◇ 1923年秋，皇后生日[①]

早早进宫，在前殿（chien tien）遇到了所有公主。二格格在那里。皇后拜佛（pai foa）回来后，坐在后殿（ho tien）的宝座上，公主们四人一组进入，在她面前磕头（ke tow），然后一人一次和ju i（意义不明）一

---

① 婉容生日为11月13日。

起进入。我也是，只鞠躬。仪式中奏响古乐。

前殿的盛宴——美味的食物。苏格格（Su Ke Ke 拟音）和我坐在一端，她对我很友好，很喜欢热酒。五格格穿红裙子特别好看。Lili 也是很可爱，我们第一次见。我穿着淡紫色的衣服，因为坐到了一些水，所以换上了二格格的棉袄（mien ao），十分惊艳。他们都很喜欢。

吃完饭后的唱戏（Chang Hsi）持续了整个下午。① 我大部分都明白，非常好玩和有趣。我们坐在后殿（ho tien）的回廊上。皇帝、皇后和 Grace（文绣）坐在中间。食物不断地被传来。6 点盛宴再次开始，我 7 点半离开。天黑了，我被提着灯笼的太监护送出门。

◇ 1924 年 2 月 4 日

春节前一天，6 点 30 分进宫，不得不在首领太监房间等到 7 点 30 分，他人很好。我孤独、忧郁、寒冷，然后被带到养心殿（Yang Hsin Tien）皇后处，他们正在敷粉。穿过几个挂满灯笼的庭院，连墙上都有。收拾好后，我们就去前厅看烟花。盛宴和灯笼都很精彩。Hu tze（意义不明），可是好冷啊！庄士敦和皇帝的父亲、姐妹和兄弟都在那里。还有 Lily（韫颖）和皇后的兄弟们。我本应向淳亲王（Prince Chun）鞠躬，却拜错了太监！11 点半出宫。

---

① 梅迩家族藏品中有伊萨贝尔与京剧活动相关的藏品，如吉世安的请帖。吉为民国政府官员，早年可能从业于警界，亦为梨园观众，新中国成立初被枪决。他与梅迩夫妇的相识应是通过梨园。还有京剧表演艺术家朱琴心（1901—1961）给盈教士（James Ingram）所送"恭贺新禧"贺卡。时间可能为 1923 年 1 月 31 日。可能因为他曾工作于协和医院，故而结识了 James Ingram。此外，伊萨贝尔的藏书中，还有一些关于京剧的书籍。

第二篇 | 伊萨贝尔日记（节选，1922—1924）

◇ 2月5日，春节（New Year's Day）①

很早就起床进宫了。6:30到达神武门时天还是黑的。7:00已经在皇宫里了。只得等一会儿，然后皇后来了，在前殿（chien tien）穿着她的礼仪衣冠，喝了一些新茶（shinger cha 拟音）。她先穿着两侧各有方形花纹的 tientza（意义不明）和戴着巨大的项圈去拜佛（pai foa）。从那里回来后，又戴着凤凰形状的珍珠头饰前往煤山（景山）。

与此同时，我坐在前殿里和小女仆说话，变得更困了。最终我被告知需要去向三位太妃行礼。皇后回来了，又换了衣服，坐上她的轿子。我在收到如何行动的指令后，跟着轿子走了。

我们跟着人群穿过几个庭院，直到我们到达最年长的太妃的宫殿。那里已经有很多人了。皇后的一个太监负责我，我们走上门廊观看整个流程。庭院里挤满了满族男性，当音乐响起时，他们开始磕头。我认出了几张面孔，荣源（Jung Yuan）、溥佳（Arthur）、涛贝勒（Tao Pei La，载涛）和邵英（Shao Ying）的一些亲戚。我非常喜欢这音乐，合适的时间，合适的曲调。

然后轮到公主了，按年龄顺序，先鞠躬然后走开，然后又依次和 ju i（意义不明）返回鞠躬，太监再喊话，说是授了些祝福言语，又接着鞠躬。我只出现一次，鞠躬三下，后来又做了一次，接着收到了我的名牌，上面挂着小荷包（he ba）。两个包里各有50分（cent），另一个里有常见的金银小鞋等，然后回到皇后宫室，直到她又换上凤冠去向皇帝行礼，接着回到后殿。我们都站起来向她鞠躬。同样的方式，同样的风格，最后回到她的住处，换上两把头，然后穿上漂亮的红裙去了永和宫（Yung Ho

---

① 《邵英日记》，1924年2月5日。"辰正至诚肃门侍班后尚书房，王爷到。庄先生偕同英、美、荷兰各公使夫人及盈太太、邵太太、柯姑娘等十一人至尚书房暂坐，专候瞻礼。随同醇王爷至太极殿，在三宫主位前行礼。已正皇上升乾清宫受贺，随同行三跪九叩礼，系朝服，行礼毕，换蟒袍、补挂，事毕退出。回家早餐后至北府及公主府等处贺新喜。"此处盈太太为伊萨贝尔的母亲 Myrtle Belle Ingram。柯姑娘为曾替慈禧画像的 Miss Carl。

Kung)。我们大约1点在那里吃晚饭。然后看到了我们等了很长时间的外国人。日本人摔倒在牡丹上。

◇ 3月19日

1:30进宫。等待皇后,她在永和宫(Yung He Kung),然后他们便把我送去那里。皇帝、皇后、William(溥杰)、Lily(韫颖)和三个北府(Pei Fu)姑娘都在那里。太妃身体不好。我说了会儿话便站着,相当尴尬。最终皇帝和William离开了,我们感觉更自在些了。我带来了一些糖果,他们吃了。皇后和Mary用泥巴和冷奶油打仗。乱七八糟。皇后之后很快离开,太妃躺下。刚来的Grace(文绣)、Lily(韫颖)和我去了前殿,边吃边聊,真是好时光。我正要离开时被留下来吃晚餐,像往常一样美味的饭菜,但我还被邀请在中央酒店——Wen Yu Hui(指代不明)与庄士敦先生共进晚餐。吃完就离开了。

◇ 3月20日

再次进宫,发现皇后在玩洋娃娃,是五格格在德国集市上给她买的。可爱的玩具,蓝色篮子里有婴儿和很多衣服。我说我曾做了一些婴儿衣服,适合她的另一个洋娃娃。适合晚上、白天和户外穿的各种各样的衣服她都想要。我们学习完了,然后去了操场,看到了可爱的新房子,里面有椅子、风琴、地毯等。我们在秋千上玩耍,又走了一会儿。然后我不得不离开去参加Lura的婚礼,婚礼很漂亮,主要是音乐。

(我确实做过洋娃娃的衣服——但这个爱好很快就过去了。)

◇ 5月27日

海军上将Leveson及其家人以及Money中尉和Jowett先生都在宫殿里。愉快时光,先在养心殿,然后在皇后寝宫。皇帝称了下体重,把狗送给了Leveson夫人和Pam。我离开去和Bob Smythe共进午餐。

第二篇 | 伊萨贝尔日记（节选，1922—1924）

◇ 6月8日

今天又进宫了，确切地说是第五个月假之前，也就是6月3日以来的第一次。只停留了很短的时间。皇后正在梳妆打扮，而二格格和Grace（文绣）都在，一个个都美丽动人。皇后忙得说不上话，正为赴宴做准备。北府（Pei Fu）女孩们随时会到。

一直到6月的头几天，皇后才完全恢复。因为她得了流感，从喉咙开始，最后病落在耳朵里。这非常痛苦。我日复一日地进宫，有时见到她，有时见不到只留个言。她先看了德国医生，然后回到中国医生，中国医生不让她喝葡萄汁和我带给她吃的一两样其他东西。她也几乎失聪，所以很难和她说话。从福克斯夫妇（Mrs. and Mr Fox）和一位比利时人的夫人（Mme, a Belgian）进来的那天起，她就生病了。

有一天我进去的时候（和Lucille Epstein从唐山回来的第二天），太妃在那里。她很担心皇后，现在终于好些了，从那天起她就一直卧床。

◇ 6月9日

我又看到正在洗脸梳头的皇后。她还没完成，皇帝就进来聊天了。今天早上他穿得很难看，穿着外国军装模样的西装和裤子（putts拟音）。皇后选择了新开的花朵和一件淡绿色丝绸长袍——美丽色彩。她要吃饭的时候我就走了。我给她带了一些滋补品。

◇ 6月11日

像往常一样10:30进宫。皇帝在储秀宫（Chien Hsiao Kung）弹钢琴，让我十分惊讶。皇后正在梳头发，皇帝进来了，开始挠她痒痒，我围观了这个过程。又要将我的头发梳成满族样式。皇帝当即答应了，派人去找摄影师来，还说也要给庄士敦打扮一番。皇帝过去接他，并在我们准备好之前把他带回到皇后寝宫。他们都围观了这个过程。花了很长时间——梳出新的部分等。刘（Liu）又梳了一遍。我穿着一件淡绿色的长袍，带有淡紫色的金丝（chin shih 拟音），皇后后来把它们送给了我。摄影师给我们拍了照，先是单人，然后是集体，只有皇帝不参与。希望拍出来效果不错。后来，我们拍了一卷柯达胶卷，成功率令人怀疑。然后，一边吃香蕉一边卸下发型，花费的时间比做发型的时间少。

茹丝回忆录——"当人们握手时"（节选）[1]

许多关于中国或中国人的著作主要是由一群曾在中国短暂居留或访问的西方观察家撰写的，他们一般在中国逗留一两个月，或者一年左右，鲜有更长时间的。这样的书写极易流于肤浅，甚至失之偏颇。

本书的独特之处在于，它是由一个在中国土生土长的美国人撰写的。茹丝出生于北京近郊，父亲是一名北美公理会传教医师，他毕生致力于中国人健康和福利事业。茹丝从小就读于中文学校，掌握汉语甚至早于母语英语，在与中国人的长期相处与耳濡目染之下，她对中国人的心性颇为欣赏和熟悉，包括中国人重视优良的个人品德和社会声望，耐心且勤奋，敏感而保守，充满活力、适应性强以及聪敏好学。

9岁时，她和家人经历了一场逃亡，亲历了义和团对北京使馆区的围攻。为了躲避拳民，他们不得不在深夜悄悄从家中撤离。在英国公使馆被火攻的55天里，他们和其他外国人一起仅靠马肉和发霉的麦片勉强为生。

其后茹丝前往美国读大学，1911年从奥伯林学院毕业。在从事社会工作4年后，她又专修了护理课程，并在洛克菲勒基金会（Rockefeller Foundation）的资助下回到中国，在北京协和医学院（Peking Union Medi-

---

[1] "茹丝回忆录"由中山大学文献与文化遗产管理部何韵主任翻译。

cal College）从事护理教育工作长达 10 年。

图 32　茹丝半身像（1891—1967）

第二次世界大战期间，茹丝重返美国，主理圣路易斯和新奥尔良的护理学校，并同时担任联合国善后救济总署（UNRRA）的干事，成为护理教育的志愿者。我因此有幸与她结识，并发现她的杰出才能。随后，她被单独派遣前往中国提供医疗和救济服务。鉴于茹丝女士对中国情况的了解和对工作的至诚投入，她被视为我们工作中最重要的、不可替代的引领者。

在结束联合国善后救济总署的任务后，茹丝被调至新成立的世界卫生组织（WHO）工作。1945 年至 1950 年期间，战火肆虐，由于懂中文和熟知中国习俗的天然优势，她被派遣至最需要的前线岗位，哪里需要她就去哪里，甚至深入中国西北腹地，并待了较长一段时间。如 1949 年，她在中国西北地区的中心城市兰州待了整整一年。作为联合国下属的专业机构，世界卫生组织保持一贯的中立政策，作为该组织的派遣人员，茹丝无私地帮助了许多受难人员。

世界卫生组织于1950年结束在中国的任务派遣，茹丝转至缅甸担任护理顾问。1952年，她接受任命，负责主管美国太平洋岛屿托管领土（U. S. Trust Territory of the Pacific Islands）① 的护理教育工作，一直到1957年退休。

1958年6月，她的母校奥伯林学院授予她人文主义博士学位，以表彰她在最艰难困苦的岁月里为国际卫生事业做出的卓越贡献。

更重要的是，西方人应该尝试了解和理解中国人。只有当我们真正理解并欣赏中国人的优良品质时，中国人才会同样理解和欣赏我们，最后实现和平共处。

因此，谨向作者致以最衷心的感谢，育成佳作，襄助我们达成良愿。

本杰明·基泽②

斯波坎，华盛顿

重返烽烟中国

西方人很难意识到亚洲国家"富人"和"穷人"之间的鸿沟有多么巨大。在世界的一隅，有的人无论多么贫弱，都能找到公开宣泄痛苦的方式；而在世界的另一端，约莫20年前，成千上万的受难者却无从表达他们的苦难。在那些剥夺了他们赖以生存的土地的人面前，在那些他们穷途末路时不得不求助的高利贷和当铺老板面前，他们那么无助。富人常常掠夺穷人以致富，而穷人只能在泥潭中绝望地越陷越深。

从1945年8月抗日战争结束到1951年10月中国共产党实现中国大

---

① 美属太平洋岛屿托管地，主要是第二次世界大战后根据联合国托管事会的安排，由美国所接收的被日本占据的密克罗尼西亚群岛部分岛屿。
② 本杰明·基泽（Benjamin H. Kizer, 1878—1978）联合国善后救济总署中国特派团负责人。

陆的统一这段时期，我和一群中国人一起住在那遥远的国度，接触的人群既有住在舒适区的上层人士，也有底层的社会失语者。我希望在此间的所见所闻能帮助大家更深入地了解这些亚洲国家中流离失所者的境遇，在本书成书之际，类似的情况也同样在我们国家上演，且有愈演愈烈之势。

除了发生在中国西北部的个别事件，本回忆录基本是按时间顺序展开叙述的。那些事件的描述是建立在我多次访问的基础之上，因此时间要素变得无关紧要。

因为对中国人和他们的语言都十分熟悉，所以当时我活动的区域主要在中国内陆腹地，极少或根本没有其他西方人参与其中。共事的人与我分享他们的家园、食物、快乐和忧愁，我与他们感同身受。在一个内战爆发的国家里，与两边持不同政治立场的人均保持密切接触让我如履薄冰。然双方亦深知，作为联合国救济总署的一员，我秉持绝对中立的立场，即我只专注于专业范畴的事务，帮助解决当地健康卫生问题。尽管在与他们接触的过程中我有机会了解到双方的一些情况和主张，但我极其谨慎，从不发表任何涉及政治观点的论述，也从不在一方面前诋毁另一方。只有保持中立，才有维持与双方合作的可能。

抗日战争爆发之初，我原本在美国主理一所护理学校。随着局势的发展，有一种愈来愈强烈的使命感，召唤我回到中国，回到曾共事的同事和教过的学生身边。因此，1945 年，当联合国善后救济总署组建一个医学教学团队援助中国的国民政府卫生部时，我有幸被选为团队的护理教育顾问，并欣然前往中国。我们的任务是帮助训练一批在远离主战场后方服务的医疗救助人员。同年 7 月，日军在逐步撤离。借助美国航空运输司令部（U. S. Air Transport Command）运载军事人员的飞机，我们团队的成员一个接一个地从印度基地越过驼峰线抵达中国。在最后一批成员抵达重庆之前，日本广岛的一枚炸弹彻底改变了这一计划。

我碰巧是我们小组中最早到达中国的人之一，目睹了抗日战争结束时人们的欢呼雀跃。然而不幸的是，逐步恢复日常生活的欢愉如此之短暂，瞬间又幻灭了。从华盛顿特区启程的途中，我已听到有关中国可能会发生内战的传闻。

而第一次听到有关内战的消息是在卡萨布兰卡机场。我清楚地记得，1945年7月12日，我才刚离开美国不到24小时。一些从中缅印战区[①]返回美国的士兵在注意到我身穿的陆军女子兵团（WAC）制服袖子上的联合国善后救济总署徽记后，询问我要去哪里。当知道我要去中国时，他们说就目前中国的局势来看，我们的援助无济于事。在我能充分理解这句话的深义时，他们早已踏上归途。在开罗、卡拉奇和加尔各答中转时又陆续遇到从中缅印战区撤离的士兵，也都带着类似的消极看法，而旅途中的忙乱使我无暇顾及这背后的因由。直到我越过驼峰线，这个问题的答案才得以揭晓。

那次航行是在印度加尔各答机场起飞的。尽管几个月前，"驼峰航线"[②]上已无日本飞机出没，但鉴于地势险峻，出于安全考虑，还是为每一位乘客配备了降落伞。一位年轻活泼的美国陆军中尉向我简要介绍了跳伞的要领。

"请想象一下，跳伞的纵身一跃与跳入游泳池无异，"他略带兴奋地说着，"你只要屏住呼吸，在拉开伞索前慢慢从一数到十，并确保不要被螺旋桨缠住。这就是跳伞的全部要领。"他一再保证。然而，他只字不提如何着陆，更没有提到着陆后如何生存。也许他早已料想我在着陆之前就会因为恐惧而猝亡，忙碌如他，无须浪费时间在无效的指导上。他匆匆吩咐人帮我准备好40磅重的降落伞，便转向指导下一位新手。

[①] 中缅印战区（Burma-India-China，CBI）是二战期间，美国陆军对其在中国、缅甸、印度所部署的地区的称谓。在这一战区知名的部队包括飞虎队、驼峰航线上的运输和轰炸部队、建造中印公路的工程兵部队以及麦瑞尔突击队。

[②] "驼峰航线"是二战时期中国和盟军一条主要的空中通道，始于1942年，终于二战结束。它位于喜马拉雅山脉南麓的一个形似骆驼脊背凹处的山口，西起印度阿萨姆邦，向东横跨喜马拉雅山脉、高黎贡山、横断山、萨尔温江、怒江、澜沧江、金沙江、丽江白沙机场，进入中国的云南高原和四川省。

遥望与亲历 | 一个西方家庭眼中的中国 (1887—1950)
Outsider and Insider: China from a western family's records (1887—1950)

我原本希望飞机越过喜马拉雅山脉时能一睹它雄伟壮阔的真容，但当我扭头从身后的舷窗向外张望时，看到的却是厚厚的灰色云层。只有唯一的一次，我从舷窗的圆洞瞥见逶迤盘旋在远山的利多公路（后称史迪威公路）①。事实上我也无暇欣赏那穿越世界屋脊的风光，而把时间花在了与乘务员聊天上。他是一个来自新奥尔良的男孩，满腹乡愁，飞行的疲惫使他神情略显紧张。但当他得知我最近在新奥尔良小住过一阵子后，便坐在我那笨重的降落伞上，当然是在没有违反规定的情况下，和我轻松地聊起他的家乡……包括他住的地方，他和女孩约会的场所，能吃到纯正的冰激凌苏打、买到最佳钓鱼用具的商店等。没多久，他也开始表现出对中国内战的消极情绪，一如我一路上遇到和交谈过的中缅印士兵们。

他说道："在这里，我们冒着生命危险给他们运送物资，以确保他们能够与日本作战。但他们没有用这些物资对付日本人，你知道他们如何处置这些物资吗？他们把它藏在山洞里，并打算在我们帮忙打败日本人后用来对付共产党。"

"根据我的判断，如无意外，这里肯定会发生内战，"他继续说道，"他们的枪口很快会对准自己的同胞，这就是我们现在在这里所做的一切……帮助他们自相残杀。"

他的话让我觉得不可思议，当时我觉得这是危言耸听。然而，在短暂逗留昆明期间，遇到的官兵都向我表达了同样的看法，这是萦绕在他们心头的热门话题。昆明当时是美国向中国自由提供物资的唯一入口，他们是负责向中国人交接物资补给的一线人员，肯定知道当权者正在盘算什么。而我当时所想的是，当权者难道没有考虑到中国人在经历了长达14年的抗日战争后已身心俱疲，在国共矛盾似乎一触即发时他们之间的停战协议难道已是一纸空文？一种不祥的预感悄然而至。

---

① "史迪威公路"是第二次世界大战期间中美两国合作修建的自印度利多经缅甸至中国昆明的国际军用战略公路，即中印公路。其中，印度利多经缅甸密支那至中国云南边境畹町的路段，称为"利多公路"。

接下来发生的种种，印证了这一预感。在与全国各地的富绅和贫农的接触中，点滴迹象仿佛都指向一个必然的结果。点滴汇聚成溪流，涓涓溪流归入江河，条条江河注入大海，最后波浪滔天，势不可挡的革命洪流就是这样形成的。

中华民族素来以坚韧不拔、吃苦耐劳著称，但忍耐总是有限度的。民间有句俗话称："民心失，朝纲坠。"①

看着越来越多老百姓对当权者失去信心，国民党政府摇摇欲坠，一个新政权呼之欲出。

二

"下江人"

在前往重庆的途中，运输机机师喋喋不休地嘟囔："重庆真是个鬼地方！"

那是 7 月的午后，一降落在重庆九龙坡机场，我就被那丛林覆盖的山峦以及绿油油的梯田组成的田园美景深深吸引，但年轻的机长显然对如此美景毫无兴趣。

"整个夏天从早到晚都是这样又热又黏，"他抱怨道，"我浑身都被暑气笼罩着。"

几个月后，我终于意识到哪怕夏季结束日子也一样难熬。在这里只有夏冬两季，当夏季热气渐渐散去，就会迎来绵绵阴雨，一直持续到炎热的夏天再次来袭。雨季里一个月都难得见几回太阳，厚土都变成了稀泥。尽管温度从未降至冰点，但潮湿的寒冷仿佛能钻入骨髓。没有令人愉悦的春秋两季，这样的气候实在糟糕透顶。

---

① 原文为：When the Old Hundred Names (the lowly people) begin to shake their heads, the dynasty falls.

拥挤的环境更加剧了气候带来的不适感。战前重庆人口仅有20万，随着抗战爆发，大量难民涌入，人口激增至百万。难民们白天聚集在街道，晚上蜗居在竹棚或泥屋里。这些肮脏逼仄的难民居所或临崖而建，或依水而筑，顺着山势层层叠叠（重庆是山城，其母城选址在长江与嘉陵江间狭窄的渝中半岛上）。

生活在中国最西部的四川人似乎一直过着与世隔绝的日子。涌入的难民中大部分是受过高等教育或精于世道的人，当地人对于他们来说显得格外落后原始。当地人说着外人听不懂的方言，也不喜做出改变……对他们来说老祖宗传下来的便是最好的。他们把难民视为外国人，嘲笑他们是"下江人"①。他们有充分的理由对外来者的涌入感到不满。重庆作为战时陪都，几乎在每一个晴朗的日子里都遭到日本人的狂轰滥炸，在漫长的夏季中有时甚至一天几回。城市已面目全非，原来的建筑几乎都被摧毁，只剩下片瓦残垣。不仅如此，大量难民的涌入直接导致房价物价的飙升，加剧了他们之间的矛盾。改变是不可避免的，难民逗留得越久，当地人摆脱难民的愿望就愈发强烈。

流亡的难民同样对当地人极不友好，"下江"对他们而言，是舒适的家和优越生活水平的代名词。西迁的路上，许多人身心都遭受了巨大磨难。大学的校长带着学生们长途跋涉，不远千里往西部赶。沿途还要穿过日军的防线，危险密布，悲剧时常发生。维拉（Vera）是一所护理学校的校长，她带着她的弟弟和一群研究生、实习护士西迁。她弟弟在路上出现了精神问题，难以管束。当一群人即将通过最危险的区域时，大家都命悬一线，沉默与服从意味着生机，而她弟弟的任性行为将危及所有同行人的性命。似乎只有一个解决办法……一个令人痛苦的办法，为了其他人能安全抵达，一枚子弹结束了她弟弟的生命。

"我的家人永远不会原谅我，我也不能原谅自己，"维拉痛苦地讲述

---

① 抗日战争时期，大批长江中下游居民迁居四川，被称为"下江人"。

着这个不得不做的决定,"我是领队,生死攸关,整队人的性命都揣在我手里。假如其他人一致认为我弟弟的死是唯一的解决方案……"

在抵达"自由区"后,难民们其实面临着更多困难:不舒适的收容所,在拥挤的防空洞里长时间蹲守,难以忍受的天气以及时刻被提醒着自己是不受欢迎的外人。在炸弹不分白天黑夜地狂袭重庆的那段时间里,他们依然保持着高昂的士气。虽然没有能够反攻敌机的高射炮,也没有雷达,但凭借着惊人的创造力,他们创造了一个高效的空袭警报系统。在与重庆飞行距离约450英里的城市汉口,每当轰炸机离开机场时,他们的情报人员就会致电隐藏在城市中的秘密电台,电台立即将这一消息发送到分布在各条战线的情报网络,并同时上报重庆。大多数空袭的飞机在汉口起飞后,数千人对接情报,及时报告着轰炸机飞行的实况。重庆最高的山峰和周边的山顶上都竖起高大的杆子,当敌机起飞一小时后,第一声警报响起,每根杆子上将挂起一盏巨大的纸灯笼。如果挂起两盏灯笼表明飞机已在附近,当两盏灯笼都取下来的时候,表明要赶紧躲进防空洞了。停电是瞬间而且彻底的……当日本人在50英里开外时,发电厂的主开关会被关掉,城市里的通信和照明都没有了。从那一刻起直到信号完全解除为止,整个城市陷入黑暗中,只剩下哨兵手里那微弱的探照灯。这一警报系统给人们在躲入防空洞前充分的心理准备和时间安顿好自己以及财产。

重庆的地理位置使其成为战时陪都的不二之选。在日本人占领了中国东部大部分沿海地区后,国民政府不得不考虑迁往西部物资相对富足的地区,而重庆当时是长江上游最大的商埠,是整个大西南的贸易枢纽、中心城市。

重庆四周崇山环绕,又有长江与嘉陵江"双江"拱卫,地理环境作为天然屏障可作抵挡,日本的海军上溯不了三峡,陆军翻越不过峻岭。中国西部的所有河流和公路均汇聚于此,水系交通极为发达。作为山城,重庆又多有如蜂窝状的洞穴。国民政府利用这些特点,挖掘无数的防空洞。在空袭期间,这些洞穴被凿得越来越深,为不断膨胀的人口提供了安全的庇护所。因此，据我们了解，委员长虽然在市中心设立了总司令部，但每天晚上他都会待在城外四五个住所中的其中一个。据推测，每晚在不同居所轮换会增加潜在刺客找到他的难度。但是细心的人不难发现，其中一个藏身之处就在我驻扎的医院之外的某个地方。每当他前往这一居所时，从他的办公室到这处住宅的整条路线上都排满了武装警卫，在委员长抵达的几个小时里，他们一字排开。我不止一次看到委员长经过。

我在北京协和医学院的许多同事和学生以及其他一些中国朋友早已在国民党政府中担任重要职务，仿佛有种返校参加校友聚会的感觉。

战时对医生和护士的需求非常迫切，以至于让年轻的已婚妇女有种使命感投身到医院或护理学校任职。比如其中一位是我们学校早期的毕业生，优雅从容的王·希尔达（Hilda Wang）女士。

"我丈夫和我在战争初期就决定，我应该接受市中心教会医院担任护士主管的职务。我们把三个年龄稍大些的孩子送去寄宿学校，再为刚出生不久的婴儿请个奶妈，最严重的空袭发生在市中心，我一直在那里工作到空袭停止，后来出于身体健康的考虑而不得不辞职。得空我带你去看看我工作过的地方。"

她的办公室所在大楼的一翼已是废墟，大楼的另一翼还住着需要照顾的病人和伤患，但墙面均已坍塌。在这样的条件下工作已经够令人沮丧了，但更可怕是医护人员和病患还没日没夜地挤在这个阴暗潮湿的庇护所。即使在没有空袭的炎热日子里，当我走进这里，我的脊梁骨也感到一阵寒意。

王女士回忆道："在空袭最严重的时候，袭击过于频繁，我们不得不连续5天把病患藏在防空洞里，每当警报解除时，我们赶紧趁下一波轰炸还未来袭时取足够的食物供应给病患。我都忘了在那些噩梦般的日子里我送了多少小孩到这防空洞里。"

当我到达重庆的时候，空袭已经成为历史，但另一个更加致命险恶的"敌人"悄然已至——那就是霍乱。由于缺乏必备的卫生设施，加之数十亿苍蝇的传播，疾病如同山林大火般在居住在悬崖上的难民中肆虐，不可阻挡。没有人确切知道每天有多少人死亡，因为受到恐怖袭击的人们也同样将无数的尸体扔进湍急的河流中。6家医院同时开急诊，医生和护士在严重人手不足的情况下奋战在一线。患者被抬进来并排躺在长长的木制平台上，每位患者的上方都有一个输液瓶，通过静脉注射救生盐水补充大量流失的体液。在较严重的病例中，由于短时间从胃肠道排泄大量体液，一个人会严重脱水导致变形，甚至连自己的家人都认不出来。脱水引起的剧烈肌肉痉挛更加重了病人的痛苦。随着盐水的滴入，看着饱受折磨的脸逐渐放松，干瘪的皮肤丰盈且温暖起来，仿佛见证奇迹的时刻。

联合国善后救济总署派遣医疗队带着物资和设备来协助本地专家共同抗疫。通过公共广播系统敦促人们千万不要延误救治良机，强调在出现症状的第一时间就要及时就诊。那些听从建议的人通常回家不到一周就痊愈了，但那些患有慢性病或引发了并发症的病患却难以康复。当人们看到早期治疗的结果时，他们用人力车、手推车、担架和皮卡将患者及时送往医院。在不到一个月的时间里，疫情终于得到了控制。

霍乱曾被认为是人类最严重的流行病，多年来一直被认为是世界上最致命的疾病之一。如果不及时救治，死亡率可能达到70%甚至更高。因此，我们满怀谢意地听到这一则声明："这一次抗疫经历告诉我们，霍乱已经不再是我们曾认为的不可救治的严重疾病了。"

三

在歌乐山之巅

1938年，当上海医学院教务主任朱恒璧博士带着他的员工和学生从南京到达中国西部时，他发现重庆挤满了难民，而且不断地被空袭所侵扰。显然，这里并非培养实习护士的理想之所，他们已经跋涉了约1000英里，又毫不气馁地多走了25英里抵达重庆歌乐山之巅，并在此建造了临时庇护所。

在我抵达重庆的几天后，我开车去和精力充沛的朱博士会合，护士长徐小姐和我认识的其他几位护士都和他在一起。我们开了个简报会，朱博士为我们概述了他的培训计划，训练后的人员将被派往正在撤离的日军后方。那是8月的一天，我们谁也没有想到那枚投到广岛的致命炸弹在两周内结束了这场旷日持久的战争。简报会结束后，朱博士对我说："在你的团队其他成员到达这里之前，我希望你能到国民政府医院去调研那里的护理情况。"他提到联合国善后救济总署的医疗教学团队除了我以外，还有一名外科医生、两名内科专家、结核病专家、营养学家、社会工作者、卫生工程师、细菌学家、公共卫生护士各一名。在其他团队成员到达之前让我先忙起来并无不妥，因为与其被束缚着工作还不如让我先积极投入工作来得痛快。

其中一位护士，美丽而亲切的卢女士（Carrie Lu），邀请我们所有人到她的小屋吃午饭。她亲手包了一堆的"煮饽饽"（chu poa poa），这是一种对中国北方人来说非常美味的肉菜饺子。在整个用餐的过程中，医生和护士们互相分享着在战争中的经历：比如夜间通过日军防线时的惊心动魄，在黑暗的防空洞里度过的可怕时光，自嘲现有的房屋和衣服都是权宜之计，更为严肃的是，他们谈到了不断加剧的通货膨胀带来的生活困难。然而，在这滔滔不绝的谈话中没有自怜，他们都十分感恩，庆幸自己还活着，并且能开怀地聚在一起。

午饭后，和蔼的夏女士（Mary Sia）陪我去了西迁的上海医学院，她在那里担任护士长。最初他们计划修建两年使用期的临时建筑，不料至今已经使用了6年。每下一场大雨，屋顶和墙面都有坍塌的风险。护理教导员不得不放弃总部而睡在教室里。用作厨房和餐厅的棚屋有一面墙已经坍塌。学生们则睡在老旧的上下铺，鼠患不绝，无法从破旧的建筑物中清除。我心想他们为什么不拆掉这些旧建筑建造新的呢？当我们抵达餐厅时，看着学生们站在那里用晚餐——米饭和水煮青菜，我的疑问得到了答案。

"我们每月只能给他们供应一两次肉，"夏女士说，"他们不得不站着吃饭，因为我们没有椅子或长凳。现有的钱能买到的东西不多，我们很庆幸还能勉强维持着学校的运转。我们要坚持到能'下江'重返上海总部的那一天，至于目前，只能先忍受这些不适。"

迷人的自然环境与这些糟糕的不适体验形成鲜明对比。尤其是那天早晨，当吉普车在山路上盘旋，一路上都看到茁壮的树木、鲜艳的花朵和潺潺的小溪。松树清新的气味与重庆炎热恶臭的空气简直形成天壤之别，鸟儿欢快地鸣唱，让人顿时明白这座山为什么有如此诗意的名字——歌乐山。

当我们走向用作病房的棚屋时，夏女士让我做好心理准备，我即将看到悲惨的一幕：墙壁和天花板早已被油灯的烟熏黑，油灯是夜间唯一的照明设备；病人躺在摇摇晃晃的铺着干草的木床上，硕大的老鼠在床下乱窜。假如老鼠在白天都如此猖狂，那么到了晚上指不定还能开起"嘉年华"。

在婴儿托管所里，夏女士说："必须要有人常驻在这里，防止老鼠骚扰婴儿。"她叹了口气继续说道："水资源极其不足，我们几乎没有足够的水饮用和做饭，更别说洗澡或洗衣服。我们的设备十分简陋，大部分都是临时的。"

然而，即使在这种恶劣的条件下，过百张病床都被占满了。病人从重庆远道而来寻求救治。是因为他们清楚地知道，在这个机构里，每一分钱都会用于他们的护理，没有资金流入私人口袋。唯一的困境是机构没有足够的经费。当时 1 元法币大概等值于 50 美分，后来几乎都不值 1 美分[①]。

下午快结束时，我们一起拜访了我以前在北京协和医学院护理系的另

[①] 原注：通货膨胀愈演愈烈的侧记：那年我用新印制的 5 元钞票给美国的朋友们写圣诞祝福，第二年，就使用了千元面钞，而当时这些钞票几乎不值银面的钱数。

一位学生葆真（即管葆真）。那天她正在家照顾生病的孩子。所谓的"家"其实是一个约莫7平方米的空间，她和3个年龄稍大的继子女、自己的妹妹和孩子一起住。葆真曾任贵阳医学院护士助产学校校长。在去年冬天日本发动最后一次猛烈进攻之前整个机构已悉数搬迁到重庆。上海医疗中心慷慨地与贵阳医疗中心共享其拥挤的空间和仅有的设备。现在日本人已经撤离，该中心即将重返大本营。葆真嫁给了一个鳏夫，她两个月大的孩子是剖腹产生的。她打算带着自己的孩子坐三四天的长途汽车返回贵阳。从重庆到贵阳的公路据说和著名的缅甸公路一样困难和危险，沿途的客栈都是肮脏简陋的小屋。

我问她："你为什么要冒着自己和孩子的生命危险乘公共汽车回贵阳呢？"

她回答说："我们一半以上的工厂已被日本人毁坏了。贵阳的学校是我一手创办的，是我的责任。在重建的关键时刻，我必须在场。我们的院长李博士曾试图为我预订机票，但现在接下来几个月的飞机票都订完了。如果等着机票，我就不能在他们最需要我的时候在那里。我的丈夫和大一点的孩子稍后和其他贵阳人一道回去，但事不宜迟，我必须现在就坐长途汽车回去。"

幸运的是，她和孩子安全到达了目的地。几个月后，朱医生和其他护士也回到了战前的岗位——除了夏女士。她登上的飞往上海的飞机在途中神秘失踪。几个月后，在一个偏僻的山坡上，人们发现了飞机的残骸。

四

责怪伊娃

在访问歌乐山几天后，伊娃带我去了重庆附近的国民党政府中央医院，她在这家医院担任护士长一职。有关这家医院护理服务的投诉已送达国民政府卫生部，国民党当局希望联合国善后救济总署能派遣一名有经验的护士前往调研了解实际情况，并提出改进提升服务的建议，以便为实习医护人员提供更好的教学场所。这一举措发生在抗日战争的尾声，并计划持续一年或更长的时间。对护理工作的不满和抱怨似乎稀松平常，对于任何一家医院来说，护理人员通常更容易受到责难，因为他们一般在患者和医院其他人员之间充当缓冲器。

20 年前甚至更早的时候我就认识伊娃，她是北京协和医学院护理学院一名勤奋且上进的学生……我依然清晰地记得她那时是一个既严肃认真又活泼可爱的小年轻。在毕业后的几年里，我听说她已经成长为一名有能力、经验丰富的护理主管。我也欣然接受了这次派遣。

在我们去医院的路上，吉普车在尘土飞扬的街道上颠簸前行，伊娃向我吐露了她个人的近况。

"我嫁给了一位牙医，"她说道，"他是我的真命天子，总在我情绪低落的时候保持冷静和耐心，我们有一个 6 岁的儿子，是男孩，叫桑尼（Sonny）。他应该称呼您祖母，因为您是我的老师。您知道的，孩子从小就被教导用这个头衔称呼父母的老师。"

医院实际修建在离城外 12 英里的高滩岩郊区的悬崖上，有 150 个床位。大概有 15 至 21 栋粉刷过的建筑物散落在大院里，病房分设在不同的楼里，楼之间没有连接的通道。由于缺乏自来水、下水道和制冷设备，护理人员的工作量成倍增加。

行政办公室、护理学院、仓库等用房也分设在不同的楼里，外围是员工宿舍：1 间小屋连着 2 间小房间，一字排开，每个小房间住着 1 户人，或是 4、6、8 个单身，根据他们的级别分配。其他人员，比如洗衣工、运水工和清洁工则只能住在小屋外的棚里。

每个在医院工作的人都必须住在医院，因为医院附近没有宿舍，也没有通勤的交通工具可以让他们每日在医院和住处之间往返。

当我们的吉普车停下来时,医院的行政负责人陈医生①已经出来迎接我了,不断地说着:"欢迎,欢迎!"

他大约40岁,身材魁梧。

伊娃带我去了悬崖边上一间小屋,就和她住的房间挨着,从房间的后窗望出去,我看到远在几英里外那绵延着的被郁郁葱葱植被覆盖的山脉,层层叠叠的绿色梯田一直延伸到山脚下。在接下来的几个星期里,虽然面临一系列难题,但那宁静迷人的景色,与小桑尼和他的玩伴们天真无邪的闲谈如同无价之宝,给我带来无限乐趣。伊娃、她的丈夫和许多工作人员对我都十分友善,但对于成年人来说,无论我们如何努力回避,我们的谈话总是不可避免地最终转向医院那些令人痛苦的问题。

我对这些问题研究得越深入,我就越佩服伊娃和她的同事在如此艰难困苦的条件下坚持工作的勇气和笃定。因为周遭的一切似乎都对他们不利:人手极其紧缺,医院主管部门不配合,物资奇缺,没有足够的工作空间,甚至没有足够的食物果腹,不胜枚举。更不幸的是,几乎所有员工都感染了疟疾。在漫长的水稻生长季节里,有5到10名的医护人员在下班后浑身发冷,发高烧。悬崖下看似美丽的稻田经常被水淹没,在这静止的水中,蚊子极易滋生。

医生的数量超过全部护理人员(包含毕业生、在病房兼职的学生和全职护理)的数量,这一情况令人惊奇,二者的比例约为5∶4。因为在大多数情况下,医生每天只在患者床边待几分钟,或者在其他情况下,每天仅几次短暂的问询,而护理人员则必须时刻围绕在病患身边,做好24小时的护理服务。二者人数的不均衡暴露了严重的组织缺陷。这一特殊情况会不断加剧,因为在难民营里的年轻实习医生都申请了在知名专家手下工作的机会。在没有考虑其他服务的人员需求的情况下,他们的请求一直被接受,直到每1.5名患者就配备一名医学博士。因此,每个部门都缺少护

---

① 陈医生应为国民政府中央医院院长陈荣寿。

理人员。

医院的空间功能布局也存在降低工作效率的可能，因为几乎没有提供专业工作的空间。例如，所有无菌用品本应集中储存，却分散在五栋不同的建筑中，每次存取都耗费护理人员大量时间。病房内没有预留任何存储空间，这一问题在产房里尤为突出。当即要使用的无菌包原本应该放在手边方便取用，但唯一能放置这些材料的地方却是房间上方的阁楼，虽然可以通过梯子到达阁楼，但因梯子没有扶手，致使几个护士怀抱无菌包直接从梯子上摔下来。

我问护士长李小姐："为什么不写一份书面请求，在梯子旁边加装扶手呢？"

受伤的李小姐摇了摇头："自我来这里的7个月里，我们每周都写申请给梯子加个扶手，刘女士（伊娃）一再恳求他们让梯子更安全，但他们对此置之不理。"

事实上，大多数病房的维修请求要么拖延数月，要么被完全无视。但当蒋介石委员长要拍X光片时，维修人员会彻夜工作，对X光室重新刷白，并将他要经过的路线上的建筑物都整修得井井有条。

"如果委员长临时决定参观一些病房怎么办？"我问护士长。

"哦，他从不去没有计划好的地方，"护士长狡黠地回答，"他没有告诉我们他想去看病房，我们也不必费心整理病房做好迎接的准备。"

因此，我对病患也许能从委员长参观病房中间受益的微弱希望破灭了。但是，如果行政长官陈院长能够促成委员长巡视病房，并展示一些邋遢的地方，为了保全"面子"，委员长也许会下令对病房作一些改进。口头请求可能很容易忘记，但如果是联合国救济总署出具的正式邀请函，盖上我的印章，请求国民政府中央医院尊敬的行政长官抽出一点宝贵的时间，在他著名的医院里垂询一下可能会影响其显赫名声的琐事，这也许是他不能忽视的。当联合国救济总署的物资运抵中国时，他必然期待着能为他的机构提供更多慷慨的援助，如果他第一次接触该组织就拒绝该组织的请求显然非明智之举，至少这是我希望通过精心策划的邀请实现我改善病房条件的目的。结果成功了：他同意和我一起巡视他的医院。

他看到病人极不舒服地躺在因床腿的木条断裂或缺失而摇摇欲坠的床上；许多苍蝇和蚊子从破损的纱窗飞进来，有人提到它们可能携带着霍乱；几只老鼠从没有堵上的缺口处乱窜，在他面前肆无忌惮地穿过病房……他不情愿地参观了肮脏的病房便坑，连清洁工人都常常不去打扫。

"我完全不知道这些情况，"他低声说，"为什么没有人通知我？"

事实上，我虽然知道他实际上已经被不止一次告知，而是很多次，但通常能立竿见影马上采取有效措施往往就是用这种"给面子"策略，我必须顾及他的脸面。

于是我半开玩笑地回应："您身负重任，忙得不可开交，这种小事您哪有精力顾得上。"

最后，我带他去看产房，尽我最大的努力摇摇晃晃爬上梯子抵达阁楼，并请求他跟着爬上去看看物料包存放的地方。

"哎呀，这梯子估计承受不了我的重量，"他气喘吁吁地说道，"您下来时一定要小心，如果您跌倒了，我将永远不会原谅自己。"

虽然第二天梯子的防护栏杆就安装好了，病房也开始整修，但我估计这也只是解决了最表层的问题。我强烈地怀疑，由于没有掌握最真实的情况，我并没有发现最深层次的问题，而这个问题不仅存在于护理部门，还存在于所有的临床医疗部门。

这一怀疑很快就被证实。因为有一天由于缺少煤炭燃料运转灭菌器，我们原定的计划全部被迫取消。为什么会这样？煤炭被紧急征用了好几天，却毫无结果。前一阵子，煤炭明明还可以以比较低的价格购买。突然有一天，价格迅速飙升，一卡车又一卡车的煤炭又被源源不断地运送来，这完全不符合市场逻辑。在比对当地购买的价格和向医院储藏室供应这些物品的价格后，我终于揭开了这一谜题：当价格下降时，供应量就会减少；当价格上涨时，交付量就随之上升。再进一步调查终于发现：行政长官和他的业务经理在城里开了一家店作为供应医院燃料的指定店。

医院的专业人员都知道这层关系，但不敢抱怨。这位行政长官有着强大的政治背景，这也许就是他们建议国民党政府卫生部让第三方的人"进行调研并提出改进建议"的真正原因。

然而，这项调研才刚开始，日本的投降就让大家对医院失去了兴趣。医生和护士都是"下江人"。他们只想离开那里回到自己的家。即使对伊娃来说，那些加诸在她身上不公正的指责也瞬间变得无关紧要。对她而言当下最关切的问题是：她和她的家人何时以及如何才能返回南京？

五

流亡者的归途

1945年8月15日，那是一个闷热的夜晚，国民政府中央医院的医护人员焦急地围着一台收音机，热切地等待确认日本投降的消息。有传言称，如果天皇被允许保留他的特权，日本人将放下武器。这似乎美好得有点不真实，即使是在广岛和长崎投下原子弹的消息也没能让大家为这种可能性做好准备……长达14年的战争突然就结束了。我的同伴们，这些因为日本人被迫逃亡到中国西部生活的人们，不断地重复着："如果这是真的，我们可以'下江'回家了，回家！"

然而时间流逝，消息依然没有传来，这是否意味着要求"无条件投降"的同盟国并不接受日方提出有关天皇的条件，谁还在乎天皇呢。他们的焦躁随着时间推移而加剧。我们要等到早上才知道确切的消息吗？午夜时分，伊娃和我均离场睡去。

约莫凌晨1:00，有人跑过来告诉我们，消息已经被证实，同盟国接受了日方提出的条件，战争真的结束了！

鞭炮砰砰，钟声隆隆，探照灯的灯光在天空中交相辉映。医院里的每个人都加入庆祝……甚至连几个星期没下床的病人都兴高采烈地爬了起来。他们敲锣打鼓，敲打一切能发出声音的器物，比如锅碗瓢盆。中国人从孩提时就被教育要懂得收敛自己的情绪，然而此时此刻，他们笑着喊着，喜悦的泪水不禁顺着脸颊流下来。不安和危险将随着战争而结束，他们很快就能恢复正常的生活，他们难掩喜悦之情。

但是，天亮后人们开始冷静思考：他们将如何从这个远离家园的地方返程呢？最富有的人可以搭乘飞机回去，另一部分人将乘坐轮船顺着长江而下。但对于在中国西部 3000 多万的流亡者来说，大部分人只能步行 1000 多英里回去。他们必须回去，因为"下江人"在这里属于不受欢迎的外来户。

这场悲剧的迁徙在几天内就开始了，并持续了几个月。沿途有数千人因疲劳和疾病而死去。联合国救济总署的工作人员在公路沿线不断发现死者的尸体，还有奄奄一息的濒死者。总署自愿派遣一支救援队伍给这些返家的难民们提供食物和医疗救助，希望帮助他们顺利重返家园。然而，这些点滴的救助终究抵不过苦难和死亡这股压倒性的巨浪。救援队的人员极其不足，供应亦有限，但能帮多少是多少。可当时一位高级官员回应总署的援助时却说："他们死了有什么关系？反正这个国家不缺人。"

联合国救济总署因此清醒地认识到，日本的投降并没有结束这个国家的内部矛盾。

那些重返家园的流亡者发现他们再也无法回到梦寐以求的旧日时光。他们的庄稼地要么因无人照料而荒废，要么在逃离后被他人侵占。村庄里根本没有足够的粮食供应给返乡者。粮食的价格一天高过一天，冬天快到了，现在种庄稼也来不及。还有人发现他们的家园早已被毁，亲戚和朋友也不知去向。

没有一个强有力的领导人能够令国民党团结一致，以忠诚拧成一股绳。每个官员似乎只关心为自己和所在部门攫取尽可能多的金钱和利益，即使是以削弱其他部门为代价。许多官员都在拼命地充实腰包。政府中老实人必须花费更多的时间和精力来应对贪婪、不诚实的同事，以保持其部门的正常运转。这种妥协，或者说高层的软弱，从官僚机构中渗透到军队中，在底层农民和城市居民中都造成了极坏影响。政府既没有尽力协助难民返乡，也没有试图帮助他们重建家园。

越来越多的年轻知识分子开始关注民众的这种绝望情绪，纷纷加入一场似乎能给农民带来希望的运动。他们讲述解放区土地改革的故事，即共产党人声称的"耕者有其田"。许多贫农认为，无论承诺如何，没有什么比他和他的祖先几代人所承受的更糟糕的了。

中国一直是一个农民人口占多数的国家。共产党称80%的民众靠土地生活；但是70%到80%的土地却属于占农村人口不到10%的地主或富农。剩下的90%中仅有一小部分人，拥有土地勉强能够养家糊口，他们被称为"中农"；剩下的一大群人要么没有土地，要么不够维持生计，只能做佃农。一切都对贫农极为不利，且不说地主们残酷地剥削他们，在肥沃的土地上，地主可以榨取一半到四分之三的庄稼，据说重庆周边的地主从肥沃的土地和稻田中拿走了80%的经济作物。有些农民不得不向村里的高利贷者借钱，高利贷者通常也是他们的房东，借钱年利率高达30%到60%。军阀和贪官污吏早在50年前就对小至不到一英亩的土地征收税款。

除此以外，在过去的一个世纪里，一系列内外战争折磨着这个国家。从1840年鸦片战争到刚刚结束的中日战争，这个国家的大部分地区都处于动荡之中，几无停歇。贫农不仅要承担战争带来的大部分经济损失，而且还要面临随时失去土地和生命的危险。因此，许多人认为没有什么比目前的境况更糟糕的了，任何的改变对他们多舛的命运而言都意味着一种改善。共产党的土地改革政策许诺乡村中一切地主的土地及公地，连同农村中其他一切土地，按乡村全部人口，不分男女老幼，统一平均分配，这一政策无疑有力地吸引了饱受压迫的农民和同情农民的知识分子。[①]

另一方面，以剥削穷人来牟取暴利的富人阶级是积极的反共分子，据说这个团体包括政府中的一些高级官员。暗哨被派出搜寻共产党人及其支持者，怀疑和恐惧像乌云一样笼罩在许多人头上，学生群体尤甚。

这场战争余波未消，8月15日胜利的欢庆后便是痛苦的开端。

六
贫富悬殊的上海

"看到街对面人行道上的那个棚屋了吗？"朵拉（Dora）问。

"一对夫妇，一个可爱的三四岁小男孩和一个小小的女婴住在里面，这就是他们全部的家。我上下班的路上都会经过那里，感觉这个家仿佛应受到我的庇护。"

朵拉是联合国救济总署的一位秘书，来自华盛顿，日本投降后不久，由于总署驻中国的总部迁到了上海，她也从重庆跟了过来。大部分总署的国际员工都住在新亚酒店，我则是1946年2月初从西部来到上海。我们从朵拉在新亚酒店的房间的窗户看出去，那是冬天，还下着一场雨，我们分明看到雨水顺着简陋的棚顶滴落在这苦难的一家人身上。为了让孩子们保持干燥和温暖，父母们把孩子裹在自己的衣服底下，用自己的体温给孩子们温暖。

"你如何与他们沟通？"我问道。

除非刚巧有能帮我翻译的人在，否则只能用手语沟通。这家的男主人无法找到固定的工作，只能靠打散工维持生计。看到那边那座拱桥了吗？

[①] 此处有关中国各阶级的划分可参看毛泽东写于1925年12月1日的《中国社会各阶级的分析》的表述；有关共产党土地改革运动的政策可参看《中国土地法大纲》中的内容。1947年7月至9月，中国共产党在河北省平山县西柏坡村召开全国土地会议，这次会议由毛泽东主持，总结了"五四"以来土地改革的经验，制定和通过了彻底实行土地改革的《中国土地法大纲》，并于10月10日经中共中央批准正式公布。

他有时会守在那里，假如遇到过路的黄包车拉了个体型肥胖的客人，就从后面帮忙推一把，然后向客人索要小费。但糟糕的是，不止他一个守在桥边做这事，有时候同时会有三四个人推同一辆黄包车，如果要不到小费，还可能会打起来。

"我去过那个棚屋，那家人除了一个烧饭用的小炭火盆、一口铁锅、几条被子和几件衣物外，就什么都没有了。我买了一些暖和的衣服和奶粉给孩子们送去，但我必须秘密地送过去。因为有一次，流落街头的其他人，也是一贫如洗的，看到我给这家人救助，把我团团围住，也希望得到我的帮助。"

"这座城市一定有成千上万的家庭和这些人一样处于悲惨的境地，而我们能为他们做些什么呢？"

"到目前为止，能做的非常有限，"朵拉回答道，"总署及其合作伙伴国民政府行政院善后救济总署（简称"行总"，CNRRA）已经在上海开设了一个办事处，计划为病人开设补给站、诊所，并为流离失所的大批难民设置一些如厕设施。"

这些难民正是"下江人"，当他们重返故乡，才发现根本没有足够的食物供应，也没有办法挣钱买食物。他们在冬季成群结队地去大城市找工作来躲避饥荒。然而，哪怕是在正常情况下，现有的工厂和商店都无法为这群人提供住房和工作的机会，更不用说是遭受了14年战争蹂躏后的当下。因此，他们唯一能做的，就是在街上搭建简易的棚屋，在排水沟上如厕，四处搜寻食物，并偷走他们能顺走的任何东西（比如有一次，当我在酒店门口下车时，我胳膊上挎着的一件雨衣就被顺走了）。

看到有钱人依然过着奢华的生活，进一步击溃难民的心理防线。有钱人开着外国名牌轿车在城里穿梭，司机不停地按喇叭催促难民让路。他们心里不禁要问：有钱人的财富是不是靠通敌获得的不义之财？

几天后，我却目睹了这种悲惨景象的反面。一位富裕的中国医生邀请了大约30名美国陆军和联合国总署的医护人员到他豪华的公寓享用午餐。

主人是一个大约40岁的身材瘦小的男子，穿着西式西装，把我们领进他所谓的"寒舍"。这房子如同美术馆的一个展厅。宽敞的房间里摆放着华丽的古典紫檀木家具，地板上覆盖着来自天津的漂亮手织地毯，墙上挂着明末清初知名书画家的作品，两千多年前由技艺精湛的工匠锻造的青铜器皿，以及三四百年前最精美的瓷器都陈列在敞开的柜子里。医生注意到我对他的珍宝很感兴趣，就把他收藏的一本厚厚的红缎面装订目录放在我手里。它包含了每一件器物的来历，并附有一张微型画或照片。女主人穿着粉红色的锦缎旗袍，被视为是诸多珍宝中的至宝。她有着花瓣般的肤色、光滑黝黑的秀发、弯月如黛的眉毛下的黑瞳和完美的五官，几乎浓缩了东方女性的各种美的特质。在那群不会说中文的客人中，她完美地扮演了一个精致的装饰品的角色，她优雅大方的姿态使讲话都显得多余。

穿着洁白无瑕长袍的仆人端上几杯香茶，领着我们坐在大圆桌旁，每个圆桌可坐10个人。每个位置都分置一个小碟、一个汤碗、一个小酒杯、一双象牙筷子和一个瓷勺。用香水蒸熏过的毛巾热气腾腾地递送给每位客人，在吃饭前和宴会结束时都需要净手。每张桌子都先上4道冷盘，正当我们一一品尝凉菜的时候，一道热菜放置在桌子中央，客人们自己动手夹菜，过一会就有另一道菜替换掉原来这道。核桃鸡、茶香鱼、多汁笋、烤鸭、猪里脊肉、金黄炸虾、燕窝汤和鱼翅……眼花缭乱的菜不断端上来，时不时地用清汤清口，直到上了35道菜才停止。与此同时，主人穿梭于各张桌子敬酒，喝的是米酒，而且总是带着那句"先干为敬"。

坐在我右手边的是一位年轻的军医，他几乎不动筷。难道他生病了吗？（我心里暗暗想道）

"我来告诉你为什么我不能吃，"他接着说，"在我来这的路上，当我的黄包车经过一条狭窄的街道时，一群人挡住了我的去路。他们静静地盯着地上的什么东西看。我随即让黄包车师傅停下来，走过去看看这群人在关注什么。人们为我让出路，原来是街上躺着一具小女孩的尸体，大概9岁或10岁的样子……而此时此刻我却来参加这样的盛宴，这让我有种窒息感。"

　　这位年轻医生不能接受贫富如此悬殊是情理中事。此时和他说主人以传统的中国礼节，倾囊款待是徒劳的。因为哪怕这种盛情的款待是出于好意，却加深了我们对周遭正在挨饿人群的同情。那天早晨，我走在路上，看到无数总署捐助的奶粉和食品罐头在街上出售。

　　根据联合国与国民党政府达成的协议，一船又一船的总署捐赠的食物已移交给国民党政府行政总署，用以分配给有需要的人。然而大量饥寒交迫的人群依然聚集在上海的街头，而总署捐赠的大量物资却在黑市上出售。这究竟是怎么回事？

　　在这片人类苦难的海洋中，总有为不幸者提供援助的岛屿。其中之一是由孙中山夫人创建的中国福利基金会，她是被尊称为国父的孙中山先生的遗孀，同时也是蒋介石夫人的姐姐。中国福利基金会其中一个项目是上海儿童计划。在睿智可亲的孙女士的领导下，一群中外妇女开设了3个中心，5000名贫困青少年可以在中心参加扫盲班。这些孩子中的一些人获得了"小老师"的资格，在条件允许的情况下为自己的父母和其他孩子上课。每个中心都有自己的卫生站，每两名儿童中就有一名患有某种内科疾病，每4名儿童中就有1名患有眼疾（主要是沙眼），几乎同样多的儿童患有"湿疹"，每4名儿童中就有3名需要牙科护理。中心还给孩子们提供奶粉和其他营养辅食，每周给他们测量体重。卫生、健康习惯、合作等方面的基本课程是通过该项目开发的儿童剧场进行教学的。专业演员对这些儿童进行戏剧艺术培训，他们能自己创作戏剧，我记得其中两部戏剧的名字分别是《手表》和《小马戏团》。通过举办首映式并向大人收取门票的方式来筹集资金，孩子们则是免费观看。

　　孙夫人不仅仅是一位慷慨大方的女士，她凭借自己的声望和影响力为慈善事业筹集资金，她还积极参与了儿童中心和中国福利基金会的其他项目。其中一些项目将在稍后讨论。20年前，当孙中山先生作为病人到北京协和医院救治时，孙夫人亦在旁照顾，她当时是一位美丽绝伦的年轻女子,对垂死的丈夫无微不至的照顾赢得了医院工作人员的深情赞赏。她日夜守在丈夫的床边,彻夜无休,只为她的守护能让他能获得一丝安慰。现在作为一个成熟、热心公益的女士,又将毕生精力投入到为劳动人民及其子女谋福利的事业上,以实现孙中山先生的理想。

七

暗流涌动的北平

"每当有人敲门,我仍然会瑟瑟发抖。我们依然生活在战争时期的恐怖之中,那时候任何一次敲门都意味着不幸,尤其是在晚上。因为通常会有人被警察秘密抓捕,被带走的人往往一去不复返。"

埃尔西(Elsie)含着泪继续说道:"每天早晨,当我丈夫出诊时,我都不禁想是否还能再见到他。学校已经关闭,孩子们只能在家里自学。当他们有事外出时,我都一直处于极大的不安中,直到他们安全回到家里。当我去市场时,我不希望遇到任何朋友,此时对任何人多说一句话都是不安全的,因为任何言论都可能被旁观者误读而导致被抓捕。"

埃尔西是我的学生之一,她嫁给了协和医学院的一位杰出的年轻医生。他们有两个十几岁的儿子,女儿要再小一点。

她继续说道:"每一天我都希望全家人待在大院里,大门紧闭,并祈祷没有人敲门。"

那些留在日占区的人们与西迁至"自由区"的人相比,虽然没有遭受身体上的劳苦,但精神上承受了更多的煎熬。当那些西迁的人重返家园后,与留在原地的人们形成了强烈的对立关系。返城的人们认为他们出于对国家的忠诚才被迫离乡遭受了西迁的苦难,他们倾向于认为那些留下的人们生活得更轻松,甚至怀疑他们投敌。而实际上留下的人往往是别无选择,他们因为身体或经济的问题而无法长途跋涉西迁。正如埃尔西所说,他们每天,甚至每小时都在经历着不安和恐惧,还要背负不忠的罪名和怀疑的指责。确实有许多投靠日本人的人被审判，主谋者被处死，嫌疑者不得不忍受同伴的嘲讽。一堵充满恶意的无形之墙已然筑起，使得战后初期的心理康复越趋复杂。

我于 1946 年 3 月到达北平。我所属的联合国救济总署救援团队被派遣至战时北平的日占区为当地的医护人员举办一系列讲座。由于与外界隔绝，他们对战争期间所在专业领域取得的最新进展一无所知，像"青霉素"① 和"滴滴涕"② 这样的常用术语对他们来说都很陌生。这一系列专业讲座先在上海宣讲，转至北平复讲。

北平于我而言不仅仅是任务派遣地，也是我的故乡。那里充满我童年的回忆，还有在协和医学院工作的那段难忘的时光。医学院里的漂亮建筑、精良设备、实验室和病房都被日本人挪为他用。大部分设备都被搬走了，所幸医学院图书馆和患者的病例档案尚存。然而，通货膨胀让这个机构的恢复举步维艰。虽然战前洛克菲勒基金会捐赠了数百万美元来支持医学院和护理学校的发展建设，但因为通货膨胀，如此巨额的经费竟无法购买足够的煤炭供暖，目前只有为数不多的几间病房勉强能恢复使用。

协和医学院的总务长博文（Mr. Trevor Bowen）在战争期间有一段刻骨铭心的经历。在珍珠港事件爆发当天，他与协和医学院院长胡顿（Dr. Henry S. Houghton）和燕京大学校长司徒雷登（Dr. Leighton Stuart）一起被俘房，并一直被另行关押至二战结束。在被监禁的三年半时间里，除了狱卒外，他们没有见过任何人。他们对自己被如此严格关押的原因一无所知。作为美国的要员，也许日本人希望把他们当作谈判的筹码。在监禁期间，博文曾被带到高级军事法庭，要求他透露"北京人"头盖骨的下落。

---

① 青霉素，或音译盘尼西林，是一种高效、低毒、临床应用广泛的重要抗生素，它的研制大大增强了人类抵抗细菌性感染的能力。它由英国细菌学家亚历山大·弗莱明于 1928 年首次发现，但直到二战末期（1943 年）才被美国制药公司批量生产。
② DDT，又叫滴滴涕，化学名为双对氯苯基三氯乙烷，是一种有机氯类杀虫剂。在第二次世界大战期间，DDT 的使用范围迅速扩大，在疟疾、痢疾等疾病的治疗方面大显身手，救治了很多生命。

"北京人"头盖骨是科学上被称为"北京猿人"的头盖骨化石，于1027年①由中国考古队在北平近郊周口店龙骨山的山洞中发现。"北京人"头盖骨和其他化石标本原本保管在协和医学院的新生代研究室供中外研究人员研究，但随着太平洋战争的迫近，美国人陆续撤离北平，这些珍贵的化石被安排装箱交由美国海军陆战队专队运往美国保管。1941年12月8日，负责守护和运送头盖骨的美国海军陆战队官员在准备撤离的途中被日本人俘虏，在随后的混乱中，头盖骨离奇消失，至今下落不明。日本人坚信博文知悉头盖骨运送的全过程。

一位自以为是的日本大佐认为，让博文在弯腰屈膝才能进入的狭小牢房里待上一段时间也许能唤起他对头盖骨事件的记忆。然而博文在逼仄的牢房里待了几天，每天只饮水为生，拒绝进食，大佐最后无可奈何，只能把他送回去原来关押司徒雷登和胡顿的牢房，那里相对舒适些。日军投降后，美军一进城就释放了他们3位，而关押他们的狱卒随之成为阶下囚。具有讽刺意味的是，其中一队囚犯被派去打扫协和医学院，你说此时不让那位自以为是的大佐体验一下囚犯的滋味还等什么时候呢？博文宣称，这位上校在他的监督下跪着反复擦洗地板，医学院的水磨石地板从来没有那么铿亮洁净过。

从表面上看，北平没有遭受任何损害。因为正面战场不在北平，北平也没有遭遇空袭。然而，为了迎接来自日本的大批游客，日本人改造了紫禁城里的宫殿，重新粉刷了景山上的亭子，整修了天坛以及其他风景名胜的路面。那家前门外的著名烤鸭店一如既往的生意兴隆，正忙于招待驻扎在城外的美军。虽然餐厅的建筑已然残破，但那里的烤鸭被烤至外皮金黄松脆，然后裹在薄薄的煎饼里，再伴上无与伦比的酱汁，比我记忆中的印象还要美味可口。其他知名饭店也人满为患。外国人称为莫理循市场的东

---

① "北京人"头盖骨的发现时间实为1929年12月。

安市场①俨然是一个活跃的蜂巢。戏院里挤满了中国观众,因为很少有外国人欣赏京剧。丝绸店、灯笼店、银器店、古玩店和其他商店均延续着旧时端茶、递烟的待客之道,学徒们则忙碌地为顾客找货。巨大的城墙守护着北平城的宏大尊严,内城九门②上都有高耸的城门楼,这些城门楼有两层或三层瓦顶,仿佛高台上修筑的宫殿。所有人通过这9个城门进出北平城,那是一幅繁忙的景象:农民们把农产品装在巨大的篮子里用扁担挑进城,一队队骆驼驮着西山门头沟的煤进城,载着嘈杂的活猪的两轮手推车、搭着绅士和女士的人力车、喇叭响个不停的汽车在城门间穿梭,还有城门下的乞讨者……一条护城河环绕着城墙,在某些路段两旁还栽种了曼妙的垂柳,成群的白鸭子漫不经心地游着。北平的繁华、美丽和魅力似乎分毫未减。

然而,在1946年的春天,这座历史悠久的古城外表的平静是具有欺骗性的。在协和医学院的北平军事调处执行部③里,美国马歇尔将军试图在国共之间进行的军事调停却徒劳无功。因为双方的矛盾已然进入白热化,他觉得把美方代表团的办公室设在二楼,即夹在不可调和的国共代表

---

① 东安市场于1903年开业,是北京建立最早的一座综合市场,地处王府井大街,因邻近皇城东安门而得名。莫理循在王府井大街98号住了很多年,由于他在西方知名度很高,外国人一般将王府井大街称为"莫理循大街",因此称东安市场为"莫理循市场"。
② 北京城门分为内城九门,外城七门,皇城四门等。内城九门分别是东直门、朝阳门、崇文门、正阳门、宣武门、阜成门、西直门、德胜门和安定门。它们各自有不同的用途和特征。其中朝阳门多走粮车,阜成门多走煤车,东直门多走木材,西直门走皇家的御用水车,崇文门是各城门中人流货量最繁忙的城门,来自全国各地的货物要想进北京城,必须在崇文门交税。
③ 1945年,抗日战争胜利以后,中国内战即将全面爆发,美国应国民政府之邀,到中国参与国共双方的军事调停。于是美国总统杜鲁门特派遣前任陆军参谋长马歇尔五星上将为总统特使,来华进行军事调停。马歇尔抵华后,促成三方成立了一个负责进行军事调停的由国民党代表、中国共产党代表、美方代表组成的"三人委员会",在"委员会"的领导下,在北平成立了"军事调处执行部"(简称"军调部"),办公地点设在协和医院。有关北平军事调处的研究可参考:王钦双:《北平军事调处执行部历史研究述评》,《北京党史》,2016年第2期,第48-54页。中共北京市东城区委党史工作办公室编:《北平军事调处执行部亲历记》,北京:中国青年出版社,2014年。

团之间是明智的①。在大学和学院里，一群敢于谴责国民党政府官员低效和腐败的学生遭到了逮捕、监禁乃至酷刑。他们的同伴在沮丧和绝望中偷偷溜走加入中国共产党。他们就这样消失，没有向家人或朋友道别，因为任何涉嫌与中国共产党有关联的人都会被警察秘密抓捕而杳无音讯。一种新的恐怖弥漫，始作俑者正是国民党当局，民众对当局的恐惧已取代外敌入侵。但国民党政府全然不顾，倾注全部精力剿灭游击队，以至于忽视了自己在大批学生心中的声望地位正在迅速下滑。

图33 设在北平协和医学院的军事调处执行部

---

① 有关三方代表团在协和医院办公楼的楼层安排未明。另有资料显示中共代表团在一楼办公，国民党代表团在二楼，美方代表团在三楼，与回忆录中称美方代表团在二楼，夹在国共之间有出入。

八
有志者事竟成

1946年4月的时候，我仍在北平，正试图帮助一名备受困扰的护士使一家大医院的护理服务恢复一定程度的秩序。此时一位中国老朋友的儿子，一位聪明的年轻人对我说："我刚从张家口（Kalgan）① 回来。我成功地越过国民党的封锁线，向那里的共产党运送了1500罐奶粉。你应该去那里看看他们如何有效地分发克宁奶粉（Klim）②，然后向联合国救济总署上海总部汇报。"

联合国救济总署的愿望是向那些处于困境的人提供物资救助，而不论他们是在国民党还是共产党领导的地区。但运送物资到共产党领导的地区困难重重。联合国救济总署的物资已全部移交给国民党政府，但一直只存放在他们的仓库中。当局自然不愿意将这些物资供给任何他们眼中的"敌对地区"。当时共产党控制着北平西北部靠近内蒙古边境的山区。张家口是离边境最近的大城市，自然成为防御的屏障。

我正犹豫着是否放下北平手头的工作前往120英里③开外的张家口看看，理智告诉我问题得挨个解决，在没完成一项任务时又开始另一个棘手的事显然不明智。但我的朋友埃迪（Eddie）很坚持："只有亲眼看到共产党在解放区为人民所做的一切，你才能真正理解这个国家现在所处的困境。一定要去。我必定陪您一同前往。"

于是，几天后的一个阳光明媚的早晨，埃迪和我，以及联同救济总署另一名护士阿黛丽娅·艾格斯汀小姐（Miss Adelia Eggestein）一起开着吉

---

① Kalgan 是张家口的蒙古名字，最早则叫 chuulalthaalga，意思是聚集之门。明隆庆五年（1571年），明朝朝廷与蒙古达成了和议，在张家口等地开设茶马互市。蒙古人来到张家口首先看到的就是大境门，于是就将张家口称作 Kalgan。1946年的张家口是晋察冀解放区的首府。
② Klim 是雀巢奶粉的一个牌子。
③ 1英里约等于1.6公里，因此120英里约为192公里。

普车出发了。我们从长城的南口关出城,沿着狭长的山谷一路飞驰。①

在关隘内,国民党和共产党的防线相距两英里,但双方的前哨站只相距几步之遥。临近中午,我们抵达被称为"共产党火车头"的康庄站②,登上时速10英里的火车。

三等车厢的乘客们对我们充满好奇,并投来友善的目光。他们大部分是农民或小商贩,还有一些士兵。他们问了我们一些很常见的问题——比如我们吃饭了没,年龄多大了,祖籍是哪里的(他们很高兴得知我的出生地在北京郊区),有多少个孩子。当他们发现我们俩都没有幸运地找到丈夫时,他们同情地摇了摇头。

"他们的父母是有多疏忽。"一位老妇人喃喃地自言自语。

他们想知道我们救济总署制服袖子上标签红色和白色的含义,制服和鞋子的价格。

到了下午5点半,当我们抵达张家口时,我们与其他乘客之间的了解比大多数一起跨太平洋航行的乘客还要深。

平民和士兵混在一起,彼此间没有丝毫恐惧和怀疑。

第二天早上,社会事务局副局长,一位精神饱满的年轻女士,她姓宋,她向我们讲解他们分发救济总署奶粉的行之有效的方案是如何运作的。在中国的其他地区,有效分发是一件让人十分头疼的问题。因为一般如果把5磅装的奶粉发给一位母亲,她通常会在黑市上把它卖掉换钱,这样才能在喂饱本来需要喝奶的孩子的同时喂饱她的其他孩子。即使孩子营养不良,父母也能找到其他替代物来喂养孩子。而在这里,他们制订了周

---

① 在地理上,京城西北部的关沟是两条山脉的分界线,西边为太行山,东边为燕山;在军事上,关沟古道为中原农耕民族抵御北方游牧民族入侵的战略要地。这条大约20公里的狭长山谷,由南向北依次设有四道关卡——南口、居庸关、上关、八达岭。
② 康庄火车站位于北京市延庆区康庄镇南,是詹天佑主持修建的京张铁路上的重要车站之一。它始建于1905年,1908年建成。它还是延庆红色火种最早播撒的地方,中国共产党早期创始人何孟雄就曾到康庄火车站开展革命活动,并在这里建立党的基层组织。它同时是红色火种向张家口地区传播的重要纽带。康庄火车站的党员,不但向南支持长辛店铁路职工的革命活动,还向张家口地区传播革命思想,这里成为京绥铁路红色火种传播的节点。

详的计划，母亲们接受培训学会如何调配配方奶粉，分发后的两周，这套分发的办法运行得十分顺利。

"这是我们正在做的，"宋女士说道，"我们把1500罐5磅装的奶粉交给妇女协会，该协会在本市的每个警区都设有一名工作人员。在协会总部，奶粉按一个婴儿每日的用量装入信封，该地区的工作人员按母亲申报的婴儿人数亲自将奶粉送到母亲的手里。"宋女士每周至少检查一次，看孩子们是否喝上了牛奶。到目前为止，只发现了一次违规行为——一位母亲将配方奶粉喂给了她18个月大的儿子，而不是她2个月大的女儿。

我们了解到宋女士是一名大学毕业生，也是管理着人口达3100万的晋察冀解放区的领导者的妻子，她还是两个儿子的母亲。

"我大儿子现在5岁了，生下来20天就没见过了，小儿子现在也2岁了，生下来一个月后也再没见过。抗日战争时期，我们生活在如此危险的环境中，大人逃命，小孩要保命，党员们出于安全考虑往往把自己的孩子寄放在偏远山区的农民家里。而现在，"她惆怅地说，"国民党正'围剿'我们，把孩子带到身边依然不安全。有苦只有我们自己知道。"

她带我们拜访了几户订奶粉的人家。他们住在城镇边缘破旧的砖窑里，是阴暗的、没有窗户的庇护所。一位母亲向我们展示了辖区工作人员教给她如何调配奶粉。显然，逆境教会了共产党人如何从有限物资中获得最大的效益。

在这一天中，我们还见到了该地区的医学主任尹博士。他说，他最缺训练有素的医务人员。

"如果能找到一名合格的护士开办一所护理学校，我会支付她在其他地方能得到的任何报酬，她的政治信仰将是她自己的事情。但是如果你不能派一名护士（他知道，作为中立者，我们不能），那么我无论如何也会开办一所学校，尽管它的基础不会那么令人满意。我们的座右铭是有志者事竟成。"

那天晚上，他们还邀请我们去看他们著名的文艺作品歌剧《白毛女》。大多数中国人都是戏剧迷，许多人天生就是演员。该剧于晚上 8 点开始，凌晨 1 点结束。整个演出过程观众们都看得如痴如醉，除了两个因疲惫而错过了最后一幕的美国人。

第二天，一位高个子、说话温和的奥地利医生弗雷医生（Dr. Frey），陪我们去拜访了一家乡村医院，这家医院是为照顾游击队伤员而开办的。弗雷医生与共产党人同甘共苦。共产党女子同男子一样，都穿着蓝布或灰布军装，弗雷也穿着与他们一致的制服。上身通常为蓝色或灰色的棉布单衣，对襟立领，下身裤子较为宽松，材质相同。冬衣与夏衣制式相同，只是内里夹上大量棉絮。

我们先搭乘火车，然后坐两轮敞篷车一起去考察了 3 个相隔 5 到 7 英里的村庄的医疗情况。在第一个村庄考察了一些医疗病例，在第二个村庄重点关注外科病例，在第三个村庄则是耳鼻喉科。每个村庄的病人都很分散，没有固定的诊所。医护人员被当地人当作家人般对待。虽然医疗设备有限，但所有的东西都干净整洁。病人们躺在砖砌的炕上。

在这些分散医疗服务的中心站，我注意到许多木箱堆放在药房的一个角落里。

"你是不是想知道为什么这些包装箱在这里？"医院年轻活泼的邢院长问道，"弗雷医生没有告诉过你吗？我们训练有素，可以在半小时内打包搬家。日本人过去经常进行定期的'扫荡'行动。每当我们的情报部门传话说'扫荡'行动即将到来时，我们就会为病人们准备藏身之地。如果在山区，我们就凿洞穴；如果在平原上，我们就挖地道。我们通常在晚上农民睡觉的时候才做这些工作。他们是我们的朋友，我们不能冒险让他们遭受折磨。当日本人开始行动的消息传来时，医生和护士（通常是男性）用担子抬，或用人力背，把病人转移到隐蔽处。每个病人都配备了两枚手榴弹，一枚给敌人，一枚给自己，以备关键时刻使用。当他们藏起来时，我们医生和护士守卫着他们。经过多年的战斗，我们的病人没有一个落入日本人手中，但我们的几名工作人员在护卫时被杀害了。"

弗雷医生继续这个故事："在一次露营中，这家医院与我们隔绝了3个月。工作人员不仅得保护病人，还得为他们寻找食物以防止他们挨饿。邢医生本人就是这件事中的英雄，我们为他感到骄傲。"

当我们的拜访接近尾声时，夜幕已经降临。我们在一个农户家里过夜。那家人待我们如毕生挚友，这对老夫妇坚持腾出他们的房间让我们住。房子朝南，在一个中式庭院里，被认为是全村最好的房子，一直由家里的长辈居住。长子和他的妻小一般住在东厢房；二儿子住在西厢房。

晚饭时，他们给我们端上了几碗热气腾腾的小麦面和一盘白菜炖猪肉。只有那对老夫妇陪我们用餐，生活的磨难在老人的脸上留下岁月的痕迹。其余的家庭成员称他们在我们到达前已经吃过了。毫无疑问，他们只吃了白菜配小米粥；在中国北方，穷人只能在节日里才吃面粉和肉。第二天早上我们离开时，他们坚决拒绝接受任何报酬。

"你们光临寒舍是我们的荣幸，"老夫妇说道，"我们做梦也没想到会有幸招待像你们这样的贵客。一定要再来。"

我们颠簸着返回铁路线。埃迪已经回到北京了，所以弗雷医生一直陪伴我们到关卡，还雇了一个男孩用驴帮我们驮着行李穿过无人区，登上去北京的火车。男孩提醒我们要做好心理准备："守卫长城关口的国民党士兵非常刻薄。他们对所有通过关口的人滥用职权。"

守卫的国民党士兵对我们的确很粗暴。我们无缘无故地被滞留在关口，以至于差点误了火车。也许他们谁也看不懂国民党政府发给联合国救济总署全体工作人员的身份文件，该文件明确包含了要尊重总署人员的内容。在我们被拘留期间，我们看到通关的中国人都遭到了粗暴的搜查，国民党士兵们从这些可怜的底层人的行李里随心所欲地拿走他们想要的物品。他们的行为与火车上共产党士兵的态度形成鲜明对比。

最后，他们及时归还了我们的文件，我们才在火车驶出南口站的最后一刻登上了尾节车厢。火车缓慢地爬过平原，在每一站都停留很长时间。随着天色渐暗，乘客们不禁怀疑他们是否能在当晚回到城里的家中。终点站在西直门。

"你不必担心,"他们对我们说,"卫兵总是会为西方人打开大门。驻扎在颐和园(离城市约 10 英里)的美国士兵整夜都会通行。但日落大门关闭后,他们不会让我们任何一个中国人通过。"

这是多么真实,我们很快就明白了这一点。火车终于开进西直门站时,已是晚上 8 点多,漆黑一片,雨下得很大。我们坐在人力车上,车夫撑起帆布盖头为我们挡雨。

当我们快到城门时,车夫提醒我们:"要由你们提出开门的要求。如果我提的话,卫兵是不予理会的。"

这一次我的官方文件非常有效,一切顺利直到警卫问:"另一辆车里是谁?"

"一个不会说中文的美国女士。"我回答道。

"那你从黄包车里出来,让我好好看看你。"

我冒着倾盆大雨下了车,他把煤油灯举高照着我的脸,他仔细地打量一番。

"嗯,"他咕哝道,"我以为你又是个想冒充外国人的中国人呢。"他终于发出了开门的信号。

九

在中国的后方——兰州

1946 年 5 月底,一系列巧合把我带到了兰州,一座中国西北部的城市,当时被认为是中国的后方。从张家口返回北京后不久,联合国救济总署总部将我召回上海。事由是上海的 6 所护理学校计划联合举办毕业典礼,希望我能参加。这是一个胜利的时刻,61 名身着整洁制服和帽子的护士在通过严格专业的训练,并经历多年流亡和恐怖压制后,获得了文凭。家人和朋友挤满了社区教堂,观看毕业生们穿过布满鲜花的 T 台。联合仪式结束后，每所学校都为毕业生举办了毕业派对。派对结束时已至黎明时分，我正收拾行李准备乘飞机返回北京，突然收到国民党政府卫生部部长发来的消息，要求救济总署派我去兰州调查一所护理学校。

这所学校是在抗战时期由美国职业妇女福利互助会俱乐部出资创办的，启用后俱乐部仍继续资助部分学校的日常开支。俱乐部即将举行年会，急需一份情况调查报告来决策是否继续资助。原因是学校的校长几个月前前往重庆参加了一个医学会议后并未如期返回，导致流言四起，有关学校可能分崩离析的传闻已传到国民党政府卫生部。卫生部自己也正处于重整恢复阶段，暂时没有人手可以赴兰州调查，于是询问我是否能马上启程去兰州并及时给总干事发送调查报告。

要抵达兰州，我必须先飞重庆，然后在重庆搭乘每周唯一一趟飞往兰州的航班。一般情况下，乘客数量总是超出飞机的承载量，但我却奇迹般地订到了下一班飞往兰州的机票。这是一架移交给国民党政府的旧式美国陆军飞机。乘客被挤在两侧的桶形座椅上，而货物和行李堆积在过道中，垒得很高，以至于坐在飞机右侧的人看不见左侧的人。在我的右边是两名衣着整洁的年轻军官，他们出发去新疆参加一场我未曾听闻的战争；左边坐着3个土库曼斯坦的男孩，他们在加尔各答①郊外的一所乌尔都语②学校学习了3年，正踏上归家的路途。飞机已翻越崇山峻岭，高气压使得笔漏墨，火柴也划不着，但西边仍看到覆盖着白雪的连绵山脉。3个半小时后，飞机终于在空旷的群山中降落到兰州机场。

想象我来到了一个"原始"的地区，发现机场上几乎所有人都沉迷于用大陶碗盛冰淇淋吃，这很有趣。没有人来接我，因为当地的相关人士在两天后才收到我抵达兰州的电报。我去了西北大厦，那是一家宽敞的招待所。那天晚上，年轻的美国飞行员和我在那里享用了一顿有7道菜的欧

---

① 印度的东北部城市。
② 巴基斯坦的官方语言，印度也使用。

式晚餐。

第二天早上，医院行政院长张查理（Dr. Chang Ch'a-li）医生来接我。他40多岁，精力充沛，极具学者气质，曾在奉天①医科专门学校接受教育，留英攻读外科研究生。他之所以选择来到这个偏远的城市工作，是因为这里几乎没有受过专业西医训练的医生。大多数医生都在更远的南方。抗战期间，通过他不懈努力，筹集到资金，在城门以西两英里的黄河边修建了一所医院，并说服了一群年轻的内、外科医生加入他的团队。医院的大部分资助来源于国民党政府卫生部，因此被称为国立西北医学院②。

为了抵达那所医院，我们得穿过这座有围墙的城市，那里的清真寺尖塔和裹着头巾的穆斯林妇女提醒着我们，中亚离我们并不遥远。在西城门外，我们不断地遇到一些人，他们拿着大小一致的木架，上面扎着鼓鼓的东西。

"这些奇怪的架子是什么？"我不禁问道。

"这是每个新来者都困惑的地方，"张医生笑着说，"它们是羊皮筏，是我们唯一的渡河工具。乘客和货物在湍急的水流中向下游盘旋，但男人们必须背着他们往上游走。黄河的这一段不能乘船，因为水流湍急，沙洲纵横。"

在去医院之前，他坚持带我去他家做客。我们穿过双开木门，走进一个院子，院子里种满了大丽花，盛开正艳。张医生热衷园艺，大丽花是他的骄傲。张太太是个腼腆的家庭主妇，同时也是个一丝不苟的管家和出色的厨师。她的母亲是位保守的小脚老太太，跟他们住在一起。她非常敬畏女婿，很少在他面前说话。他们20岁出头的儿子暂时待在家里，他们还有一个美丽但跛脚的女儿，在当地一家银行任职。他们让我这位陌生人有种宾至如归的感觉。

---

① 沈阳的旧称。
② 在兰州，张查理主持在原西北防疫处医疗机构基础上，利用西北防疫处面临黄河边的两排马厩为院址，扩建成立国立西北医院（后改称兰州中央医院），由张查理担任第一任院长。

图 34　1946 年，茹丝等人在兰州乘坐羊皮筏

每天，张医生和我穿越 1 英里的麦田和梨园，在医院与家里之间往返。到了夏末，梨树上结满了累累果实，此时需要绑上一根杆子作为支撑。

我很快就对这位将自己的一生奉献给这个国家却被忽视的人产生了深深的钦佩和尊敬。张医生的医院由一栋两层灰色砖房组成，里面有门诊部、X 光科和药房；病房、手术室和服务部门位于一排有砖地板和纸窗户的土坯房内。手术室里只有一块玻璃。员工们的精神状态似乎比我去过的上海和北京的医院更愉快、更健康。

至于护理服务和护理学院，那位一去未返的校长给他们打下了良好的基础。校长是在我担任北京协和医学院护理学院主任期间毕业的学生，也许是长期与家人的分离又或是缺乏专业团队支撑削弱了她坚守在兰州的勇气。被政府派遣去西北地区的人，很容易担心被遗忘，也担心自己会在那里度过余生。由于领导空缺，教职员工中的研究生护士感到不安，学生们也缺乏管理，直接导致病人在某种程度上被忽视。如果护理状况继续恶化，整个机构的服务将不堪设想。此外，作为方圆500英里地区的唯一一所护理学校，如果它以失败告终，专业护理的必要性和重要性将失去被继续支持的理由。我向总干事报告了这一点，并强烈建议美国职业妇女福利互助会俱乐部继续提供资助，国民党政府卫生部尽快派出一名护士长支援。

这也让我更清楚了自己这次来兰州的使命，就是在新派遣的护士长到来之前肩负护理管理工作。学生们在什么时候、什么地方工作均由其个人喜好决定；如果被分配到一个不喜欢的护士长的病房，他们就要求转移到与之关系好的护士长的病房工作；所有他们不想执行的任务都交给了护工，所以他们除了写病历和派药之外几乎什么都不用做。其中一人竟胆大包天地在紧急的手术中走出手术室，因为她说该下班了。在夏季停课的几个月里，学生们被安排在为期四周的假期中分组轮值。但第一段轮值时，第一组学生居然没有出现，据说他们计划待在家里直到秋季开课。直到他们得知第二组成员在第一组成员返回之前不能离开时，他们才开始一个接一个地返回。

毕业生和在读的学生一样任性。他们都是来自其他遥远地区的难民。他们渴望回到家人的身边，毕竟已经分离了十几年。

战争一结束，每个人就可以回家，这让他们振奋不已，但急剧上升的通货膨胀使这个偏远地区的人们没有足够的车费。事实上，纸币贬值如此之快，以至于在发薪日，每个人都争先恐后地把他们的生活津贴和薪水用于购买小米、米粉、肥皂或任何可以长期保存并能食用或用于交换的物品。乡愁加上对饥饿的恐惧交织在一起使他们敏感易怒。他们之间彼此以及与其他工作人员之间摩擦不断。

这种情况需要医院管理人员有智慧和极大的耐心。张院长默默地承受着来自焦躁不安的工作人员的压力，同时还要应对医疗物资匮乏的难题。解决所有这些事情，再加上任何一家繁忙医院日常管理都会出现的问题，显示出他坚忍的性格和决心。相比之下，我的处境相对容易，我只是在新校长来之前临时帮忙的。学生们把我看作长辈，因为他们缺席的校长是我的学生，长辈自然是备受尊重的。

我搬进了女生宿舍隔壁的院子。我们都住在有砖地板和纸窗户的土坯房里。我的房间很舒适，而且有任何紧急情况我都可以立即处理。我在医生和研究生护士混乱的管理中用餐，很快就与他们友好相处。晚上，我为那些希望提高英语水平的人开设英语课。白天，上午一般巡查病房，看病人被护理的情况，并给护理人员上专业课；下午则清除病房里的苍蝇和臭虫。由于没有玻璃挡板，我们在门窗上使用蚊帐；也没有金属弹簧来关闭纱门，但我们使用了精巧的装置，用绳子组装轮滑，滑轮末端绑着一块石头作为重物。病人的木制床架是臭虫的庇护所，只有把床架拆开，用自制的设备频繁地蒸熏，才能抵制臭虫。我忙得不可开交，夏天就这样愉快地飞速度过。

十
从丝绸之路到山丹

在一个星期天的深夜，一阵敲门声打破黑夜的宁静，我那时已在兰州待了两周，还在张家做客。那会儿我刚下夜班，听到张医生开了门，让一群人进了屋。当听到他喊我时，我有点讶异："盈小姐，您有访客。"

我一般很少认识医院以外的人，谁会在这个时候来拜访我，又是出于什么缘由呢？我心里不禁纳闷。

我匆匆穿好衣服出来，正碰见张太太在给客人们倒茶，客人包括山丹县县长和他的新娘、几位中国工业合作协会（Chinese Industrial Cooperative，CIC)① 成员，以及年轻健壮留着浓密胡子的美国人哈利·摩尔（Harley Moore）。魏县长（Magistrate Wei）说他通过中国工合成员得知联合国救济总署的代表正在医院。他是最近调任至山丹的，一座距离兰州300英里，位于古丝绸之路戈壁沙漠绿洲上的城市，曾经是历史上璀璨繁荣的城市，现如今已经没落，几乎被国民党政府遗忘。

"那里的贫困和疾病令人震惊，是我在中国其他地方都未曾见过的。你们必须去亲眼看看那里穷人的悲惨状况，并向联合国救济总署寻求帮助。"他说道。

我尽可能温和但坚定地解释山丹之行的可能性极低，因为它不在救济总署援助的范围之内（联合国救济总署的地域范围必须是轴心国侵占的区域，而日本侵略者并未深入到西北腹地。因此，我被指派到兰州已是常规政策外一个有争议的例外，是国民党政府卫生部部长要求才获得允许）。然而，魏县长完全无视我的拒绝。

"我明天会带我妻子去那里，你必须和我们一起去。我发誓你不会在中国找到另一个如此迫切需要救济总署援助的地方。"他恳求道。

中国工合的成员也帮他请求我。因为抗日战争期间中国工业合作社在山丹新建了一所学校，是由一位热心的新西兰人路易·艾黎（Rewi Alley，1897—1987）资助的。工合成员希望能为这位值得信赖的县长争取尽量多的帮助，他似乎在竭尽所能为当地民众谋福利。

我们之间的争论一直持续。我认为救济总署同意对山丹提供物资的概率极低，就算我错了，这些物资如何运输到山丹，谁愿意支付如此高昂的

---

① 中国工业合作协会（简称 CIC）诞生于抗日战争烽火中的 1938 年，是由国际友人路易·艾黎、埃德加·斯诺夫妇以及众多著名爱国民主人士发起，由宋庆龄同志做担保人，在周恩来同志亲自指导下成立的。国共两党的高层领导对中国工合的发展极为关注并参与了中国工合的领导工作。中国工合是国共两党第二次合作的成功典范，是抗日民族统一战线的结晶。历史上中国工合通过组织工业生产，支援军需和民用，多方争取国际援助，为抗日战争和解放战争的胜利作出了重要贡献。（详见中国工业合作协会官网，http：//www.chinagungho.org/site/content/188.html）

长途运输费用呢？况且我已答应省卫生专员和张医生，帮忙组织和开设一门卫生救助课程，几天后就要开课了，接下来几天我还得备课，并且授课。然而魏先生依然坐在那里，不容置疑地说道："您必须来。我不接受您说'不'。"

时至午夜，我们都昏昏欲睡，我们双方依然僵持着，都尝试说服对方。此时，长着浓密胡子的哈利发话了，他原本整个晚上都沉默着："我有一队卡车从上海出发前往山丹的培黎学校（即中国工合开设的学校），我预留一辆卡车给您周二出发，其余卡车先行和其他人前往。我保证及时把您送回兰州，绝不耽误您开课。"

于是，星期二一大早，我们就出发了，在数英里盛开着杏花、桃花、梨花和枣花的果园里穿梭，黎明前的空气中弥漫着芬芳，看似微不足道的枣花散发的香气却特别宜人。当第一缕阳光照射着黄河，它湍急的流水从我们左边滚滚而来。

"这真是一个完美的出行日。如果一切顺利，我们应该在天黑前就能抵达山丹。"哈利说道。

话音刚落，卡车就开始摇晃起来。他很快把车停在路边检查。原来是点火线圈失灵了。他有其他一切的备用件，除了线圈。这是一辆美国军用"6x6"卡车，驻中国的美军在撤离时留下了数千辆这样的卡车。等待期间每隔一段时间，就会有一两辆满载着国民党士兵奔赴新疆的卡车经过。我们询问了每辆经过的"6x6"卡车是否有备用点火线圈，但谁也没有。没有线圈我们就无法前行。我们只能呆坐在那里度过了漫长的一天，距离兰州60英里，距离下一个汽车站及电话40英里。对我来说幸运的是，哈利是一个有趣的伙伴。抗日战争期间，他曾驾驶美国陆军运输机，先是在北非，然后是在中国。他非常喜欢中国和中国人，因此他决定在一家中国民用航空公司任职，并把妻子和两个小女儿一并接过来。在等待与航空公司签订合同的过程中，他自愿护送一支由4辆卡车组成的车队，从上海到山丹，这段旅程耗时两个多月。在旅行的早期，他的剃须刀在一家旅店被偷了，再没有新的剃须刀，他就任由自己的胡子野蛮生长，不过现在他竟爱上了这把浓密的胡子。

"我妻子应该会让我把胡子都剃掉。"他有点感伤。

时至傍晚，我搭上一辆军用卡车，来到了有长途汽车站所在的永登县（Yung Teng）。

我试图从卡车上的士兵那里了解他们要参加的那场神秘战役。

"女士，"一名军官告诉我，"我们只接到去迪化（乌鲁木齐）的命令，但我们要和谁作战，为什么而战，我们和您一样一无所知。"

"我们其实也感到极其愤怒，"另一个人道，"在与日本人战斗后，我们希望回家。然而却被送到这地球的'尽头'。也不告诉我们是为了什么。"

永登汽车站的工作人员说他们明日一早会派修车师傅去协助哈利。

"现在派修车师傅去也没有用，因为他到那儿的时候天就黑了，他也没法修。还是天亮的时候去吧。"

镇上到处都是士兵。我来到路边的一家餐馆吃晚饭，问店主在哪里能找到过夜的地方。

"国民党的部队在镇上驻扎了一万人，每个客栈都被他们挤满了，"他说道，"要不您和我们的人就在店里过夜。""您和我们在一起会比和士兵在一起安全得多。"他严肃地补充道。

我相信此话不假，便欣然接受了店家的提议。当其他顾客离开后，一扇扇百叶窗式的门板立起来，将饭店与街道隔离，方形餐桌被堆到一起形成一个通铺，厨子和服务员都睡在上头。店主坚持把他睡的位置让给我，单独在房间的一个角落。很快我就入睡了，一觉睡到第二天早上他们开始为吃早餐的人张罗早饭才醒来。

早上8点左右，哈利的卡车缓缓驶入。修车师傅找到了一个旧线圈，但启动大卡车有些吃力。我和哈利一起吃早餐的时候，师傅继续维修，以便让它运转得更利索。这都是机修工的权宜之计。上午9点，我们从永登县中驶出，以每小时 15 英里的速度前行，直到去到一个 9600 英尺高的穿越大陆分水岭的通道。卡车吃力缓行，当它到达顶端时，它已经处于最低挡位，几乎无法爬行。但它已经过了通往山丹最艰难的路段，所以我们愉快地沿着下坡路滑行……为了节省宝贵的汽油，驶出戈壁滩。但进展缓慢，那天晚上 10 点钟，汽车又在沙漠里抛锚了。驾驶室的座位为我提供了一张舒适的床，哈利则把睡袋摊在卡车前进的路上。第二天一早，一队骑兵经过。马被路上的奇怪物体惊吓脱缰，留下了一串摔倒的骑手。

第三天下午 3 点半，距离山丹还有 50 英里，我们的汽油已经耗尽了。这一次我搭上了一辆道奇卡车。车已经超载了，但他们在驾驶室顶部为我安排了一个位置。我紧紧抓住绑着货物的绳子，这让我感到很安全，同时可以俯瞰广阔的沙漠和横贯南北的山脉。

很快，一个坐在旁边的人问道："美国的生活费用和我们的相比如何？"

于是我们就这个话题聊了很长时间。中国人总是好奇各种物价，也许是因为物价极不稳定，而且有时候还取决于买家和卖家之间讨价还价的结果。在这片广袤的荒野上，这群卡车上的人就是唯一的生灵，却在讨论纽约和上海的大米和猪肉价格，真是充满了莫名的喜感。

在我旁边的一群人中还有几位来自迪化的商人。他们说，现在新疆的政权正掌握在军阀手里，企图乘中国内乱之机脱离国民政府闹独立。

"这种情况在我们省时有发生，总是不断的战乱，我们平民老百姓为此付出了惨痛的代价。"一位头发花白的老人呻吟着，他裹着一件皮革镶边的羊皮大衣。

他们把我丢在山丹南门，而他们继续开向迪化和战乱的漫长路程。我雇了名帮工帮我提行李，并带我去贝利学校。

路易·艾黎问："您一直在哪里？当您周二没能到的时候，我们还以为您昨天肯定能到。哈利·摩尔又在哪里？"

他立即派一名学生开着吉普车，并携带一罐汽油去援助哈利的卡车。

年轻时，路易从新西兰来到上海担任工厂督工。当时无论是中资还是外资工厂的工作条件与19世纪的英国一样糟糕，甚至更糟。善良的路易认为帮助中国数百万的贫困人口的最佳方式是通过工业合作的方式，并创办了一所培训工人的职业学校。无论是牧师还是传教士，都没有路易那么拼了命地全身心投入到这个事业中来。在日军不断入侵内陆之际，他一次又一次地把学校迁移到西北部，直到最后在这片遥远的绿洲上定居下来，因为这里的山脉富含矿物质，包括煤、铁、铜和锰。他对待村里的那些男孩如儿子一般，培训和帮助他们实现家乡的工业化。当地的男孩们都崇拜这位健壮的中年男子。当100多名男孩在教室上课时，另外100多名男孩就在劳作。15种行业相继建立，包括制革厂、造纸厂、机械厂、车库和农场。前任县长对路易及其项目怀有敌意，因此路易对新县长的同情与合作分外感激。

魏县长对当地的贫困和疾苦没有夸大其词。当地人口约为3万，靠种植小麦和小米，或畜养绵羊和山羊勉强维持生计。这里大多数孩子只有一件衣服，一般是一件棉袄。据说该地区有1000座小煤矿，有些矿井非常狭窄，只有赤身裸体的孩子才能在里面工作。冬天，这些可怜的孩子们还要在零度以下的恶劣天气和狂风中劳作。有些人家里穷得没有床，只能把沙子堆到泥砖炕上，然后躲进炕里取暖。矿井归当地的贵族所有，他们把路易和他的孩子们视为死对头。

在社区卫生站，工作人员见到新县长和我一点也不高兴。可能是因为我们打断了他们打麻将。领工资的人里面估计只有两个人真正懂专业工作。在药品如此紧缺的情况下，我发现有几瓶治疗白喉的抗毒素和类毒素未被使用，尽管几个月前白喉几乎席卷整个村庄。当地的大部分居民都患有传染性眼病，而且每个人都有这样或那样的皮肤病。性病也似乎盛行，我在街上看到有先天梅毒症状的孩子。然而，工作人员似乎对这样的状况视而不见，他们几乎没做任何工作去缓解这样的状况——可能是因为他们不具备专业的医学知识，但却通过某些手段保住了工作。除非能找到训练有素的人员来取代他们,否则改善当地健康状况的前景似乎黯淡。

我把此行目睹的种种状况汇总成报告提交给我在上海的主管。但他觉得我们的物资可以在其他地方发挥更大的作用。我的这趟旅程虽然有趣,但对山丹人来说似乎一事无成。但第二年,当我再次来到贝利学校时,我发现了一对热情的新西兰年轻夫妇,一名医生和护士,正忙于照顾学生和民众的生活。

"您怎么会来到这个遥远的地方?"我问医生。

他眨了眨眼睛,惊讶地回答:"这全赖你啊。我在新西兰的一家报纸上读到您对这里医疗状况的描述,所以我和我的妻子来了。"

十一
山墙之外

1946年8月末的一天,当我正在医院查房时,张医生突然出现告诉我:"我要给你一个惊喜。你忙碌了整整一个夏天,需要呼吸一下户外的新鲜空气。这里有一张去西宁的巴士票,那里的长官马步芳会安排你游览塔尔寺。"

虽然我并没有张医生描述得那么卖力,也不曾想过会有任何回报。但我仍然非常感谢张医生的好意,他给了我参观这座藏传佛教寺庙的理由。几天后,医院药剂师张汉祥先生和我一道出发,我们于深夜抵达西宁。

第二天一大早,太阳刚从环绕着这座古城的高山上升起。这座古城的名字寓意西边的祥和。彼时马长官的一名助手已来到政府招待所接我们去见他。

"现在去见长官不会太早吗?"我不禁疑惑。"哦,不会!"助手立即回答道,"此时他已经在着手处理今天的紧急事务,他一般凌晨4点就到办公室开始办公。"

西宁,这座自古就是西北交通要道和军事重地的城市在西藏的右上方。我们沿着古色古香的街道走着,两边是低矮的商铺和小摊。不久便来到一座有两头巨型石狮子守护的高大门楼,每头狮子旁各站着一名手持刺刀的卫兵。红漆大门上镶着的黄铜门把手闪闪发光,推门进到一个宽敞无比的庭院,迎面是气势恢宏的青砖宅子和绿琉璃瓦的歇山屋顶。我们穿过同样令人印象深刻的二进、三进院子,终于见到了以专制著称、令人生畏的国民党青海省长官马步芳。他是一位留着大胡子的回族人,身穿深蓝色丝绸长袍,外加黑色缎子短夹克。他那讲究的着装瞬间让我对自己那身因长途跋涉而变得皱巴巴的联总制服感到相形见绌。

他并未寒暄,直接问我:"你来中国西北部这边干什么?你是医生吗?"

"不,我是护士。"我立即回答道。

"嗯,我们这里需要你。"话音刚落,他随即派了一名助手去接省卫生厅厅长。等待的过程中,他补充说明道,他正试图把西医引入当地。他已找到了3名医生,但缺护士,他意识到要保证护士充足的唯一办法是直接培训当地的女孩。但是他很难在当地招募回族女孩。

"我是这样解决的,"他继续说道,"我发出一份通告,我将每月向每家发放55斤小米,只要他们允许一个或多个女儿上我的护理学校。"(小米是中国北方穷人的主食)

"学校里现在有110个女孩,你必须去看看。此外,你能不能说服联合国救济总署给我们提供一些医疗用品?"

当省卫生厅厅长许学培医生(Dr. Hsu Hsueh-pei)到达时,马让他陪我们去塔尔寺,这样路上许医生就可以向我们进一步介绍这个计划。

"你一定要向她充分展示我们已经做了的工作。"马再三强调。

塔尔寺，金色屋顶的喇嘛庙

我们很快就坐进了马长官为我们准备的黑色大别克车里，车已十分陈旧，仿佛15世纪的产物。距离西宁15英里开外，我们俯瞰到塔尔寺，坐落在杯状沟及两边的山坡上。主体建筑是两座青砖金顶的殿堂，那镀金的屋顶在阳光照射下如珠宝般闪闪发光，白墙迷宫般的院落鳞次栉比。平顶的僧舍主要建在山坡上，我们可以看到穿着红棕色长袍的身影在远处穿梭。通往入口的寺前广场有八宝如意塔（即8座白塔），据说里面存放有8位已故住持的遗骸。

塔尔寺内陈设讲究，金碧辉煌。殿里的佛像要么是纯金，要么是镀金，镶嵌着各种宝石。他们说，在节日期间，主殿中用于祭祀的各式银制、锡制、铜制法器都要换成鎏金的。在楼上的房舍里，工匠和僧侣们正在制作更多的挂像和法器，贵金属的供应似乎无穷无尽。

殿外用于祈祷的转经轮时常被路过的僧侣和朝圣者转动。一个方形的木架子上嵌有几十个转经轮，每一个都承载着无数的祈愿，推动一次经轮，便是许下一个善愿。转动得越多，信徒们获得的功德也越多。

僧侣的年龄从老人到10岁以下的男孩皆有，当地人家会把自己的小孩送到寺庙里。每座殿外，僧侣们都在擦拭和添置数不清的酥油灯，这些酥油灯供在所有神像前，是寺庙里唯一的照明工具。最后我们来到主殿，这座宏大的金色圣殿里供奉着藏传佛教格鲁派[①]的创始人宗喀巴。每年在这世界屋脊的青藏高原上有成千上万的朝圣者不顾艰辛险阻一路跪拜至塔尔寺朝圣。这些朝圣者并非跪在地上弯腰鞠躬，而是将以一种磕长头的方式，全身伏地礼拜，即全身挺直，双手合十，高举过头，然后全身俯地，额头轻叩地面。他们不断重复着这一动作直到筋疲力尽。我通过向导询问一个靠在柱子上休息的小个子僧侣到底拜了几回。

[①] 格鲁派，是藏传佛教宗派之一。

"我刚刚礼拜了 1000 次,"他说道,"但天黑之前我要礼拜 2500 次。很多僧侣一般一天礼拜 2000 次,少有能拜到 2500 次的。"

由于这种礼拜的方式,门廊的木地板极易磨损或被磕成凹陷,必须每 6 个月更换一次。此外,这种方式也给朝圣者的身体带来一些影响。许医生说,不断重复这种俯地起身的动作锻炼了腹部肌肉,使得它们如钢铁般坚硬。

在门廊前的院子里,长着一棵小树,据说宗喀巴诞生地长出一棵白旃檀树,每片叶子上会显现出一尊狮子吼佛像。我没有看到这番景象,但他们说只有真正的信徒才能看到。①

一间规模巨大的平顶大经堂毗邻主殿,祭坛上有 3 个宝座,悬挂着各色幡帏。座上一位是班禅,一位是达赖,皆是藏传佛教格鲁派的最高化身,还有一位是塔尔寺的住持。从这座祭坛的底部,一排排打坐诵经的矮长凳有序地布满整个经堂,每个位置上都有精美的佛团垫。殿内每根柱子都由龙凤彩云的藏毯包裹,整个经堂五彩缤纷、富丽堂皇。这个经堂每天都举行夜课,只有天气恶劣时举行午课。

在我们访问的那天,中午阳光明媚,正好有一场法事在院子里举行。锣鼓喧天,召唤着四面八方的僧侣都集中到院子里,他们身穿红棕色长袍,右臂和右肩膀裸露,在一位戴着黄色僧帽的高僧面前蹲下。我们在楼上的回廊俯瞰着,高僧低声念着经文,两千多名僧侣一起跟着诵经,场面极其壮观。法事结束后,我们溜达到会客室吃了一顿丰盛的午餐。

会见班禅

午餐后,我们非常荣幸地获邀与居住在寺庙上方另一个居所的班禅会

---

① 传说宗喀巴诞生以后,从剪脐带滴血的地方长出一株白旃檀树,树上十万片叶子,每片上显现出一尊狮子吼佛像(释迦牟尼身像的一种),衮本(十万身像)的名称即源于此。

面。当我爬上一段又高又窄陡峭的台阶时,我真希望我们是在午餐之前来而不是之后。在海拔 9000 英尺的地方,稀薄的空气让我几乎喘不过气来。

班禅是一个小男孩,约莫 9 岁,穿着一件朴素的红棕色土布长袍,盘腿坐在讲台上。两名身材魁梧的藏族卫兵站在他身旁,而他的议员和监护人,穿着黄色锦缎的老喇嘛,则在他左右两侧。我们每个人都轮流走到他跟前,双手奉上仪式用的哈达(一条薄薄的浅蓝色长条丝巾,上面绣有他的肖像)。我们深深鞠躬,卫兵们拿起从两端托起哈达,往后挂到我们的脖子上,嘴里还念着"当作班禅的纪念品"。然后我们立即被安排坐在他面前吃点心。班禅一动不动地坐着,一直保持沉默。

这一会见看似轻松,但对他的崇拜者来说是极其不易的。在会客室,我们遇到了一位年轻的藏族贵族和他的妻子、母亲以及儿子,他们在马背上骑行了 14 天才到达这里,跪拜在班禅的面前。

蛮荒之地的医学先驱

许医生欣然谈起他的计划和问题。他是一个 30 多岁、身材高大,但举止文雅、体贴的人。他来自长江下游的一个大城市,正好夹在南京和上海之间,他还带着妻子和 5 个孩子一起来到西宁。他发现很难说服其他受过西方专业训练的医生加入他的事业。青海被大多数中国人视为"化外之地",一个被忽略的地方。另一个问题是医疗设备和药品奇缺。日本投降一年后,中国的通讯和商业因多年抗战而中断,又由于内战迟迟未能恢复。他能找到的药品也就只有当地中药店里的中草药。他正在努力地训练助手,派他们去边远的城镇和村庄改善当地的卫生条件,并为防治流行传染病接种疫苗。

我们先去了一家医院,一座经过改造的土地庙(关帝庙)内。我们走进院子,迎面是一幢精美的青砖房,绿色琉璃瓦的歇山屋顶,台阶中间的斜坡上,一条壮丽的黄色琉璃龙盘绕着。想必这座庙宇原属于皇家,因为黄色被认为是皇家专用的色调。医院的行政办公室设在主殿内,门诊诊所则设在主殿外的偏房里。

等待看诊的病人顺着大门通往主殿的道上一字排开,彼时阳光正好。这些人中有剃光头的僧侣,带着孩子的缠足妇女,每当孩子不安时,她就给孩子喂奶。山区的夜晚尤其冷,因此藏族人常年穿着羊皮长袍(毛皮侧边)和戴着毛皮衬里的帽子。她身穿的长袍据说是她的嫁妆,背部加佩大小、数量不等的银饼,从脖子一直到脚踝。她的头饰和耳饰都是银制的,上面镶嵌着绿松石和珊瑚。

医院的病房是一长排低矮的建筑,但全部朝南,争取最大限度的日照来获得温暖。一位富有的回族人住在其中一间私人套房。

我们边走边聊,不知不觉就到了新近开办的临时护理学校的所在地,坐落在这座城市的另一头。学校里有 110 名学生,虽然他们都声称自己的年龄在 15 到 18 岁之间,但看起来感觉也就 12 到 15 岁,少数几个看起来更小。学校每月分发小米的诱惑实在太大,比起能填饱一个长期饥饿的家庭来说,给小女孩的年龄添加几岁有什么关系呢?学校的校长是一位中年回族人,他精通中国的古典文学,却对西方的医疗和药理一无所知。当然,对于这群小女孩的教育,他首要是先教会她们读写和一些基础算术。女孩们都学得很快,因为一旦她们懈怠,戒尺就会落在她们的掌心上。

尽管医疗护理的设施设备极其简陋,但它们却代表着这个荒芜偏远的西部城市里最为人称道的成就。位于青海省东北部的首府西宁,海拔 8000 英尺,是全省少有的适合种粮食的地区。绵延的雪峰山脉和柴达木盆地几乎占据了该省的大部分地区,住在高山峡谷中的土著部落,藏族和蒙古族散居在偏远的角落,只有汉族和回族居住在东北部地区。青海,作为当时中国面积较大的省份,总人口却不超过 100 万。

十二

寻访兴隆山上的古庙

"下周日和我一起去参加兰州扶轮社的野餐会吧,"张院长邀请道,"我们要去拜访距离这里40英里的兴隆山上的一座古庙,为了安全起见,成吉思汗的灵柩暂时安厝在那里。"①

在这个偏远的城市居然有扶轮社真是令人惊讶。和一群国际扶轮社的社员以及他们的夫人们一起,向曾经征服了亚洲大部地区乃至欧洲部分地区的大汗致敬,将会是多么有趣的经历,不容错过。

一辆摇摇晃晃的卡车载着我们穿过贫瘠的被侵蚀的山脉,直到转过一个急转弯后,郁郁葱葱的山林才映入眼帘。我们从卡车下来,沿着一条潺潺的小溪溯溪而上,来到一座半山腰的古庙。一名警卫护送我们进入寺庙的主殿,让我们在一个镶有黄金和宝石的银棺前排成一行,据说银棺里就是蒙古大帝的遗体。

"一鞠躬",卫兵大声指挥道,我们都齐腰深深地鞠躬。"二鞠躬,三鞠躬",他继续指挥,其中一名扶轮社员在棺前点燃了香,这个虽小但正式的仪式才算结束。

可汗第三任妻子的骨灰安放在他的右侧,装在一个尺寸略小但装饰同样华丽的银棺里。可汗的长矛则立在他的左侧,长矛上绑着一簇浓密的人发做成的缨子。传说他每杀死一个人,就拔下他一根头发系在长矛的缨子上,当这束缨子多到影响长矛挥舞时,他又换一把新的,在他有生之年已经累积了好几把这样的长矛。

仪式结束后,我们漫步在寺庙所辖的密林山坡上。令人难以置信的是,这座几世纪前在西北蛮荒之地修筑的寺庙现在已被绿荫覆盖。我们在

---

① 1939年至1949年,兴隆山安厝成吉思汗的灵柩十年。

寺庙的一个侧院野餐，那里有开水泡茶。中国人总是喜欢用茶或开水来解渴——甚至在野餐时也是如此。

其中一名社员的兴趣爱好是摄影，他的一幅作品曾在一次国际展览上获得一等奖。另一位社员是兰州大学的校长。他们中好几个都是在国外留学过的。所有人都是这个地区有头有脸的人物，但都秉承着扶轮社的风格，他们都放下架子，用绰号互相称呼——比如老秃头、大鼻子，张院长则被戏称为查理。

在回兰州的路上，卡车抛锚了。司机询问是否有人有肥皂，有人便在现场制造了一块。司机用肥皂在管道上的破损处使劲地摩擦，堵住了泄漏。我们的卡车又一骑绝尘地向城市驶去。

兰州夏季的气候非常宜人。天空蓝得透亮，海拔4500英尺高原上的空气干燥清新。早晚温差很大，白天太阳猛烈，晚上却要盖上厚厚的一床被子才睡得踏实。土壤肥沃，盛产各种可口的水果——比如桃子一般大的杏和各种各样的瓜果。6月初，市场上就出现一种杂色外皮的甜瓜，叫金塔寺瓜，7月初陆续有蜜瓜和西瓜，8、9月则是最负盛名的哈密瓜（来自新疆哈密绿洲的著名甜瓜）。最后一个品种还有赖于亨利·华莱士先生的引介，时任美国副总统[①]的华莱士在莫斯科到重庆的旅途中在兰州停留了几天，他在口袋里正好有美国蜜瓜的种子，此事传开，种子就交到了省长手里。三四年后，当地市场上就盛产多汁的华莱士瓜。然而，当地最流行的还是吃西瓜，的确8月的西瓜多汁爽甜，似乎兰州的大人小孩一到这个季节都会买西瓜吃。满载着西瓜的羊皮筏子沿着黄河蜿蜒而下，聚集到某个河岸边上只卖西瓜的露天市场。

但并不是所有的西瓜都是靠羊皮筏子运送。也有人把西瓜装在篮子里，用扁担从山里挑进城里卖。我永远不会忘记那一幕，医院的一名实习护士去世了，将要埋葬在约500英尺高的土坡上。所有参加下葬仪式的

---

① 美国当时的农业部长亨利·华莱士先生（后任美国副总统）来我国西北地区访问。

人——裹着小脚的可怜的老母亲，她的同学和朋友，还有抬棺材的人——都在烈日下艰难地爬坡。当我们到达墓地时，工人还在挖墓坑。正当我们又热又渴之际，一个挑着一担西瓜的人出现了，简直"天降甘露"。我们把他的担子卸了下来，老母亲停止了哭泣，坐在附近的一个坟丘上恢复精神；工人在墓坑里靠在大石板上休息；我们其余的人都站在那里享用着西瓜解渴。

我完全没有意料到，原本计划在兰州只待两周却延长到4个月。国民党政府卫生部一直没有找到合适的继任者来管理医学院。"幸运的是，那个夏天，防疫局的一位医生娶了一位年轻的护士，她的资历恰好符合这个职位。夏末，他们如期来到兰州。我在几天内和她交接完工作后就奔赴广州执行下一个任务。

十三
广州的挫折

广州与我刚离开的城市截然相反，这座中国东南部的大城市坐落在珠江口岸，属于丘陵地带，气候属亚热带气候，因此即使已是10月下旬，天气依然非常闷热。当地人口约有150万，尽管书写的文字完全一样，他们却说着一口完全异于中国其他大部分地区使用的通用语言（即普通话）的方言，非常难懂。普通话还被当作一门课程在当地学校教授。

在体型上，广东人个子要矮小一些。几个世纪以来，他们与外国人多有往来，包括印度人、马来人、阿拉伯人和欧洲人。即使移民到了东南亚和世界其他地区，他们仍与国内的亲人保持着联系。这些都使得他们的风俗习惯逐渐改变。但这些都与疍家①毫无关系，这是一群生活在水上的独立群体，成千上万的艇仔人以船为生，终其一生很少上过岸。他们的生活

---

① 旧时对东南沿海一带水上居民的称呼。

用度，包括食物、衣物和日常器具和谋生工具都由一队商船提供，商船由店主及其家人经营，每天从黎明到黄昏在艇仔间穿梭。戏艇和酒菜艇提供娱乐，平日参拜神灵也是在水上的漂浮的寺庙完成。疍民特别容易满足，总是兴高采烈。为了防止小孩落水，他们一般被拴在绳子上，在甲板上无忧无虑地玩耍。另一个奇怪的现象是，在岸上一群妇女被拴在堆满货物的推车旁，被男监工驱赶着在拥挤的街道中艰难前行，身穿绫罗绸缎、珠光宝气的优雅女士开着昂贵的汽车从她们身边疾驰而过。大多数艰苦的劳作似乎都是由女性完成的。目睹女子被如此对待使我深感贫富悬殊导致的天差地别，比上海所见所感更加深刻。

广州是首个与欧洲定期通商的口岸。英国东印度公司自 1699 年开始定期访问那里开展贸易。外国人不得擅自与当地人接触，他们只被允许在珠江上一个叫"沙面"的小沙洲上与清政府指定的行商做生意。尽管受到诸多限制，交易过程中也难免有各种摩擦，但双方依然在茶叶、香料、丝绸和手工制品方面建立了繁荣的贸易往来。他们在沙面上也为自己修建了大量西式的商厦、银行、学校、教堂和宅邸。由于外国人不受城里人欢迎，允许进出沙面的也只有佣人和商人，这一限令一直持续到 1945 年 8 月日本投降。联合国救济总署的人也受到这一限制，只能待在沙面岛上。

伊娃·哈特（Eva Hart）小姐是一位活泼的英国小护士，她慷慨地与我分享了她的房间，这座豪宅是一家实力雄厚的英国公司怡和洋行（又名渣甸—马地臣有限公司）经理的私人住宅。她住着的那间房间更宽敞，天花板更高，还有法式的落地窗户，直通宽阔的门廊，一直延伸到房子的前厅，我们一般在那里用早餐。一天早晨，一位衣衫褴褛的老人停驻在前门，带着强烈的厌恶抬头凝视着宅子，然后在草坪上示威性地小便。成群结队的男人、女人和孩子经常在岛上漫步，破坏篱笆和灌木丛，向建筑物吐痰，表达他们对豪宅主人的不满。

这种不怀好意的氛围不仅仅弥漫在沙面的外国人身上，也同时笼罩在整个广州，整个城市充斥着怀疑和敌意。广东人彼此间也多有摩擦，他们对北方人也不太友善。在日军突然撤离后,官员的腐败加剧了一场不可避免的骚乱发生。

广州所在的珠江三角洲土壤肥沃,每年都会种植两季水稻,通常还会间隔种植第三种旱作作物。但是种地的农民却经常挨饿,因为地主拿走了至少三分之一的收成,而官员又拿走了三分之一。如果收成不好,地主的收入不减,农民收成所剩无几,哪里能填得饱肚子。城市里的穷人依然面临同样的窘境。通货膨胀不断上涨,挣来的钱都不够买足够的食物来缓解饥饿。每天街头都有饿殍。有一天我经过行政院善后救济总署的货仓,里面堆满了联合国救济总署的物资。在仓库的入口处,赫然躺着一具尸体,死因是营养不良。只有零星的救济物资从那塞得满满当当的仓库里被运送到最需要的人手上。和其他地方一样,问题都出在物资的分发上。官员们都信誓旦旦,但实际行动寥寥。与此同时,越来越多的物资出现在黑市上。沮丧和崩溃笼罩在联总驻广州的工作人员身上。

然而,医务人员却比较雀跃,尤其是在大型散乱但挤满病人的方便(Fong Bien)医院工作的医务人员。

方便医院是比较独特的慈善机构,它肇始于20世纪初,最初是为收治病倒街头的穷人和殓葬街头的无主尸体而设立的。由广州的开明绅商募捐创办,专为那些横尸街头的人举办葬礼。捐助者们还为部分未死的可怜人设立了收容所。随着时间的推移,方便医院的业务扩展至门诊医疗。越来越多的受难者把方便医院当作庇护所,方便医院一而再再而三地扩建。到1946年的秋天,方便医院里已挤满了近800人。两个病人共用一张病床是司空见惯的事,一个枕床头,另一个反向枕床尾,通常还有一个铺一张草席睡在床底下。一张婴儿床也往往挤着5个婴儿。每天还有成千上万的人涌到门诊来就诊,在那里能见到无数种病例。

方便医院的捐助来自于海外华侨、香港及广东地区的富商。虽然物资和设备十分有限,但都百分之百用在最需要的病患身上。食物、药物和治疗都是免费的。这是它最大的特色,也是联总的医护人员在那里工作获得的最大安慰。

然而，我被派到广州不是为了开展救济工作，而是研究在岭南大学开设本科护理课程的可行性。医学院的院长和护士长们一致认为要为当地储备培养一批合格的护理人员，就在当地开展指导和教学。由于缺乏能胜任的护士，目前当地的几所护理学校都暂由医生代管。北京的本科护理课程已经培养出一批优秀的护理人才，但毕竟道阻且远，费用也不菲。因此在广州本地开设全国范围内的第二门本科护理课程尤为必要。

最初的设想是在岭南大学设置这门课程。岭南大学是当时的基督教学校之一，博济医院是其医学院开展临床教学的机构。博济医院是中国最早开办的西医医院，由中国第一位医学传教士彼得·伯驾（Dr. Peter Parker）于1835年创立。一个多世纪以来，它一直致力于为社区医疗服务，但由于受到战乱和通货膨胀的影响，医院的收入除了艰难维持医院的日常运转，还得补贴医学院。为了增加收入接待更多的病患，医院要扩充门诊，让护士们从他们长期工作的一楼搬迁到另一栋有110年历史的老楼里，护士们感到极度不适，认为这是非常不合理的安排。更让他们愤懑的是，腾出来的门诊空间并没有如期挤满病人。究其原因是病人们无法或不愿支付更高的诊疗费，患者的数量甚至低于日常水平。医院里怨声载道，就像盖了一张湿毯子（会捂出病来），根本无暇顾及开设本科护理课程的事。

国民政府正在修建一间新医院，计划作为医学院的实习基地，本来也可为本科护理课程的教学之地。但这家医院正面临一堆亟待解决的难题，护理部门也陷入了绝境。几个月前，基建工程都尚未结束，一批护理人员从另一个省调过来支援广州。护理人员只能被迫住在破旧肮脏的棚屋里，最可怕的是他们被闲置了，理由是他们不会说粤语，当地的医院都拒绝让他们参与工作。难怪护理人员的士气降到了冰点，却没有任何人采取补救的措施。

只有在夏葛医学院附属的柔济医院的病患才得到了较好的护理。医院的院长和护士长都是中国人,哪怕在日占时期,他们都成功保持了医院的服务水准和员工的士气。本地人扎堆地去那里看病,与其他医院惨淡经营的境况相比,柔济医院如同荒漠中的一片绿洲。在这里,医学院的学生有机会获得真正的临床学习经验。美国护士丽娜·韦斯特拉女士在战争即将结束时回到柔济医院。她希望开设护理课程,她不仅拥有优秀的学历背景,也具有丰富的教学经验,是理想人选。她原本计划在理学院下设护理系,可是医学院院长认为应单独设立护理学院。

虽然岭南大学的大部分行政人员都赞同这一想法,但他们在维持学校方面已经面临着巨大的困难,无法再承担额外的责任。课程的设立一筹莫展,我只能返回上海总部询问:"下一步要怎么办?"

十四
任务受阻

联合国救济总署在上海总部的忙碌与广州分部的迟缓形成了鲜明对比。我于1946年圣诞节前的两周返回上海,此时总部的国际工作人员已增至1600人,那时候在全国各地的任务刚好都告一段落,大家都返回了总部,彼时苏州河边的河滨大楼内人声鼎沸。当我为新任务作例行准备时,我在办公室之间走访,收集了大量有关联总在全国各地工作成效的珍贵新闻。

部分人员回来后觉得自己已成功完成了派遣任务,但大多数人回来却充满挫败感。挫败感的原因有很多:这个国家一团糟,公共交通、邮政和通信系统都遭到不同程度的破坏,只能勉强维持;除了少数国际人权组织(UNHRA)的人员外,当地的习俗和语言对大部分工作人员来说都是非常陌生的;但最根本的原因是在于大部分人都本能地渴望尽快开展工作。我们眼睁睁地看着那些来自偏远地区的迫切需求在呐喊,救济物资也抵达了中国,但完全被闲置,被行总官员们一个接一个的理由拖延了好几天乃至好几周。产生分歧的原因在于双方在时间概念上的看法完全不同。打个简单的比喻,这些官员以一定周期来考虑问题,一切都不慌不忙地进行,而我们则希望争分夺秒地完成任务,时间以最小单位来计算最好,我们为时间的浪费而感到焦躁不安。但毫无疑问的是,还存在中饱私囊的情况,某些官员故意积压物资,这样他们就能趁联总的人员离开时自由支配这些物资。这种情况确实持续地发生在美国援助的地区。我还听说联总里也有部分人员为了自己的利益把物资非法转移到黑市中去销售。

联总一般会把没有工作经验的新人派往北京、南京、奉天①、汉口等大城市,因为在那里,一些中国的同行会说英语。而我们这些略懂中文的人由于不需要再多带翻译,可以被派往任何需要我们的地方。

医疗服务部主任博里斯拉夫·博契奇博士(Dr. B. Borcic)是南斯拉夫人,非常睿智,他受国际联盟的派遣在中国待了很多年。他完全理解我们的处境。当我向他报告我在广州遇到的各种情况时,他说他并未感到讶异,还说现在并不是开设本科护理课程最好的时机。

"你愿意去山东省东南部教授有关护理的简短课程吗?"他问道,"共产党人希望具有专业护理知识又懂中文的教师去给当地没有受过正规教育的农村女孩讲课。"

这似乎是干实事的绝佳机会。由于此前在张家口已见识过共产党人组织活动的效率,这门课应该是能开成功的,这样我就可以毫不拖延地开始工作。

"我们会尽快安排你赴任,你将坐船去。"他继续补充道。

"一艘美国海军的登陆舰很快会运送一批联总的物资来中国,途经山东省的石臼所港和烟台港。石臼所港位于青岛以南约90英里的小渔村(第一次世界大战前德国人开发的港口)。你再从港口乘坐卡车进入内陆地区。美丽勇敢的美国人凯瑟琳·利尔塔博士(Dr. Catherine Lealtad)正

---

① 清代至北洋政府时期辽宁省旧称。

在当地的共产主义平民医院，了解他们的需求，并向他们提供必要的物资补给。她会为你的到来感到高兴。"①

在那艘登陆舰抵达之前漫长的 7 周里，我已经收拾好行李并计划离开一段时间。事实证明，要给解放区运送物资简直比"骆驼穿过针眼"还难。② 行总表面上无法拒绝向解放区的平民供应救济物资的请求，但他们却通过无数的方法来延迟船只的航行。终于在 1947 年 1 月 24 日，我们一共 9 个人登上了"万恒号"登陆舰，第二天一早沿着黄浦江顺流而下，向北驶入黄海。航行的第三天下午，登陆舰在石臼所港停靠，我是唯一一个在石臼所港下船的人。其他人与救济物资还得继续航行，绕过山东岬角，往北边的烟台港驶去。夜幕降临，寒风呼啸。盖伊·杜特雷沃（Guy du Trevou），是在山东南部运送联总救济物资和调度卡车的负责人，他把我带到岸上。所有同船的伙伴们都在甲板上为我送行。当时我要通过一个覆盖着冰的钢梯下到黑暗中摇晃的小舢板中，我内心害怕极了，友好救护服务的一个瘦高的英国人洞察到我内心的恐惧，走到钢梯的顶端陪我一起下到舢板上，让我毕生难忘。

在我们抵达内陆之前，盖伊和我说："在上一艘联总的物资船卸货后，国民党的炮艇炮轰了石臼所这个小渔村，我们今晚不宜在这附近停留，有卡车可以把我们带到日照联总和解总（中国解放区救济总会）的

---

① 1946 年 6 月 26 日，国民党军向中原解放区发起进攻，国共关系恶化。这直接影响联总救济物资在解放区的分发，引起中共的强烈不满。1946 年 8 月 10 日，刘邓大军发起陇海战役，一举占领了砀山至兰封区间所有的车站，截获了运送救济物资和施工器材的第六十二号专列及行总公路运输总队的 23 辆卡车，并将机车和铁路破坏，致使陇海线东段瘫痪。国民党政府以此为由停止给付解放区工粮、工款和救济款。周恩来对此多次致函行总，敦促其如期兑现"上海协定"中的承诺。迫于军事和外交的双重压力，行总会同中共代表，议定开通石臼所港，以便救济物资能够安全运入解放区。9 月 26 日，"万恒号"登陆艇将第四批救济物资约 1500 吨运至烟台；10 月 18 日，"万庆号"货轮首访石臼所港。随后几个月，满载救济物资的行总货轮相继抵达，先后将上万吨物资运入山东和冀鲁豫边区，石臼所港遂成为解放区接收联总物资的又一条重要通道。
② 如果你做不可能的事，那就是"穿过针眼"（through the eye of the needle）。在《圣经》中，耶稣说，富人上天堂比骆驼穿过针眼还难（Easier for a camel to pass through the eye of needle than for a rich person to get to heaven）。

联合办事处，距离这里大概 6 英里。"

"难道国民党没有按协议执行，即不能干扰联总给解放区运送救济物资的协议？"

"是的，对烟台港也是如此，他们没有信守承诺。"

第二天一早，山东临时参议会副议长马老（尊称）来提醒我们，我们要去的目的地不太安全。衢县医院，每天下午 4 点前都会遭到国民党飞机的低空扫射。机动车辆是他们最喜欢攻击的目标，手推车或者行人都一样遭到扫射。马老是一位彬彬有礼的老派绅士，身穿深色长衫，戴着旧式文人笨重的大铜框眼镜。

彼时，山东省的大部分地区都被共产党控制，但青岛仍然是国民党的管控范围。发动空袭的飞机，其营地就在青岛。马老说，共产党已经在山东解放区成立行政公署，发行自己的纸币和邮票。

"国民党的部队带着他们的全部装备加入我们的阵营，你会在这里看到大量美式的装备，"他继续说道，"他们应该认真反思和处理这种情况。"（这种情况似乎在越南南部重演，据报道，去年有近 9.6 万名士兵叛变了。报道来自《旧金山时报》，1966 年 2 月 28 日）

"遇到这种情况你们一般怎么处理？"我问道。

"我们会先给他们上一课当作思想教育。他们可以选择回家或者留下来，留下来的我们会给他们发一套解放区的制服，增强他们的身份认同。他们中的许多人都愿意留下来加入我们的队伍。"

"现在我给你一些建议，"和蔼的老先生继续说道，"当你听到飞机的声音时，一定要格外注意。一般民用飞机飞得又高又快，完全不碍事。而扫射轰炸的飞机一般是缓慢低飞。确保院子里没有任何可能引起飞机注意的物体，然后快速冲进屋子里，紧闭大门，静待在室内直到飞机远离。"

这天的傍晚，我们有机会实践马老的建议。我们于下午 4 点出发，7 点的时候途经一个村子计划吃晚饭。此时一架扫射机正低空盘旋，卡车赶紧驶入棚子作掩护，车灯熄灭，紧闭车门，安全躲过一劫。大家对这种时候竟然还有飞机执行扫射任务都感到震惊，并推测它是否有可能在追捕我们。

我们沿着结冰的路面继续前行，盖伊最近经常开这段路，他还不时给我指着路边的美式大炮。凌晨3点我们才抵达衢县，由于近期频繁的扫射和轰炸，医院的人员已经被疏散撤离到几英里外的一个村庄。一个睡眼惺忪的17岁年轻小兵从床上下来指引我们去村子。他领着我们穿过田地，驶入一条狭窄的小路，我们那辆"6×6"的卡车剐蹭了玉米秆篱笆，还撞翻了土泥墙，最后来到一座小桥前，桥面的宽度仅够一辆独轮车驶过。

"一定别的可供汽车通行的路通往村子，你为什么把我们带到这里来？"我们问引路的小兵。

他带着困惑的神色回答道："因为我也不知道如果开车去村子要走哪条路，我每次都是步行走这条路去的。"

我们只好让他继续步行到医院，请一位识路的向导来协助我们。接着，盖伊花费了很大工夫才把卡车调头，回到衢县废墟候着。几个小时后，向导终于出现了。此时我们已经又冷又累，但我们依然冒险在凌晨时分继续前行。幸运的是全程没有遭遇到飞机的扫射，医院藏在一个毫不起眼的小村庄，与千百个普通的小村庄无异。

利尔塔德博士（Dr. Lealtad）和同伴孙专员于当天凌晨4点抵达医院，参加了医院的院务会。两人都曾在法国留学，能说一口流利的法语。孙专员为利尔塔德博士当翻译，因为医院其他人都不懂法语。会议一直进行到下午，一共有14名同志报告。孙专员、凯瑟琳和我围坐在一张长桌旁。几名董事都在国内受过良好的医学教育并获得医学学位，其中一名还毕业于哈佛大学公共卫生学院，其他几位则上过共产党组织的短期医学课程。他们一个接一个报告所在辖区的公共卫生情况。

其中一个讲述了一个村庄在去年夏天被恶性疟疾肆虐的经历，有180人逃离了，另外180人由于病得太严重无法离开，他们当中最后只有8人幸存。

"当我听到这个情况前去调查时，这个村子已经变成了一座鬼城。街上杂草丛生，野狼在废弃的棚屋中逡巡。"他说道。

另一个则说：在日占时期，他所在村庄的大部分粮食都被日本人掠夺了，留给当地民众的只有谷壳，闹了三年的饥荒，当地的妇女都无法怀孕。他笑着补充道："现在他们正在积极弥补。"

最后，一个头发花白的老人站了起来，他环顾了一眼我们所在的小屋。一块布帘取代了那扇丢失的门，天空透过屋顶上的几个洞窥视着我们，全屋唯一的热量来自桌下一口大锅里的玉米秸秆余烬。我把能保暖的衣服都穿上了，但依然阻止不了我的牙齿不停地打颤。

"你可能觉得这个地方很简陋，"他说道，"但和我的医院比起来，这里就像天堂。我们临近前线，好不容易整出10张病床，就立即有60名因为扫射受伤的平民住进来。我和我的助手不分昼夜地工作，希望尽可能拯救更多的人。但还是有20人死亡，其中一些人仍在那里等待着救治，等着我用手术刀帮他们把子弹头取出来。我现在手上只有一把日本人留下来的旧手术刀，已经很钝了，再磨也无济于事，你能给我一把手术刀吗？"

几乎没有医疗物资会运送到这里。每次标记为药物和设备的箱子里其实只有面粉、石膏和爽足粉。他们急需的药物和简易的医疗器械完全缺乏。凯瑟琳告诉他们，她过一两天会离开，去接一艘载有200吨他们想要的救济物资的登陆舰。

他们说衢县医院已经是当地设备最好的医院。第二天我查看了一下他们的设备，我只发现了两个医用体温计，没有亚麻布床单，连做最简单的阑尾切除手术的设备都不够，更别提药品了，还不够放满一个中等大小的纸箱。

会议一结束，凯瑟琳和孙专员就动身去港口，我估摸着这个月应该都不会再见到他们。我开始教授护理课程，学生是来自6家医院的25名护士。虽然她们都非常渴望学习，但授课开展起来实属不易，因为她们的教育水平参差，相隔从3年到7年不等。实践教学囿于极其有限的医疗设备，只能因地制宜。比如学习如何测量脉搏，由于没有手表，只能将患者和护士的脉搏通过速度和强度的对比来进行。当地医院的护士说她们会把学到的知识传授给因为当值不能来上课的其他医务人员，其他医院的人也表示会采取同样的办法。但我的教学很快就终止了。

在凯瑟琳和孙专员离开后的第三天凌晨3点，他们就折返了并带来一个坏消息：日照城里行总和联总的联合办事处已经连续5天遭遇机枪扫射，而且是镇上唯一遭到扫射的区域。行总工作组和盖伊·杜特雷沃自然更加恐慌，准备立即返回上海总部。

两天前，载有我们急需的200吨医疗物资的登陆舰已经停靠石臼所港。正当两名中国男子和一名女子越过船舷，登上一艘小船，准备卸载他们的行李时，两架轰炸机来袭，并投下了两枚炸弹，每舷一枚，距离水面都很近，都炸到了甲板上。船长情绪激动地示意这是一艘联合国救济总署的救援船，但轰炸机并未停歇，于是他立即起锚，向下船的乘客喊道，他要马上起航驶去烟台待命。那天下午晚些时候，另一艘联总的船，也就是搭我来此的"万恒号"从烟台返航。它一直没有靠岸直到天色渐暗，然后派了一名信使去岸上联络正在等待救援物资的凯瑟琳，通知她赶紧带上我一起上船，我们务必要在第二天清晨启程返回上海总部。凯瑟琳表示她并不想离开，但由于我当时距离她有100英里，无法及时收到她的消息，自然无法确保我第二天清晨能抵达港口。于是那个暴风雪之夜，她和孙专员只好返回营地。

我们该怎么办呢？当时我们都希望能完成手头的任务。在这个与世隔绝的小村庄里，我们没有受到空袭的威胁。即使我们无法从海上返回上海，我们最终也可以通过陆路返回上海。于是我们发了一封电报给博契奇博士表达了我们的想法。

电报都还没发出去，另一则带着指令的消息通过卡车送来了。原来在青岛的国民党指挥官已经通知联总代表，他们计划分别于2月9日、2月12日轰炸石臼所和烟台，此时已经是2月8日晚上10点了，"万恒号"只等我们到9日早上8点。解放区的负责人也劝我们赶紧回上海，否则共产党很可能会背上扣留联总派驻人员的罪名。无奈之下我们匆匆收拾行李，不到一小时内就出发前往港口了。

第二天清晨，当我们登上"万恒号"时，最后一批较轻的联总物资由一队五人小组负责运送。后来在上海，我们听说石臼所和烟台都没有遭遇轰炸。

回到上海后，虽然我才离开了两个半星期，但感觉有两三个月那么长。轰炸威胁现在看来就是个骗局，目的是逼迫联总人员离开山东省内的解放区。也许国民党当局不想让第三方目睹他们的轰炸机不分青红皂白地、毫无意义地屠杀远离前线的平民，更不想让我们报告全副美式装备的国民党士兵倒向共产党。

我其实急切想回去完成护理课程。我们就这一诉求的可行性展开争论，但最终还是"反对者"占了上风。

联总在中国的援助服务协议即将结束[1]，博契奇博士和我的几名队友已转至新成立的世界卫生组织（WHO），我也于4月底回到了中国西北部的兰州医院，协助漂亮能干的李清华女士处理护理部的事务。李女士在去年秋天接手主持护理部的工作，她已倾注大量心血，服务也得到了极大的改善，但大量工作还要开展，整个夏天我们都忙得不可开交。

十 五

西井之行受阻

1947年11月中旬，联总驻上海的中国总部发来了一封简短的电报，敦促我尽快返回上海。我先乘坐卡车到达兰州，然后再搭乘飞机回到上海，一周后如期出现在博契奇博士的办公室。

原来联总急于向解放区的平民提供医疗援助，但由于马歇尔将军调停失败，运送物资进入解放区比以往任何时候都更加困难。然而，中国解放

---

[1] 应为1947年底。

区救济总会（CLARA）①（简称"解总"）上海办事处的办公地点就在上海联总总部。博契奇博士认为这将是一个极好的机会，可以将救济物资和人员都运送至解放区。他已经通知国民党政府卫生部部长，计划派埃洛瑟博士（Dr. Eloesser）和我一同执行这项任务，但如何穿越国民党的封锁线尚未能解决。

斯坦福大学临床外科退休教授利奥·埃洛瑟（Leo Eloesser）博士作为一名外科医生和教师在国际上享有盛誉，共产党希望让他参与这项任务。被选中与他一起执行任务是我的荣幸。凭借他超群的人格魅力和坚定的意志力，他从国民党的仓库中成功调取救济物资，准备送往最需要的地方。

三周后，我们和解总的代表团一起乘坐飞机抵达天津，开启了一项艰难无比的任务，就是要获得通过国民党封锁线的许可。一位又一位的官员礼貌地告诉我们，他们无权签发许可证，我们必须向某某办事处递交申请，同样的程序在不断地重复着。在四天徒劳的努力后，我们宴请了一位高级官员和他的妻子。在用餐快结束时，他告知我们天津这边无力帮助我们，建议我们向100英里外的国民党北京行政总部申请，然而，我们在那里也没有成功。

看来我们要获得许可是不可能的了，但所幸医疗物资还可由解总的代表团越过封锁线运送。在12月一个寒冷刺骨的早晨，代表团的工作人员和行李，连同我们的物资将由吉普车、卡车和武器运输车运载，从天津帝

图35　利奥·埃洛瑟博士半身像
（1881—1976）

---

① 中国解放区临时救济总会成立于1945年7月，原为中国解放区临时救济委员会，于1946年8月改称中国解放区救济总会。

遥望与亲历 | 一个西方家庭眼中的中国 (1887—1950)
Outsider and Insider: China from a western family's records (1887—1950)

图36　茹丝搭乘吉普车前往解放区

国酒店出发。我走出酒店大门和他们道别，但当时温度已接近零度，寒风凛冽，我没有目送他们离开。几分钟后，有人走进酒店大堂告诉我，当车辆启动的那一刻，埃洛瑟博士迅速跳上了一辆武器装甲车，他既没有戴帽子，也没有披外套，只穿着野战裤和艾森豪威尔夹克，就跟着代表团走了。我简直不敢相信，尤其是当我发现他的私人行李还在他的房间里时。但数小时后，车队的信使带回一张字迹清晰的字条，上面是埃洛瑟博士的字迹："我已经越过封锁线。在出发前最后一刻，有人建议我尝试在没有许可证的情况下通过，我照做了，也成功了。请务必想办法加入我，并请带上我的剃刀和护照。"

两天后，又有一个车队要越过封锁线进入解放区，把联总的工作人员接回天津。我对护送车队到边界的年轻国民党军官说："我今天想出去呼吸点新鲜空气，你介意我和你一起到边界走一趟吗？"

他惊讶地看着我，踌躇了好一阵子，当我正犹豫着是否要从袖子里掏出50美元诱使他同意时，他回答道："可以。"

我悄悄提着两个行李袋溜进吉普车的后座，长官坐在副驾。他是土生土长的北京人，我们愉快地聊着这座迷人的古城，很快就到达了边界，就在天津城城界。他下车后头也不回地走了，而我就坐在后座上颠簸前行穿越了无人区。5个月后当我回到天津时，我听说他当时在第二天出现在联总办公室，激动地询问我们的情况："我很好奇，埃洛瑟博士和盈女士后来怎样了？"

办公室里的一个法国人文质彬彬地回答道："你在说什么，我一点也不清楚。"

那天晚上，我们在大运河①上的沧县（T'sanghsien）② 度过，那已是共产党的解放区边界范围几里地以内。那里成为从国统区逃出来的避难者们的聚居地，包括不堪被掠夺的农民，逃避被秘密警察追捕或者决定要加入共产党的学生和知识分子。在那里，我遇见了即将离任的联总的代表团人员，他们在前往上海的途中又被临时召集。他们告诉我埃洛瑟博士在他们曾经驻扎的一个小村庄里。第二天早上他们乘坐联总的车辆离开，并没有遭到飞机的扫射，因为他们的行程已事先告知了国民党。而载我的卡车直到傍晚才出发，晚上10点才到达茴菜峪村（Hui T'sai Yu 拟音）。但埃洛瑟博士没在村子里，因为当时共产党认为村庄会被轰炸机发现，一旦联总的人员离开，村庄就会遭到袭击。因此为了安全起见，埃洛瑟博士被转移到另一个村庄了。直到第二天早晨，那天正好是圣诞节，我终于见到了

---

① 原注：大运河（运河，或过境河）形成了从北京至广东的有序的内陆水道。大运河不仅联通了中国的几大水系，如黄河和长江，而且乘客和货物通过运河可从北京通达沿岸的各大城市。发达的水道体系可追溯到汉朝（公元前206年—公元220年）。至元朝，忽必烈开凿了京杭大运河，从北京延伸至宋朝（公元960—1279年）的前首都杭州，直通南北，全长约600英里。马可波罗曾这样描述它："你必须明白，皇帝已经安排了从杭州到京城的水路交通，这条交通线是由许多河流、湖泊以及一条又宽又深的运河组成的，大型船只也可以畅通无阻。"译者注：作者所述不完全准确，京杭大运河并非开凿于元代，而是起始于春秋，开凿于隋代，但元朝新开凿了三个河段，大大缩短了隋唐大运河的距离。全长非600英里而是1114.74英里（1794千米）。

② 位于河北沧州，沧县是根据作者的路线以及山东抗日根据地、晋冀鲁豫解放区的范畴推测出来的，此外沧县的地理位置与大运河正好吻合。

我的同事埃洛瑟博士，他已经找到了一把剃须刀，拿到护照后他松了口气。

1月6日的告别宴会后，我们当中有15个人登上了一辆大卡车，而我和埃洛瑟博士挤进了一辆吉普车，深夜才离开，朝着西南方向行进。凌晨3点左右，卡车驶过结冰路面时陷进了一个浅坑。工作人员试图将卡车推出来，但忙活了两个半小时依然徒劳无功，而我们只能在雪地里干跺脚取暖。最后，他们放弃了，等待天亮后的更多帮助。一位村民邀请我们到他家里做客，他在地上生火点燃玉米秸秆为我们取暖。

直到早上9点半卡车才被推出来，我们又重新启程前往邯郸。那日的早晨世界仿佛童话世界，每一根树枝和玉米秆都结了冰挂而闪闪发光。幸运的是，天空多云阴霾，不适宜飞机扫射。第二天黄昏时分，我们经过邯郸来到了十里店村，在那里见到了驻扎的晋冀鲁豫边区①政府主席杨秀峰。金陵学院的毕业生朱·弗洛伦斯女士负责接待我们，我和一位友善的傅寡妇住在一起。每当我在房间时，总是有妇女和儿童成群结队来找我询问各种问题，或者对我的随身行李充满了好奇，但他们什么都没拿，也从来不会在我不在的时候随便进我的房间。

第二天晚上，杨主席与我们共进晚餐并讨论接下来的工作计划。他看起来50多岁的样子，有点羸弱，听力不太好，曾经在德国学习过②。当

---

① 1941年9月1日在涉县靳家会村晋冀鲁豫边区政府正式成立，简称"边府"，启用关防，开始办公。下设冀南、太岳、冀鲁豫3个行署，直辖太行区，共22个专署、154个县。1947年，晋冀鲁豫边区政府参议会、交际处等机关驻地位于太行山脚下十里店村。

② 查杨秀峰的个人情况并无德国留学的记载。杨秀峰（1897—1983），原名碧峰，字秀林。1897年出生于直隶省（河北）迁安县杨团堡村的一个书香门第。早年参加了五四运动。1925—1928年在京兆师范学校任史地教师。1929年赴法国留学。1930年加入中国共产党。曾参加领导留法学生反帝同盟。后来转赴苏联学习。1934年回国，他在河北法商学院、北平师范大学、北平中国大学、东北大学等校任教，以大学教授的公开身份从事革命活动。历任冀西抗日游击队司令员，河北抗战学院院长，冀南行署主任，中共冀南区党委常委，冀南、太行、太岳行政联合办事处主任，晋冀鲁豫边区政府主席，中共晋冀鲁豫中央局常委，华北人民政府副主席。中华人民共和国成立后，历任河北省人民政府主席，高等教育部、教育部部长，国务院文教办公室副主任，最高人民法院院长，全国政协副主席、全国人大常委会委员、全国人大法制委员会副主任，中华教育学会和中国法学会名誉会长，是中共第八届中央委员。

日本人攻占北京时，他在北平的一所大学教授社会学。他组织爱国学生组成游击队，在抗日战争时期持续开展抗日活动。他深受下属和当地农民的尊敬和爱戴。他告诉我们可以在白求恩国际和平医院发挥所长。外科医生白求恩于1935年加入加拿大共产党，一直不知疲倦地为共产党边区医疗事业做出巨大贡献，并把西医的基础知识传授给他们。但仅仅18个月后，他就因抢救伤员时左手中指被手术刀割破感染而去世。大家对他的记忆很深，为了纪念他，许多共产党的医院都以他的名字命名。杨主席提到的那家医院，负责照顾文职干部和当地民众，为了远离国民党飞机的扫射，临时安置在高山峡谷中，但很难接触到受伤或急性病患。汽车只能开到距离它还有15英里的十里店村，然后步行抵达医院。

图 37　茹丝（中）前往西井村途中

几天后，我们骑着3匹马和5头驴驮着行李，冒着西北吹来的沙尘暴出发来到西井村。其实较为明智的做法是等沙尘暴减弱了再出发，因为我们抵达的第二天，我就因呼吸道感染而不得不卧床两周。但当时我们已经离开上海一个多月了，我们都渴望尽快开展工作。

我们在西井村受到热烈欢迎。医院院长是留法的何穆院长，他在法国待了9年，毕业于图卢兹大学医学专业。埃洛瑟博士发现他俩可以用法语交谈非常高兴。何院长大约40岁，长着一张精明能干的脸，性格也非常讨人喜欢。他是一位出色的管理者，以身作则，不断激发员工的敬业精

图38 欢迎会现场，墙壁上写有英文

神。他的太太①也是一名训练有素的化验员，已经是两个小女孩的母亲。她负责检验科，也担任某一科的临床实习医生。第二天，我们在手术室的院子里举行了一次聚会，因为村里没有足够大的房间可以容纳这么多人。现场挤满了人，有医院工作人员，也有门诊的病人，还有村民们从四周的屋顶，甚至扒着围墙注视着我们。对于大多数当地民众来说，我们也许是他们见过的第一批外国人。在欢迎致辞后，我们作了简短的回复以表谢意，欢迎会在欢呼声和爱国歌曲中谢幕。

十八
翻身做主之地

土地改革在这个山区里已经拉开序幕，每一个人，包括婴儿，按人头都能获得等份的土地份额。所有的成年人都忙碌异常。在冬季，村里的男人们都忙着翻整梯田。山区里几乎没有平坦的农地，所以必须沿着山坡一直往上开垦梯田，并充分利用每一小块梯田来种植粮食作物，以维持生存之计。妇女们在照顾孩子和做家务之余，会忙于纺织棉线，她们将棉线缠绕在左臂上的大木线筒上，然后在自制的织机上编织成结实的土布。家家户户都要织出足够的土布来供应家里人的日常用度，还要制作布鞋。此外，她们还必须拿出一部分用度来制作军服，并为士兵们制作布鞋。中国人总是穿布鞋，但我从来没有见过如此耐磨的布鞋，质量堪比正规生产的陆军军鞋。她们还得协助男人们在农忙时春耕秋收，并轮流与社区的妇女一起用石头碾碎小米和玉米作为牲口的口粮，饲养蒙着眼睛的驴子、骡子或牛。总而言之，白天里没有一个身体健全的人闲着。

我们住在村外的一个新砌的庭院里。房子是用当地的岩石建造的，再抹上灰泥，所有房间都面朝庭院。每间房子里用砖垒起的炕几乎占据了三

---

① 何穆的夫人为姚冷子。

分之一的室内空间，地上也铺了砖，这是格外的优待，因为大多数村民的房子室内都是泥地，格子窗上糊着白纸。院子的大门在角落里，是两块厚实的木板门，一旦拴上，外头的人根本无法窥见院内的究竟。星期五，两个"小鬼团"的少年像成年人一样为我们忙活。他们负责从距离我们住处约5分钟路程的医院厨房给我们送饭，每天从一条将村子一分为二的水沟里为我们打水，水沟比医院厨房还远一些。水资源在当地极为珍贵。1000户家庭（约5000人）加上至少300名患者和医护人员都依靠两口水井。为节省用水，村民们四五天才洗一次脸。但村民们对我们是慷慨的，因为他们每天都给我们打一桶水，虽然水比较浑浊。我那聪明的同事发明了一种办法，在接近铁罐底部的位置打一个钉子大小的孔来控制出水量，这样我们就能用8盎司①水冲个澡，用两盎司的水进行美国红十字会式的洗手。我们成为每天用一夸脱②水保持体面清洁的专家。当水中的泥浆沉淀后，我们将水倒出，煮沸后饮用。

显然每个人都有足够的食物。主食是小米，一种比小麦需要更少水分的谷物。男人们从黎明开始就在梯田上劳作，他们过去常常端着一碗热气腾腾的小米饭，再加上一点卷心菜和几片腌制的咸萝卜，蹲在狭窄小巷里阳光充足的一侧与邻居一起吃早餐。他们偶尔也会吃土豆或玉米饭来改善伙食，过一阵子又换成柿子或干枣。当天的第二顿饭是天黑后和家人一起吃的，内容和早餐一样。他们尽可能依靠自己的能力抚养孩子。蔬菜由于需要灌溉，一般得从外部采购。

医护人员以及病患的伙食基本和村民一样，但当地人说我们未必能适应他们粗糙的伙食。为了给身体提供充足的营养，需要摄入远超过我们所能摄入的量，长时间下来，他们的胃已经被拉伸以适应对应的量。如果我们待的时间够长，估计我们的胃也会拉伸，但我们只计划待3个月，所以

---

① 一盎司约等于0.02957升。
② 一夸脱约等于1.136升。

就不值得这么去做。所以，当地人派人每周两次步行6到8英里去市场，为我们采购豆腐、鸡蛋和其他主食。

如此的厚待让我们有些尴尬。山上有许多美味的柿子和硕大多汁的梨。我们在南面闲置房间的炕上晾晒了许多柿子，大家都津津有味地享用着。

在我们院子里帮忙的两个少年——小蔡和小王，虽然不识字，却非常关心我们的起居。西方人的生活方式虽然对他们而言非常新奇，但他们想尽一切办法满足我们的需求。他们还会每周定期让我们评价他们的服务。当然，我们总是对他们的服务称赞有加，但也会提一些改进的建议。有一次，我们真的想不出任何合理的改进建议，于是只能坦言没有意见。他们非但不高兴，反而情绪低落。

"难道你们不想帮助我们再进步提高吗？"小蔡严肃地问道。我们在大多数医护人员身上也同样发现其自我改进提升的强烈愿望。

镇上的呼叫者

在我们抵达村子后不久的一个夜晚，我听到一个男人的喊叫声，但我完全听不懂他在说什么。同样的喊叫声被一个更远的声音重复着，然后此起彼伏，渐渐消失在远方。听到第一声喊叫时，小蔡和小王率先冲到门口，然后急切地告诉我，镇上的喊叫声是为了提醒大家有一头野兽正在村子里逡巡，可能就在我们附近。为安全起见，他俩用一根粗壮的木条抵着大门。果然，第二天早上，我们在大门旁的雪地里发现了豹子的足迹。但显然饥饿的野兽无功而返，因为村里每家每户都提高了警惕，做好了防范措施。

原来村里有一套可以替代电话的人声传话系统。当一则消息要发布时，官方指定的播报者登上被作为政务房的屋顶，然后传话给距离他最近的另外一个据点，间隔十个院子就有一个据点，以此把消息传开。

拥有 4 个版面的《群众》周刊送达后的当天晚上，内容要点就会被播报，一段一段地在黑暗中回响。解放军的最新战况，比如在东北激战的消息，引起了村民们的广泛兴趣。当地的一些新闻也引发了很多讨论，比如在该地区发现一个乞丐。根据他们的推测，可能是他不知何故没有得到自己应有的土地份额，抑或是他太懒惰，不事稼穑。乞讨和卖淫在解放区是严格禁止的。这两个群体都被安排在专门的机构中学习技能或营生，从而获得体面的生计。如果一个地区里还有乞丐会使整个地区蒙羞。《群众》带来了很多政治新闻和宣传，在我看来，医护人员比当地的村民对周刊内容更感兴趣。

中国的农历新年

1948 年的农历新年从新历的 2 月 10 日开始，人们都聚在一起欢庆。农历新年的假期从除夕一般持续到正月十五，庆祝新年的筹备工作从 10 天前就开始了，村子里的人们像蜜蜂般忙碌非常。妇女们赶着蒙着眼睛的骡子推动石磨磨面，以确保能提供足够的面粉做饺子。饺子是一种用小麦面团擀成皮，里面塞满肉碎和卷心菜丝的食物。节假日里成千上万的饺子排成排，家里人随时想吃就下到锅里煮。在中国北方，有一句谚语说："不吃饺子过不去年。"吃"好的"是节假日里最受欢迎的活动。

节假日里也会杀猪庆祝。男人们还会在村子里架设秋千给孩子们玩耍，其中一架秋千就在我们住处的大门外。青少年们，无论年龄大小，从黎明到黄昏，都欢快地打秋千。离市场不远处还有一架俗称"五月竿"的旋转秋千架，先在地面上竖起一根杆子，然后底端放置一根横杆，横杆两头各连接一个秋千座。两名男子通过操纵绳子转动横杆，秋千上的人飞得又快又高。对于小孩子，则在秋千座上安装一个保护装置。

看戏在节假日最受欢迎的活动中排第二位，排在盛宴之后。市场里的露天戏台天天都在唱戏。"小鬼团"用高跷表演了一个短剧，剧情围绕一个大地主的家庭斗争生活展开,当然,结局充满和平和善意,农民翻身当家作主。"地主婆"戴着一顶稻草假发,脸上画着可怕的麻点,耳环则是一只耳朵挂着胡萝卜,另一只耳朵挂着白萝卜。在我们家里服务的两个"小鬼团"孩子都是演员。小蔡为了展示踩高跷的技艺,试图跳过一张桌子,结果脚趾头断了,痊愈花了好几周时间。护士们还表演了两出宣传剧,我已经记不清具体的故事情节,但对巧妙地利用戏剧对农民进行政治教育印象深刻。

村民们的演出也让我感到惊喜。村民们一般不识字,他们演出了一部

图39　解放区民众新年踩高跷表演

遥望与亲历 | 一个西方家庭眼中的中国 (1887—1950)

Outsider and Insider: China from a western family's records (1887—1950)

关于北宋（公元960年至1127年）的长篇经典剧，演出持续了三个下午和两个漫长的晚上。华丽的丝绸和缎子做的戏服闪闪发光，演出所用的道具是从村子里的储藏室翻出来的。戏服和道具代代相传，被小心翼翼地保管着。服装、化妆、道具和伴乐都很出色，比如我们一个邻居吹长笛，另一个则拉小提琴。方圆数英里的小城镇和村庄的人们都蜂拥而至。小脚女人（这个地方最近才停止缠足）骑着男人们牵着的驴子和骡子赶来。观众被这一场面深深吸引，几个小时在不知不觉中就流逝了。观众中的许多人不仅了解故事情节，而且熟稔台词，当演到精彩片段时，观众们还会情不自禁地拍手叫好。看到那些平日里辛勤工作的人们能在此刻尽情地享受生活，真是令人欣喜。

春节那天，从黎明开始爆竹声便不绝于耳。我刚起床便收到了新年祝福。所有接受过外科手术的病患，无论是行动自如的还是步履蹒跚的都亲自过来向埃洛瑟博士表示感谢，感谢他不远千里来到这个偏僻之处为他们诊治。整个上午，工作人员或单独或集体来祝我们健康快乐。中午，我们加入了高级职员的宴会；晚上，我们参加了医生的聚会，有杂技表演，还供应点心、茶、花生和梨。那天，孩子们穿着色彩鲜艳的新衣裳，尤其是他们在秋千上玩耍时，仿佛是纷飞的蝴蝶。许多成年人也穿着新衣服，这表明在维持基本生计之余他们略有盈余。在上午的一场小仪式里，农民和医院医护人员其乐融融。村民聚集在市场的一侧，医护人员面朝他们，大家集体交换新年祝福，每边分别鞠躬三次。然后村长代表全体村民感谢医生、护士和办事员，感谢他们之前到田里帮助农民秋收。8名烈士的父母坐在荣誉席上，他们身后坐着当时在军队服役的村里所有士兵的家属，他们被敬礼深深感动了。农历新年的假日一般持续到正月十五。2月16日，旋转秋千架被拆，等来年新年再重新架设。

农历新年一般被视为一年中最重要的节日，人们自然欢喜，但村子里的人们如此欢呼雀跃是因为每个人都得到了土地。

贫农之家

在我们大门外荡秋千的小家伙们经常来拜访我们。一个相貌平平的小家伙邀请我去他家做客,我一直没当回事。几天后,一个我从未见过的妇女出现在我面前。

"我是小郭的母亲,我们家老三一直闹着要我邀请您到我们家做客。"

她带着迷人的微笑,让我立即想起他儿子。

"来吧,我和我家老三一样诚挚邀请您。"

谁能拒绝这样的邀请呢,我立即和她一起去了她家里。她家是一间土坯房,糊窗户的白纸因年月已发黄暗沉,光线很充足,清楚地看到他们全家睡的炕头,她、丈夫、4个孩子和婆婆。铺在炕上的薄棉垫子和厚被子白天整齐地靠墙叠放在一起。每天烧两顿饭的火靠的是玉米秆子,用砖砌的灶台旁有烟道通过排烟来降温。郭太太炒菜做饭的锅是直接嵌在灶头上的,当她做饭的时候,其中一个孩子蹲在灶口边上,有节奏地向灶里投放玉米秆子,以确保均匀的热量供应。当饭菜做好后,他们就在炕上放置一张长方形的矮桌,摆上粗糙的套碗和筷子。碗筷现在摆放在砧板和菜刀旁的架子上。家里就一个木制衣柜,里面装着一家人的夏衣——每个人的蓝色棉质裤和外衣(在贫农家里,里料和夹棉从冬衣上卸下来,小心地存放起来,以备下一个冬季穿,外衣则可以在夏季穿)。箱子里还装着弹过或还没弹的棉花,会被制成鞋底的碎布料,以及铁匠打造的剪刀。郭太太的银针也是铁匠打造的,并把它装在一个小铁罐子里,作为饰扣缝制在外衣上以便随身携带。我送了她一枚闪亮的美式银针,她再喜欢不过了。她手上经常戴着一枚环形的黄铜顶针(中国普遍使用的那种),一般戴在右手中指的二三关节之间。地上堆着几袋谷子,这几乎是一年的用度,要供全家吃到下一个秋收。地上还有一个盛水的棕色釉陶大罐子和一小罐炒菜用的芝麻油,以及一些必备的农具,这便是这个家庭拥有的全部财产。

村子里的每一个角落都井井有条,从农户家里到院子里,从小巷到集场都收拾得干干净净。所有物资都物尽其用，包括食物、纸张、布料都充分利用，谷物秸秆、枯叶用于烧饭。所有人类和动物的排泄物都存在砖砌的深坑中用于沤肥料，发酵到一定程度后在特定季节用于农地施肥。粪便是他们唯一的肥料，没有它庄稼可能歉收，他们也会挨饿。这是一个当地典型的贫农之家。

家里的老人家像个裁缝一样坐在炕上捻纱，我坐在一边和她聊家常，炕比较高，我坐在炕上双脚悬空。她与我寒暄了几句，在中国的农村里，无论是多么落后的地方，当地人总是懂得基本的礼貌用语和客套的形式。小郭从大门外探头进来偷看了一眼，咧着嘴笑，然后转头跑出去向他的玩伴们炫耀说，村里的外国客人正在他家做客呢。

庆祝妇女节

另一个节日是三八妇女节。我的课被临时取消了，因为医院里的全部女性医护人员都要参加农村妇女协会的一个活动。让我惊讶的是，当天早晨妇女协会就派了两个代表来邀请我去参加活动，活动是在一个大型露天打谷场举办的。他们请我去讲讲"三八妇女节"的起源，而当我说我对此一无所知时，他们都不相信。

"怎么会？三八妇女节就是从您的祖国一个叫芝加哥的城市开始的，"他们说道，"如果您没法讲这个，能否自主选个主题。我们希望您能发表一场演讲！"

当我到达活动现场时已经聚集了 300 多名妇女。基本都是年轻的女性，只有部分年长的。村里的老太太们都很保守，不太接受新的观念和想法。她们觉得都活到这把年纪了，不需要再去听外人讲作为女性应该怎么做，她们循规蹈矩地生活，一切都是按部就班的。所以她们都留在家里，派媳妇辈的女性代表她们参加活动。听众里几乎每位女性怀里都抱着一个小孩，或者左臂上套着一个大木制线圈，因为听报告的同时她们也不能闲着,还得忙着捻线。一旦有小孩哭闹,她们很快就用喂奶来安抚小孩。校长勉励她们要努力劳作,要让她们村子的生产量在当地名列前茅。

随后,医院行政主管的夫人蔡女士,一位受过良好教育的女士先发言:"我们都翻身做主了,我们拥有了自己的土地和财产。"然而听众席鸦雀无声,"我们必须更加自尊和自立!"她继续说道。"之前,当你的丈夫打你时,你能向谁求助?你的婆婆非常强势,你自己的母亲更是无能为力。你只能默默地忍受这一切。但是现在,你不必再忍受丈夫的虐待,因为你已经自由了,拥有自己的财产,你的丈夫也不敢再虐待你,因为他知道你随时可以离开他自力更生。当他第一次和你吵架时,你也不要立即离开他,"她强调,"记住,旧社会以夫为纲的传统代代相传,我们要有耐心,要给他们一个适应新社会作出改变的机会。"

"要到镇上参加会议,"她接着动员,"去看看外面的世界在发生什么,听听报告中的各种提案,看哪些对你或你的孩子有益处。学会投票。不要把所有权利都让给男人。"

女人们最初都露出惊讶的神色。因为在听到这番演讲之前,家一直是她们唯一的庇护所,她们对离开这个熟悉的庇护所面对未知的前景而感到恐惧。但当她们又在琢磨这番话的意义时,她们开始兴奋地窃窃私语,露出了笑容,互相问道,"这是真的吗?"

我的演讲不太成功。因为有许多母亲在分娩后死于伤口感染,甚至有不少新生儿因用不干净的剪刀或工具剪脐带受感染而死亡。我在演讲时敦促这些育龄妇女,为了她们自己的生命着想,以及提高新生儿的存活率,在分娩前让婆婆辈的都注意个人卫生,常洗手,勤剪指甲。

盈亨利家庭通信（部分）[①]

信 件 一

梅塔约于1937年11月对卢沟桥事变后旅程的记录

亲爱的故乡朋友们：

在为卢沟桥事变的和平解决等待了两周，以及宋哲元带着安全承诺进入北平后，我们开始计划前往凉爽的张家口度假六周。孩子们都急着离开，因为他们的玩伴都去了北戴河，城里气温越来越高，因此我们决定7月20日出发，尽管许多朋友都认为这场军事行动可能会蔓延到北方，从而切断我们的联系。

我们（在张家口）平静地休息了一周，然后传来消息说北平已经由日本人占领，宋哲元撤退到保定。此外，在动乱地区发生了更激烈的交战，并逐渐扩大到南口[②]。在那里，中国人正在大力加固山口。那一周，60列火车载着大军沿着绥远线往南奔赴。据报道，昌平遭到日军空袭，

[①] 该部分的信件由叶佳睿与谭潇璟完成翻译初稿，再由程方毅进行校对修改。
[②] 南口镇，北京市昌平区下辖镇，地处昌平城区西北部。

南口南边的桥梁也被摧毁。好几天以来，通往山口的客运列车一直在行驶，随着轰炸飞机对沿线车站的袭击，这段列车的行驶时间一天比一天短。每天我们都听说一直到宣化（Hsuan Hua Fu），各地都遭受了或多或少的袭击。清空的运兵车把成千上万的难民带到了北边。

日本人的侦察飞机陆陆续续地飞过张家口，但没有投下炸弹。为了应对不可避免的袭击，许多预防工作都在进行着。高射炮安装在城里所有的高塔上和营地里。我们住的地方就在火车站附近最大营地不远处。

8月1日，我们收到了美国大使馆的电报，命令我们离开张家口，去"一个安全的地方"，但是得我们自己判断该怎么走。就在我们考虑怎么走，准备动身之时，又来了一封更急的电报，要我们借道山西大同前往太原。

这时，所有的外国人都准备离开。各国侨民只要能找到庇护所，都会迅速撤离。在那里居住的400多户中，只有少数日本人还待在那里。住在我们隔壁院子里的武官先于我们离开。日本领事馆在离开城市时被搜查，查获了文件、地图等。根据这些资料确定了哪些地方将被轰炸，因为在地图上清楚地标明了。后来证明这些都是对的。

铁路官员和他们的家人可以免票通行，并拿到30美元以逃往北方。上千的人躲到了深山和沟谷里，其中有三人死于空袭警报导致的惊吓和过度劳累。我们准备了一辆大型汽车，以防火车停运。我们在8月6日午夜上了火车前往大同。那辆大型汽车安置在一节由市长为我们争取的平板车厢上，跟随我们一起离开。美国大使朵拉上尉（Capt. Dora）和一位5天前离开北京的记者艰难地穿过封锁线，登上了我们的火车。

我们决定留在大同，观察事态的发展。我们被安置在市中心的一个教会院子里。救世军①（The Salvation Army）是我们最近的邻居，我们去那

---

① 基督教（新教）的一个社会活动组织。1865年由牧师布斯创立于伦敦。该组织以救济贫困为主旨，广泛进行宗教宣传，招收教徒，并举办"慈善"事业。1878年起仿效军队形式进行编制，教徒称军兵，教士称军官。1880年正式定名为"救世军"，后发展到欧美各国。二十世纪初传入我国。

里听新闻广播。门外的圣公会教会医院（The Anglican Mission Hospital）也收容了外国难民，他们有一台很好的收音机，我们经常一起聊天交流意见。

不久，我们就忙着照顾每晚从南口送过来的伤员了，他们被安置在担架上，然后被运送到 10 英里外的永康洞（Yung Kang Caves）的战地医院。这是一段漫长的旅程，在得到妥善照顾之前，他们的情况非常糟糕。救世军在现场提供援助，国民党政府对他们的援助表示欢迎，支起了两个帐篷并配备了面盆、毛巾、热水和茶水。有些伤员已经超过 24 小时没有喝水了，他们满脸都是血，面目全非。所有能用的卡车和汽车都用上了。我们在那的两周里，我们的车帮了大忙，国民党政府则为我们提供汽油。

突然，有 10 架日军轰炸机从内蒙古或热河的一个空军基地飞到坪地川①。大同方面接到消息说敌机可能会在第二天到达。我们迅速整理，准备在 8 月 24 日上午开车离开。擦洗完车子，把行李和乘客从城里几个地方接回来后，已经快 11 点了。我们决定先吃个午饭，然后开车前往连接大同和太原这两个大城市的那条著名公路。在这 200 英里的范围内还没有修建铁路，尽管勘察工作已经完成。

12 点钟，我们还没到西门，第一架飞机就到了。警察正在清理街道，让我们下车去找地方躲起来。很快我们就又回到车里，以最快的速度驶出城市，驶上了车道。我们才开了 4 英里，就有 4 架大型轰炸机在我们上空盘旋。路上有很多车，所有的人都把车停在麻田里避难。他们朝我们大喊大叫，让我们赶紧从车里跑出去。我们照做了。不久，飞机抵达大同并开始轰炸。爆炸声听得清清楚楚，我们回头看见了滚滚浓烟。在第一个电报站，我们得知第一颗炸弹落在了一辆开往北门的公共汽车上，有 17 人遇难了。到达太原后，才知道我们住的院子也遭到了轰炸，死了两个人。炸弹可能是针对街对面的建筑，据说那里存放着弹药。

---

① 山西省晋中市和顺县平松乡坪地川村。

当其他飞机从我们头顶飞过时，我们又不得不下车。由于出发晚了，又有延误，我们不得不在雁门关①的滑道上停留一晚，在"中国内地会"（China Inland Mission，CIM）②的太原站（Tai You）③。翌日清晨，阴云密布，天空雾蒙蒙的。这个天气对于飞机飞行来说非常糟糕，对于我们"逃亡"来说很好。我们非常高兴，加上因为那天是其中一个成员的生日，我们唱着歌，在路边的树下吃了一顿丰盛的午餐，包括了我们吃过最好吃的哈密瓜和西瓜，这些东西一路上都有卖。

我们登上关口，路上每一个关口都有着壮丽的景色。我在中国翻过了许多关口，但这些仿佛是我见过的最好的景色。我们遇到了有数千名士兵徒步行进的部队，还有100多辆卡车载着弹药。这些卡车都被巨大的树枝伪装了起来，这些树枝完全覆盖了它们，看起来就像一个行走的森林。当飞机飞过时，他们就会停下来。这些部队将在大同集结，向南进发。

我们还没走到山口的另一边，天就下起雨来了。很快，道路就变成了一条河。汽车严重打滑，大家下车给车轮上了链条，这虽然有些作用，但在这些狭窄险峻的道路上行驶的危险程度和轰炸机在头顶飞差不多。在这趟危险的旅程中，我们以蜗牛般的速度缓慢行进了40英里。我们到达太原时，电灯都亮起来了。

雨又下一整夜和第二天一整天。道路无法通行，车走不了了，所以我们坐火车前往下一站目的地太谷。一连14天，几乎天天有雨。整个山西省都在发洪水，桥梁被冲毁，交通瘫痪。

在太谷，我们宁静祥和地度过了一个月，除了谣言和频繁的电报警告我们麻烦即将来临，以及所有通往海岸的出口都存在危险的情况。军队正向战区进发。来自甘肃的共产党军队几天前就来了，他们大多是骑马来的，个个相貌堂堂。

---

① 雁门关，位于中国山西省忻州市代县县城以北约20公里处的雁门山中，是长城上的重要关隘。
② 中国内地会是由英国人戴德生牧师于1865年创办的超宗派的跨国家的基督教差会组织。
③ 未找到与"Tai You"对应读音的CIM站点，故推测为太原站。

同蒲铁路线停止客运三周，只通行军车。

一些在太谷的外国人从石家庄前往汉口，在顺德（今邢台）时，由于一座桥被洪水冲毁，他们耽搁了8天。旅行是最困难的，汉口和广州的来信告诫我们不要带着孩子走这条迂回的路。汉口的酷热和拥挤、食物的短缺，广州的危险、封锁、台风和北方通行的延误，所有这些都让我们选择不走这条路线。我们宁愿在这里遭遇敌人也不要在拥挤的城市或公海上，因为太谷平原美不胜收，近处又有壮丽的山景。庭院周围是种满了各种各样蔬菜的繁茂花园。

后来，随着压力越来越大，我们开始询问去青岛的最安全的方法。同蒲线重新开放客运，虽然这不是最近的路，但在此时是最安全的。有人私下告诉我们，这趟火车将会非常拥挤。太谷站已经好几天没有票卖了，因为列车在起点就已经坐满了人。

我们决定往北走几个站，试着在榆次（Ye Tzu）站①上车。我们在9月30日晚上8点离开太谷，一行12人，6个外国人和6个中国人。在榆次火车站，我们被拒绝购票，但他们告诉我们，如果我们能上车，可以以同样的价格补票。

我们在月台上从9点半一直等到凌晨3点钟，才接到火车来的消息。4点钟，火车进站了。火车有20节车厢，但没有一节有位置让我们踏上去。我们在它停下来的20分钟里来回走动，快要绝望放弃时，发现有两节车厢几乎装满了用于黄河维修工作的袋装水泥。它们被帆布覆盖着，但上面可以坐人。于是我们很快爬了上去，松开帆布，把身体和行李安置在高处，与客运车厢的顶部齐平。我们安顿下来，在这列火车上度过了两天两夜。我们在车站里感到很冷，但相比于在海拔2500英尺的高空，暴露在寒冷的空气中，我们感到更冷。太阳终于出来了，几个小时后我们舒服多了。到了正午，我们被风刮来的热浪烤得像龙虾一样红。尽管这样难

---

① 根据同蒲铁路沿线车站表和谐音推测"Ye Tzu"为榆次站。

受，我觉得在货运车厢还是比在拥挤的客车车厢好一点。

于是我们真正的旅程开始了。山西之行其实很愉快，空气很清新，风景也很美，我们沿着汾河河谷，穿过黄土丘陵和肥沃的农田，河水灌溉着农田。穿过这些山谷，几英里外的树上挂着黄澄澄的柿子。它们又长又尖，不像我们北方的品种那么大，但很好吃。我们带了大量的食物，还有地里种的水果和车站小贩调制的食物，比如烤牛肉、烤鸡、热腾腾的红薯和面包，加上保温瓶和水壶里的热水，勉强有了活下去的资本。

我保护着一位中国贵妇，她隐姓埋名到北京旅行。当我看到她试图调整自己在凹凸不平的水泥袋上的座位时，我不禁笑了起来，我想到了她与政府的联系，以及在正常情况下她该会如何旅行。然而她是一个很有风度的人，坚毅地接受了现实。夜晚很冷，她被子不够盖，她穿着我那件亮绿色的羊毛浴袍，画面看上去很美。

许多乘客是要逃到西安的难民，他们在靠近山西边境的车站下了车。我回想起1900年，慈禧太后就像个农妇一样坐着一辆没有减震的马车从北京逃到西安府。

第二天日落时分，我们到达了火车线的尽头，在河边的风陵渡①。

过黄河可不是玩闹，摆渡人向我们索要5美元，"你要么付钱，要么错过潼关的火车"。我们屈服了，给了钱。接着坐上黄包车疯狂地冲向火车站，路上其中一辆车还翻了，但我们终于到达了陇海铁路，在只剩下5分钟的时候登上了"绿色快车"。当我们准备到车站的时候，火车正在进站。这是全中国数一数二的"高速列车"，三等座就已经很好了。

徐州将是我们下一个中转站，在我们到达那里之前，我们将处于危险地带。在到达该地前的几个小时，我们被提醒有危险——我们被转移到了一条旁轨上，而日本的炸弹正在轰炸铁路和其他地方。徐州那天早上也被轰炸了。铁路有两处被毁坏，但几小时后就修好了。两起爆炸事件都不严

---

① 风陵渡镇，隶属于山西省运城市芮城县，地处芮城县西部。

重。中途，我们有一次被指示要离开火车。南行的火车晚点了。经过25个小时的颠簸，我们终于在8点驶入徐州，正常来说13个小时就能到达了。陇海线是一条很有意思的线路，我们在上面经过了洛阳、开封和郑州等大城市。

我们在徐州站等待津浦线的"蓝色快车"，因为我们确信它会在夜间的某个时候到达。大部分火车在夜间运行，只有在安全的情况下才在白天运行。当警报响起时，列车会进入到树林或山丘附近的旁轨，以便乘客迅速下车寻找庇护。这条线上收到了三次警告，有一次我在松林里待了两个小时，飞机一直在上空盘旋。

从南京过来的火车在11点30分于倾盆大雨中到达。我们设法在最后一节车厢里找到了座位，刚好一些军官和士兵把那节车厢腾出来。开往南京的火车还没有消息。我们当中有一位中国护士要去那里的一家医院。我们让她在站台上等着。到南京去的正常行程只需要4个小时。

这次去济南的旅途，原本大概只要20个小时，但实际上花了一倍多的时间。到了早晨，车子慢了许多，很快就没有任何进展了。在此期间，我们已经到达了泰安。今天的天气适合轰炸，敌人很清楚这一点。警报响后，我们很快就爬上了这个历史名城附近的小山。

大型轰炸机出现了，绕了一圈后，又往我们后方飞了几个站，然后凶猛地投下弹药。

那一天，我们大部分时间都停留在原地，偶尔会走到下一个站。在我们离济南还有两个小时车程的时候，又是一个警报，很快就有上千名乘客隐藏在山沟里和阶地边。我们和同行的乘客混得很熟，感情也越来越深。

原本两小时的车程延长到了36个小时，我们终于接近济南了。火车在离市区还有5英里的地方停了下来，我们被告知，如果不想在车上再待一夜，那就得下车走另一条路进城。火车在济南及其周围受阻严重，以至于他们不知道什么时候可以继续前进。住宿的争夺非常激烈。手推车、人力车、独轮车、牲畜等被征用来转移人群。我们中的一些人开始步行，但最终都在城市附近搭上了黄包车。我们下火车时已经是下午 5 点。8 点，我们到达了胶济站，得知去青岛的火车将在 10 点开出。处理完行李后，我们去找了一家餐馆，这是我们这 6 天以来在火车之外吃的第一顿饭。去青岛的这列火车的拥挤程度丝毫不亚于其他火车，从济南和其他地方来的难民挤满了整辆火车，包括过道和站台。然而，这是第一列准时到站的火车，我们在早上 8 点抵达青岛，这座美丽的城市就像天堂。"奢侈"的私人房间、床和浴室，我们已经 7 天没见过了，让人欣喜得无以言表。在旅途的大部分时间里，唯一的安置是三等舱。我们也学会了调整自己，以便在分配给我们的最小空间里得到最大的休息。

我们被安排在舒适的基督教青年会（Y. M. C. A.）①，在那里我们得到了热情接待。他们的费用适中，旨在帮助所有投奔他们的人，无论情况如何。难民女学生来找他们，每人只要不到两美元，想待多久就能待多久。这里有两栋楼，一栋住着许多家庭和单身女性，另一栋住着学生和旅行的男性。这里甚至还有网球场、篮球和溜冰场，所有客人都可以使用。

我们遇到了很多老朋友，他们要么住在青岛，要么是来这里避难的。我们欣赏了这个奇妙地方的景色，它坐落在一座向海倾斜的小山上。在乘坐了几次汽车之后，孩子们开心地乘坐了两辆俄罗斯马车，每小时四五十美分。海滩也很吸引他们，他们花了很多个早晨去捡贝壳，过上了或多或少正常的生活。

我们非常想回北京，于是计划乘最早的船去北方，尽管有一艘货船，可能不太舒服，尤其是在暴风雨中。舱位只有两个等级，一等是外国人，二等是中国人。前者已经订满了，我们决定坐后者。下午 5 点，我们上了船并向船舱走去。但是太拥挤了，我们根本下不了楼梯。在 500 名乘客上船后，工作人员报了警并试图阻止他们，但是人群开始骚动了。警察告诉

---

① 全称"Young Men's Christian Association"，1844 年 6 月 6 日由英国商人乔治·威廉创立于英国伦敦，希望通过坚定信仰和推动社会服务活动来改善青年人精神生活和社会文化环境。

工作人员如果他们卖了1000张票，就必须带走相同数量的乘客，否则将被拘留。但这并没有什么帮助，因为船上已经储存了满满一批货物，船身几乎快没到甲板了。船员贴出一条通告，说船上不供应食物。船上卫生条件很糟糕。我们感觉到，如果继续留在船上，将会有性命之忧。船上没有救生船，如果爆发流行病，我们可能会被隔离一段时间。船上的情况即使不是很危险，也会很不愉快，所以我们在9点钟下了船，回到了登船的地方。

我们到达青岛时，正值一个月前从天津逃出的难民试图返回该城市的时候。一些从上海过来的船因为满载而无法在这里停靠，其中一艘船还因为被检出霍乱而在塘沽被隔离，所以很难订到票。等了13天后，我们终于乘坐"B. and S."号船出发了。然而，我们并不介意在这个港口城市逗留得久一些。其间，我们休息并拜访了一些朋友，他们中的许多人都租了度假屋，希望能一直待到情况稳定，直到他们可以回去工作。

无论如何，旅行总是不易。大家都急着离开山东。我们都面临着被隔离的可能。每个男人、女人和孩子在上船前都必须接种霍乱疫苗。我们在一个很快被全面卷入战争的国家中旅行。尽管有种种困难，但旅行也并不是完全糟糕且毫无乐趣。我们经过或到达了8个省：河北、察哈尔、绥远、山西、陕西、河南、江苏、山东，以及北方的6条重要铁路：平绥线、京汉线、同蒲线、陇海线、津浦线、胶济线和京奉线。

我们沿着海岸线一路航行，直到过了烟台（Che Fu）才看不到陆地。① 我们耗费了16个小时从塘沽沿河而上抵达天津，一路上颇为乏味，大部分时间是在大雾中。这段路通常只需要5个小时。不过此时我们已经习惯了延误，如果他们在拖船上放一些食物的话，我们就更没有理由抱怨了。

当天晚上10点我们到达了在天津的住所，5点起床开始我们旅程的

---

① 烟台，古称芝罘，晚清民国外文文献中常被记录为"Chefoo"。

最后一程，乘坐拥挤的火车前往北京，历时 6 个多小时，终于到了家！

在这里，等待我们的是欢迎。我们已经离开了 3 个月零 3 天。原本 150 英里的行程，我们走了 2000 多英里。

信 件 二
摘自梅塔于 1937 年 11 月 29 日和 12 月 12 日的信件

描述我旅行的信上周发了。我希望是个好时间。我想我可能会添加的更多项目会更有趣。有时我可能会写另一张"杂闻"。我不禁希望比尔能够掌握真实的事实以提供给国家有关部门。有很多十分丰富的材料。其中一半永远不会被告知，也不会被泄漏。几年前的亚美尼亚大屠杀无法与这里发生的事情相比，而结局还没有结束。

在现有的条件下，我们的心一直在悲伤。现在中外报纸都这么片面，很难得到真正的消息。广播新闻受到干扰，所有来自战区的广播都模糊不清，难以理解。我听说人们会花钱使用某种工具，比如金属板上的锉，来阻挡声波。

生意不景气，大多数东西的价格都很高。报纸说这里的情况正在迅速恢复正常，但别相信。在这种可怕的情况下，世界似乎不可能相信变好，也不可能什么都不做。整个中国都必须经历，因为"她不友好"，"不会按敌人的条件和解"。我们不希望政府首脑放弃。我们不希望在这些条件下实现和平。

司徒雷登（Leighton Stuart）① 在感恩节那天发表了精彩的演讲。自由是贯穿他演讲内容的主导思想。他认为美国人没有充分欣赏他们的自由。他以前从不欣赏帕特里克·亨利（Patrick Henry）的话，也不能与他一起喊出：不自由，毋宁死。尽管他对此思考了很多，因为与对方来自同一个

---

① Leighton Stuart 即司徒雷登，时任燕京大学校长。

州，离同一城镇不到两个小时，经常去同一个教堂做礼拜，呼吸着与这位忠诚的爱国者相同的空气。他接着说，过去一年，尤其是这几个月的经历，让他从内心最深处，以最深刻的感受喊出：不自由，毋宁死。

这个异常沉默寡言，又时常退缩的人大胆地走出来，带着他信念的勇气，以我们此前从未听过的方式讲话。他经历了很多，是一个"著名的人"。无论发生什么事，他都不会退缩。他认为这个世界应该知道真相。

贫穷令人心碎，你无法想象这样的痛苦。我们正在与炉火相处，以节省一点煤炭，在慈善事业上提供更多的帮助。

太谷（Taiku）和汾州（Fenchow）① 已断绝通信近一个月。就在几天前，我们通过日本人听说我们的朋友是安全的。他们从太原派了一个官员下来。除了日本人发送的信息外，他们不会允许任何信息传出或传入。我为了出去不得不在太谷借钱，却一直无法归还。那里的人此时一定急需资金。

我们还在等待太原的详细报道。这座城市被围困了好几天。据报道，外国人和官员必须走出城门，向城门外的征服者军队行礼并欢迎他们，否则如果城门被攻克，将面临全军覆没的威胁。

平绥线②上还有五个车站，所有在这些车站上下车的乘客都必须签字保证不会下车。暴行如此可怕，以至于在其中一些地方，一个男人、女人或孩子都没有留下。

哪里有抵抗，哪里就有痛苦和虐待。在中国人磕头邀请他们进来的地方，他们就比较宽容了。因此，一个又一个地方不战而降并不奇怪。我们从坚守岗位的救世军工作人员那里获得了很多一手信息。前几天晚上，我们招待了来自大同府的朋友，他们讲述的故事或许会对你有启发。

太原沦陷后，城中到处飘扬着旗帜。大街小巷都竖起了牌楼，到处都

---

① 汾州府现称汾阳，位于山西腹地偏西。
② 1921年5月1日全线完工，更名为平绥铁路（北平—归绥）。

是彩旗和鲜花，以纪念胜利。所有学校，包括基督教学校和其他学校都被迫举着旗帜和横幅游行，庆祝胜利。我希望你能看到那些在刺刀下被迫穿过街道的人悲伤的脸和垂下的脑袋。强迫人们进行这样的程序真是一场闹剧，许多旗帜被向下拖在尘土中。

潼关发来的电报说汾州（Fenchow）除了医生和护士之外，传教士都撤离了。所有的新闻都是那么微不足道。他们的信息被切断了，我们却认为他们是安全的。来自那个省的消息是，事情对日本人不利。几乎所有被占领的地方都再次回到中国人手里，只有铁路沿线的一条狭窄的区域未被夺回。我们比你更难得到消息。我们的报纸没有报导什么不好的新闻。

我昨天就要开始讲这个，但被打断了。今天我们还有一个故事要讲。我希望能在你的文章中看到这些报告。我知道会异常兴奋（there is excitement aplenty）。这里大使馆的无线电一直忙于处理从南京城外传来的消息。我们的军舰沉没了，我们其余的大使馆工作人员还在船上；两艘标准油轮也沉没了，两艘英国船只遭遇开火，不过它们很好地坚强地返回了。我希望美国人有更多的勇气。

渐渐地，我们听到陆续有工作人员获救。目前我们听说有18人失踪了，我想应该是船员和军官。晨报不会讲得太多。罗伯茨夫人（Roberts）目前和史迪威（Stilwell，我们的武官）住在一起；在确定弗兰克（罗伯茨）安全之前，他们将一直处于一种状态。他是最后一个得知消息的人。

还有其他令人极其不安的谣言。克伦帕克（Crumpacker）先生刚从弟兄会回来，说他们在寿阳①的三位传教士已经失踪，下落不明，我很了解哈什夫妇（Harsh）。

昨天日军要求全市举行庆祝南京沦陷的活动，所有学校都要参加。布里奇曼学院（女子教会学校）接到通知，至少有100人要参加游行。星期六，竖起牌楼，挂上灯笼。星期日传来城市没有沦陷的消息，游行没有

---

① 寿阳县，隶属于山西省晋中市。

举行，灯笼被取下来了。丢了一些颜面。激烈的战斗仍在继续，这是一场生死搏斗。

今天的另一个谣言说，太原发生了日本人大屠杀，这可能只是谣言。我们听到共产党人在那个省拼命战斗。

结局还没有到来，有一半的人还没有得到消息。如果南京沦陷后中国军队的士气能够保持在良好的水平，那也不会是全败。有些人担心，随着他们首都的沦陷，这可能意味着灰心丧气和代表战斗能量的旗帜倒下。某种意义上这是一种危机。如果他们继续坚持下去，我们可能会有更多令人鼓舞的故事要讲。很难写出更多他们的情况。我们一直在思考、谈论和生活，当这些到达你那里的时候，它已经是过去的历史了。

我们可能会被迫离开，不过在这种情况发生之前我们并不打算离开。许多中国人说，尽管我们做不了什么，但有我们留在这里就是一种帮助。只要他们需要我们，我们就想待在这里，我们也能留在这里。

米莉安认识中印银行经理的妻子，并知晓了在那9位神父在石家庄附近被杀害的故事。关于这件事是哪一方做的，没有任何疑问。当传教士的位置被取代时，日本人表示他们是安全的，他们在吃晚饭的时候，为所承诺的话语和保护举行了感恩仪式。结果饭还没吃完，日本人进来蒙上他们的眼睛，把他们捆起来，扔进一辆卡车里，车开到城郊，用刺刀刺死他们，扔进坑里，日本人还在镇上屠杀了九百人，将他们全部烧毁。一两天后，他们的朋友在这里捡到了他们的几片衣服。就连住在附近的姐妹们也有一个月不知道他们的下场，只知道他们被俘虏了。所有人都不敢说出来。

当日本人来到姐妹们的大门时，她们已经休息了，日本人不断地敲门，没有得到应答就走了，没有闯入。这件事一直保密了一个多月。最近有人来透露了细节。日本人试图证明这件事是是中国人穿上了他们的衣服做的。许多村庄和城镇被彻底摧毁。为什么要列举这些事迹，它们只是成千上万罪行中的一小部分。

一位传教士告诉他的教区居民"他们怎么要求的就怎么做","把脸转过去",他们想要什么就给他们。居民问:"当他们要我们的女人和女孩时,我们该怎么做,我们该说什么?"传教士难以回答。他认为他已经给了他们很好的保命建议。

马丁(Martin)先生告诉我,他们正在为所有乡村地区的人举办一个课程。保留了一次会议来讲述他们整个夏天的经历。他说,他们讲的事情令人震惊。做梦都想象不到会这么糟糕。

当基督教国家说我们必须小心,不要冒犯日本人,不要破坏与日本的友谊时,我们对他们感到愤慨,这有什么好奇怪的吗?我希望我永远不会为培养那种虚假的友谊而感到内疚。为什么无法无天的国家会受到不同的待遇?你总不能拍拍他的背说:"走吧,我们想和你做朋友,你不会伤害我们的。"他们是不会伤害你——在他们有机会之前。

信 件 三

伊萨贝尔于1940年7月31日从北京发出的信件

亲爱的朋友们:

我办公桌上未答复的信件太多了,我也有太多的话要告诉你们每一个人,但是要经历数周的高强度写作才能逐个回复。所以,我决定寄出这封信,让你们了解我的经历,这样我才不会那么内疚。忽视了你们令我感到很惭愧,但我确实从来没有这么忙过,忙到连写信的机会没有。

你们应该记得1939年春天我们在檀香山①度过了非常愉快的两个月假期。在华盛顿特区度过了艰苦的生活之后,这里算得上是休息和玩耍的理想场所,我们还在这里期待比尔(Bill,即伊萨贝尔的丈夫威廉·梅迹)在北京的新职位。我们在海滩附近找了一间带家具的小平房,找了

---

① 即美国夏威夷州首府火奴鲁鲁。

一个年轻的中国女孩来照顾吉姆（Jim，现在3岁），然后把拉里（Larry，9岁半）送到普纳霍学校，那里只用上早课。比尔在陆军见到了许多老朋友，还在海军结交了新朋友，他花费大量时间观察他们在陆地、海上和空中的各种活动。他曾多次乘飞机到其他岛屿旅行，总而言之，多年的办公室工作，他认为自己经受了很好的"进修课程"。我从来没有见过他在度假时这么开心。

我很高兴我能拥有完全空闲的时间，我可以在海滩上度过几个小时，也可以在家看书。吉姆也很开心，他喜欢沙子和水，他之前从未有这样的好精神。拉里一放学，就会加入我们，他是个游泳好手，还在上冲浪课。天气很好，晚上凉爽，白天温暖；风景令人无限愉悦，我们身后是树木繁茂的山脉，面前是蔚蓝的大海，周围是鲜艳的热带花卉和绿色的植被。

5月初，我们通过陆军转运离开了檀香山，一路平安，直到我们进入关岛港，在那里我们不小心搁浅在珊瑚礁上了。因此，我们并未按预定好的那样在关岛停留12小时，而是停留了5天。这艘船虽然没有受到任何损坏，但必须先卸掉大量货物和压舱物才能转移出来。比尔决定，相比在船舱里活动，在陆地上会更快乐，所以我们搬到了泛美快船酒店（Pan-American Clipper Hotel）。这是一个非常舒适又有趣的旅馆，我们可以看到那些大型的跨太平洋的飞机降落，还能看到它们起飞飞往马尼拉或中途岛。

我们再次启程，并在马尼拉安全靠岸。这里像往常一样热得要命，即使是猛烈的热带暴雨也无法降温。我们很高兴离开这儿，尤其是比尔，他每天都从酒店赶到轮船公司办公室，还要去码头和军用仓库，为我们的北上旅程预订行程，用海军运输船运送货物，还要寻找丢失的行李，幸好最后找到了。香港是下一站，那里也很热。比尔有公务要处理，但我很高兴留在船上。我们在"柯立芝"号上，这是一艘非常舒适的船，但我第一次遇到由工会组织的船员，这是一个糟糕的经历。几个中国朋友上船来看我们，再次回到中国的感觉真好。

我们一直待在上海，直到订到了去塘沽的船，大约花了两三天。我们很高兴在那里见到一些老朋友，其中包括现为英国总领事的托尼·乔治（Tony George）、戈斯先生（Goss）、斯坦顿夫妇（the Stantons）、邓拉普博士（Dunlap）、米尔顿·贝茨（Milton Bates）和麦克唐纳（C. M. McDonald），他告诉我们他在班乃岛①上的倒霉经历。在旅馆里，我聘请了一位中国保姆照顾吉姆，她和我们一起去北京。她对我们帮助很大，我们的航行也一帆风顺。在塘沽，我们遇到了助理武官芒森（Munson）上尉，他带来了在北京的家人和朋友的邮件和消息。看到日本国旗挂在岸上，并随时忍受那个民族的无礼，真是令人气愤，糟透了。我们在一艘英国船上，在抵达烟台的前一天，我们在码头附近被耽搁了4个小时，被告知人不可以下船，驳船不可以卸货。但他们显然是受到日本人的命令才远离我们的。因为在给我们带来不便的漫长等待之后，他们最终急切地出现了。然后在塘沽，虽然我们比几艘日本船提前几个小时到达，但却一直等到他们都离开后，医务人员才上了船。这让我们错过了早班火车，于是我们一直待到下午，才赶上了非常拥挤的晚班火车。日本人不会给女性让座，不管她有没有带着孩子，所以我已经预计我要站5个小时了。后来，比尔碰到了美国驻东京大使馆的两个美国人，他们正在做外交邮袋的信使。他们让我们共用他们的隔间，关上门后吉姆小睡了一会儿，真让人松了口气。

　　6月13日，晚上11点左右，我们到达了北京。全家人都在车站迎接我们——母亲，米莉安和她的3个女儿简、南希和佩吉（Peggy），还有几名陆军军官和他们的妻子。接下来的几天里，我们都在忙着收拾行李，去看朋友，出去吃饭和聚会。母亲把她在灯市口（Teng Shih K'ou）的房子让给了我们，她几天后搬到公理会的一所房子里，那里空置了一年，家具齐全。我们在同一条街上，相隔只有几分钟的步行路程。米莉安在街对面的北京交易所（Beijing Exchange）工作，所以我们都离得很近。

---

① Panay 班乃岛，菲律宾中部群岛中最西面的岛。

一周后,我们的80箱行李到了,我们又忙着拆包裹安顿下来。我们很幸运地承接了比尔的前任(史迪威上校)的仆人们,并对原来的人员进行了两次调整,事情似乎进行得非常顺利。吉姆非常喜欢他的新保姆,他们常常形影不离。他很有办法,也深受仆人们的喜爱——尤其是因为他只会说中文。

我们到达后的第二天早上,比尔就去办公室接受他的新工作,从那以后就一直努力工作。从1928年到1932年,他在那里担任了四年语言官员,已经熟悉这项工作了。他受到了所有中方工作人员的热烈欢迎。

作为一个所谓的"新来者",我必须先拜访所有的大使馆、公使馆,还有外国机构和公司的负责人,这花了几个星期和100多张名片。比尔很高兴我已经做好了拜访的工作,他可以免于这种折磨。他已经迫不及待地开始了他的重庆(Chungking)之行。他几次尝试乘坐飞往上海的日本商业航线,但都由于种种原因被推迟。7月21日,他最终乘船离开了,一直到10月初,他都在旅途中。这场旅行包括上海、汉口、广州、香港、云南、河内、重庆等地。这是一次非常有趣的旅行,不过这是他自己的故事。

起初,我正忙着整理房子和花园,后来天气变得异常炎热和潮湿,让我想起了华盛顿的夏天。我决定尽可能多地去山里,带着拉里还有一两个朋友一起去野餐,然后在山里度过漫长而愉快的日子,我们走过那些心爱的小径,在凉爽的泉水边或在一个可爱的古庙庭院里面吃东西。这里不像过去,可以让我们随意漫游,大使馆知道我对登山的狂热,坚持不让我超过第一区(the first range)。所以如黑龙潭、妙峰山、潭柘寺和戒台寺这样的旧爱都被禁止前往了。但是近一点的地方仍然像往常一样可爱,而且基本没有日本人。

米莉安和女孩们在7月去了北戴河(Pei Tai Ho)的海滩,所以我让拉里8月也去那边待了两周。他回来时皮肤是棕色的,很高兴。母亲也去了几个星期,返回时被天津的洪水困住了,洪水把所有火车都打乱了。他们返回北京的旅程很悲惨——部分原因是洪水，部分原因是日本人。他们在烈日下乘坐了一艘敞篷且拥挤的驳船，剩下的时间在一辆没有地方坐的三等车厢，和一个拒绝给他们水或茶的日本人一起度过，这个日本人说食物只够日本乘客吃。他们已经旅行了 36 个小时，在一个午夜到达，疲劳不堪，口渴难耐。过了好几天，他们才从这次旅行的疲倦中恢复过来。我姐姐被推来推去的行李撞得满身淤青。车里的一名妇女在天津车站被一名愤怒的日本妇女撕掉了一部分衣服。我们都知道日本男人的行为举止，但这是我第一次知道日本女人也如此粗暴。

9 月初开学，拉里上四年级。自从我们离开华盛顿后，他的学业就断断续续的：在好莱坞一个月，在檀香山两个月……他花了几个月的时间来适应新学校的规则和秩序，然后安定下来，在这一年余下的时间里都表现出色。

比尔 10 月回来时，我们陷入了紧张的社交生活。除了他离开前在俱乐部举行的大型招待会外，我们几乎没有进行任何招待，所以我们必须认真招待。

在 5 个星期的时间里，我们每周有 30 到 50 位客人共进晚餐，此外还要参加三四个派对。这些事务中有许多都是官方的，散得很早，但这种生活很疲劳。然后是我记忆中最愉快的圣诞节这天，大使纳尔逊·约翰逊先生（Nelson Johnson）与家人从重庆来这与我们共度六周。这是 1937 年 7 月之后他第一次回到北京，因此美国人激动地庆祝，热烈地欢迎他。

活动一直持续到 1940 年 1 月 15 日，大使、奥韦雷斯奇（Overesch）中校、海军武官和比尔都启程前往上海。我期待有一段安静的时间来弥补过去 3 个半月参加活动的疲劳，但并未如愿。姐姐因为过度工作病得很重，在医院住了两个月。她的几个女儿过来和我们住在一起，所以我们是一个有着 5 个孩子的热闹家庭。我忙得不可开交，因为佩吉体重过轻，需要提醒她吃药，而南希超重，也需要提醒她吃药，并保持合理饮食。除此之外，每晚都要帮助南希学习拉丁语。我已经 25 年没学拉丁语了，还真没有资格指导,但我们一起打败困难,她的成绩也提高了。

3月的一天,我姐姐离开医院,在她自己的中式小房子里休息,那里是史克门一家曾经住过的地方。她在那里待了两天,差点儿被她房间里炉子中的煤气弄窒息。我赶紧把她送回医院,她脸色灰白,几乎说不出话来。这吓到我了,所以当她再次出院时,我坚持要她来找我。米莉安的饮食很严格,只能吃水果、蔬菜和谷物,也不能放盐。在这样的限制下,很难做出可口的饭菜,但她在慢慢好转,虽然过程是漫长和艰苦的。

4月,我签订使馆区一栋大型外国房屋的租约。比尔很想搬进这个区,但我们一直找不到合适的地方。我不想离开灯市口,因为我一直住在那条街上,从来没有觉得那里不安全。比尔想住在这里有两个原因:一个是离他的办公室和大使馆更近,另一个是为了让他安心,因为他知道如果他不在,我们遇到任何麻烦住在这里都会好解决一些。在我们来这里的一年中,他大约有一半时间不在家。因此,当有机会租下这所房子时,我给他发了电报,几天后租约就签署了,我也开始了一个月的装修。我做了一些大的改变,拆掉了两个丑陋的镶板壁炉,用灰砖建造了简单的壁炉;拆除了所有的玻璃珠灯罩,安装了新的电线和灯;扩大了厨房,粉刷了楼上所有的木制品,并重新粉刷了所有的墙壁,此外还做了许多小改动。4月我每天来这里两次,有很多事情要监督。因为我们几乎没有带任何家具,之前一直在用妈妈留下的,我还得买一些家具、地毯和窗帘。比尔预计会在5月初回来,我计划从容地搬家,这样他回来时我就在家里了。结果,比尔想在4月26日回来给我一个惊喜,那天晚上我正在为比尔办公室的上尉和马蒂斯夫人举行告别晚宴和舞会,我邀请了120位客人。幸运的是,芒森上尉在25日得知了这个计划,并告诉我。所以,比尔回来之前剩下的时间里,我已将一两个房间预备好。比尔的东西已经搬到这里了,而且新房子里没有一张备用的床,我决定把孩子们留在老房子里,这是唯一的解决办法了。直到准备好他们在这里的房间。去机场接比尔之前我一直在工作,那时新家已经有模有样,令人舒适。从行李中取出比尔的衣服，铺好床，厨房和壁炉里生了火，地毯也铺好了。飞机晚点了两个半小时，我趁此好好休息了一下。当比尔看到芒森上尉和我在等他时，他大吃一惊。我们赶回新房子，拿出他带回来送给孩子们的一些玩具和礼物，接着去俱乐部看看派对安排的进展情况，然后回来洗澡和换衣服，8点半回到俱乐部迎接我们的客人。舞蹈一直持续到凌晨2点，这是我们新房子的第一个晚上的开始，是个很晚的开始。

我们一点一点地让这所房子变得更宜居、更有吸引力。有太多事情要做了，我们聘请工人在屋里和屋外工作了将近一个月。社交对我们大有裨益，因此我们根据需要购买了地毯和家具。我们计划在6月初举行一次大型乔迁喜宴，我订购了300张卡片。但最终我们取消了计划。欧洲的战争新闻令大家无比沮丧，没有人愿意举办或参加不同国籍的大派对。所以我们办了一个美国朋友的小聚会。

我花了几天的时间整理我的花园，改善一个小草坪，建造一个菜园。花园的土壤很糟糕，我们从土里拖出一车车的砖棒和石灰。所幸最后建成了两个非常像样的花园，现在吃着自己种植的蔬菜，我真的很高兴搬了家。

上个月，比尔开始谈论他在7月初的下一次南方之行。上海和香港都在发展，他决定亲自去看看。他推迟了十天启程，希望能见到新的海军官员——克莱顿（Creighton）指挥官，但不能再等了，7月11日他乘坐飞机前往上海。我希望他能在9月回来，但他永远没法有明确的计划。

在我写这封信的时候，家里的人都相隔很远。比尔在香港，比尔离开的那天拉里去了北戴河，和米莉安待了两个星期，现在还在那里，只有吉姆和我在这间大房子里互相陪伴。米莉安在卧佛寺买了一座漂亮的中式小房子和庭院，去海边之前她种了花和蔬菜，现在由我接管了。我和吉姆、母亲和朋友们一起去那里游玩了好几次。吉姆喜欢骑行，在那里很开心，所以我希望经常去那里，我们一整天都在野餐。

在过去的十天里，我的邀约和比尔在家的时候一样满。每个还在城里的人都在欢迎克莱顿一家。在乔治·凯茨（George Kates）的帮助下，我在南海的御湖上的一艘船里做了一顿小小的户外晚餐。满月，船上挂着红灯笼，微风轻拂。昨天我请了50位女士来这里喝茶，与克莱顿夫人见面，我的正式招待就这样结束了。

  这是一封很长的信，但必须写得这么详细，才能涵盖我们近一年半的活动，即使如此也写不完，只能挑选一些来写。还有件事要跟你们讲，你们应该很难相信，我是大学女子北京协会（Peking Association of University Women）的通讯秘书、女童军的财务主管、北京美国学校董事会的成员、老年妇女之家的副主席、北京艺术协会联席业务经理。毕竟你们知道我是多么讨厌俱乐部。

  去年，北京的生活比世界上大多数城市要正常，虽然我们无法预料任何变化，但可能有一天我们也要加入那些因为入侵者的暴行而被迫放弃房屋花园的数百万人中去。然而，截至目前，一切都很平静，北京虽然变了，但仍然如往常一样，是可爱的城市。

后 记

2014年春季学期，正在宾夕法尼亚大学修读博士课程的我选修了一门亚当·史密斯（Adam Smith）教授的课，课名为"宾大博物馆的中国收藏（Chinese Collection in Penn Museum）"。在课上，史密斯教授将宾大的中国收藏分门别类地向我们介绍，还会在展厅或库房中给我们讲解馆藏文物。我们甚至能够戴上手套去触摸感受许多文物，那种零距离接触文物的场景，至今印象深刻。在青铜器专题的那一节课上，我看到了一批鄂尔多斯式青铜器。这些小型青铜器与当时课上的其他大型青铜器相比并不那么起眼，也没有引起同学们多大的兴趣。但因为我当时对北方民族史有一些了解，所以就对这批青铜器的意涵和来源非常感兴趣，便将这批青铜器作为课程论文的讨论对象。由此开始，我便一步一步地走近本书的主题。

收藏史研究是对博物馆文物研究的一个重要构成。博物馆网站资料显示这批青铜器是购自威廉·梅迩（William Mayer）。通过网络搜索，我发现了一个叫梅迩的人，以及他的太太伊萨贝尔。曾是婉容英文教习的伊萨贝尔当时在维基百科便已经有介绍页面。但当时我并不能确认这个梅迩是否是那个售卖青铜器给宾大博物馆的梅迩。于是我向博物馆的档案室申请查阅关于这批文物的购买档案。当我在预约时间到达档案室时，档案员 Alex 已经将所有与这批青铜器有关的档案全部整理好供我查阅。经过查阅，便发现果然他们是同一人，并且读到了梅迩和伊萨贝尔与当时博物馆馆员的多封来往信件。经过进一步研究，我发现华盛顿的亚瑟·塞克勒美术馆也收藏了一批来自梅迩的鄂尔多斯式青铜器，且数量颇多、品质颇佳。而在美术馆出版的图录中，还提到梅迩夫妇收藏的另一批鄂尔多斯式青铜器已不知去处。这些发现让我很兴奋，因为这些发现能够让我围绕这批青铜器讲述一个非常精彩的关于文物收藏史的故事，其中还有末代皇室这个元素。以此为主题，我完成一份期末报告。

原本这项研究本应随着课程的结束、文章的发表而结束。但是史密斯教授一直鼓励我将这项研究进行下去并建议我修读金属考古方面的课程。在史密斯教授的介绍下，我跟随博物馆莫里兹·詹森（Moritz Jansen）教授修读冶金考古方面的课程。史密斯教授还为我向博物馆申请为博物馆做金属考古学方面的分析。我花了一个学期的时间使用便携式 XRF 仪器对 460 多件青铜器一一进行了测量。遗憾的是，我围绕这些测量数据所解读出来的信息十分有限，这个研究角度对于我来说是个死胡同。但是我依旧十分感谢史密斯教授拓宽了我的研究方法和视野。

此前，当我在史密斯教授课上报告我这一研究时，瞿炼和当时正在宾大访学的刘婷玉老师都给了我许多建议和帮助。尤其是非常熟悉中国艺术史和文物收藏史的瞿炼，他建议我要顺着收藏史的线索继续追。此前，我

后 记

在伊萨贝尔的维基百科页面上发现了提供资料和照片的网页维护者是一个名为肯尼斯·梅迹（Kenneth Mayer）的人。我便试着通过他在网络上留下的电邮地址去联系他，结果得到了他的回复，原来他是梅迹上校的孙子。史密斯教授便鼓励我邀请肯尼斯来博物馆看看他祖父的收藏。我向肯尼斯发出了邀请，肯尼斯非常兴奋地答应了。我便有了与肯尼斯的第一次会面。之后肯尼斯向我提供了更多关于他祖父母的老照片和资料。我也因此猜测他们家应该保留了他祖父母的比较完整的资料。

大约在2015年春天，肯尼斯邮件联系我说他的母亲玛吉（Marjorie）处有一批关于中国的藏书，想请我去看看。我便邀请了瞿炼以及当时正在费城的朱骏和我一起驱车前往弗吉尼亚州的阿林顿市。在翻阅这些书籍时，玛吉突然搬出了两箱东西，说也想请我们看看。打开它们后，我欣喜若狂。里面是大量的老照片、回忆录和通信记录。我们整整花了两天时间整理书目并为这些资料拍照。当时，玛吉已经有了帕金森的症状，偶尔会忘记我们是谁以及我们在做什么。虽然有肯尼斯为我们解围，但我们只能匆匆整理完后离开。此后，肯尼斯告诉我们玛吉的病情在不断加重，因此我们无法再去她家中访问，只能依赖之前整理的资料和照片进行研究。

时间来到2018年夏天，我完成了我的博士学习并准备回国工作。肯尼斯突然联系我说他的母亲已经住进了养老院，所以需要处理家中的物品。他希望我能联系博物馆或者档案馆捐献我之前看过的那批材料。之所以联系我进行捐献，是希望能够将这批材料捐到一个方便我进行进一步研究的地方。我首先联系了宾大博物馆的档案馆。亚历克斯（Alex）表示非常愿意接受这批档案，但是需要走一些程序以及进行一些筛选，因此迟迟没有行动。

2019年初，我来到广州中山大学博雅学院工作。来到中大后，我了解到中大正在建设博物馆，并且正在征集文物。于是我萌生了请肯尼斯将这批材料捐到中大博物馆的想法。肯尼斯对这个想法也十分赞同。通过博雅学院院长谢湜教授的帮忙联络，我与中大博物馆龙莉副馆长和熊寰副馆长取得了联系。在他们的帮助下,我和龙馆长于 2019 年底前往美国华盛顿肯尼斯的家中接收了这批文物。由此,这批材料便落户中大博物馆。

接收这批材料后不久,新冠疫情来袭,所有后续的计划几乎全部被打乱。感谢中大博物馆的熊寰老师和龙莉老师的大力支持,也感谢中山大学高校基本业务费青年重点项目的支持,让我们能够陆续地整理、扫描和研究这批资料。最终呈现在各位面前的这本书也是该项目的研究成果之一。在电子化这批资料的过程中,刘慧婷同学和博物馆的张子旭老师提供了许多帮助,还有何宗书、陆漪蔚、金霖林等同学都参与了这项工作。而在翻译这些材料的过程中,中大文管部的何韵博士以及叶佳睿、谭潊璟同学都有参与。

世界一切似乎都有联系,只是我们在当时并不清楚这些联系。读博期间,我曾修读过考古学系罗伯特·斯凯特(Robert Schuyler)教授的"田野考古"课程。在那门课上,年近 70 岁的斯凯特教授每周都开车带着我们这些学生前往新泽西的各地考察,进行田野考古。其中温岚地(Vineland)我们一共去过 3 次,参观了它的早期建筑、玻璃工厂、墓地和葡萄园等。至今我还保留着温岚地镇创始人和开发者查尔斯·兰蒂斯(Charles K. Landis)墓碑的照片。当时的我站在兰蒂斯墓碑前时,怎么也不会想到我此后的研究对象之一会是从这片土地中走出的人。而在阅读茹丝回忆录时,我发现她曾经到过广州的岭南大学,而我也正是在当时岭南大学的校园康乐园中完成了本书。也正是上述从 2014 年春天以来我遇到的这些人与这些事,本书的出现才成为可能。谨以此书向他们致意!

附录

伊萨贝尔的鄂尔多斯式青铜器收藏

原文发表于《紫禁城》。程方毅、江然婷：《中国北方的草原遗珍：宾大博物馆所藏鄂尔多斯式青铜器》，《紫禁城》2015年第1期。

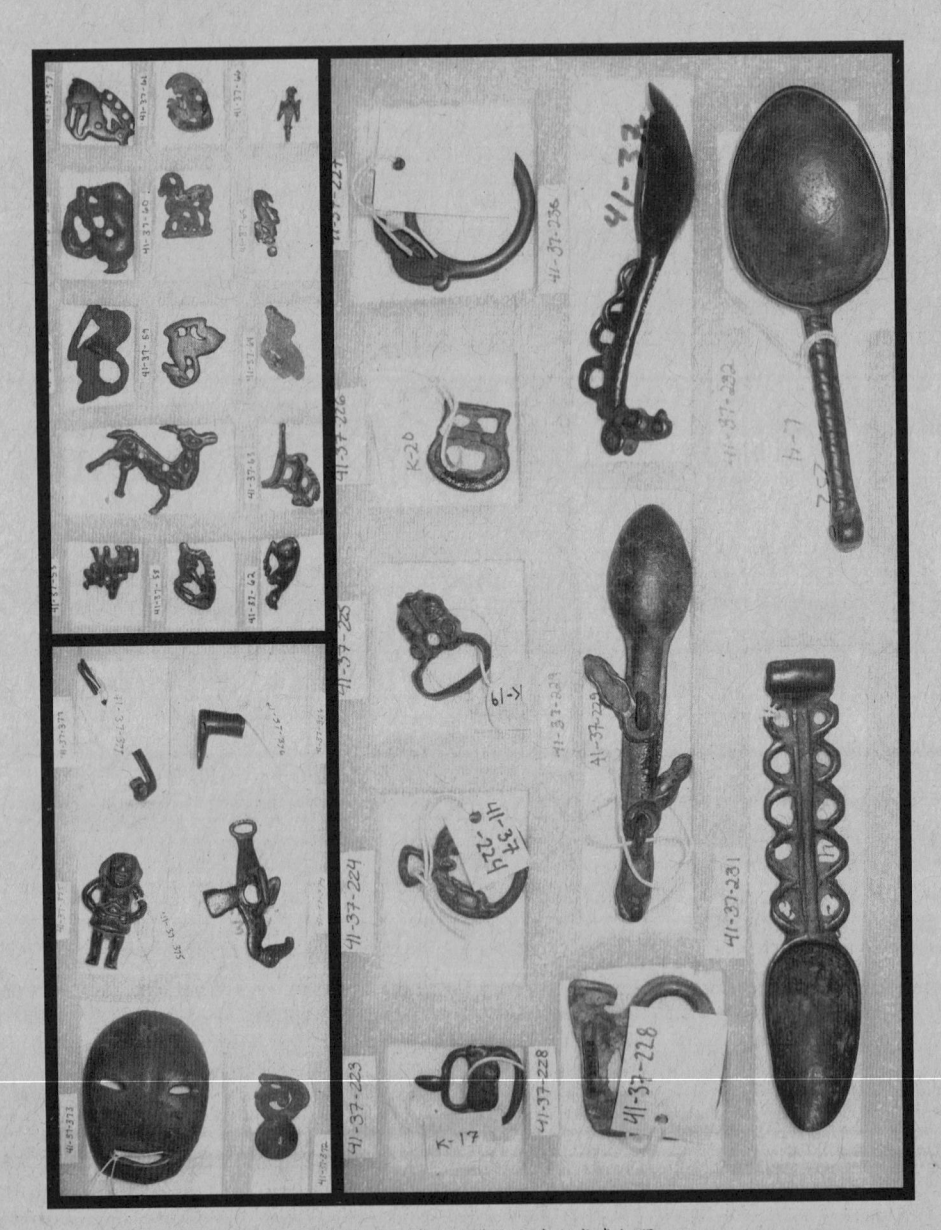

图40 宾大博物馆藏鄂尔多斯式青铜器

来自中国北方的草原遗珍
——宾大博物馆所藏鄂尔多斯式青铜器

  宾夕法尼亚大学考古与人类学博物馆所藏的鄂尔多斯式青铜器主要由伊萨贝尔·盈格兰（Isabel Ingram）[①] 与威廉·梅迩（William Mayer）夫妇于 1930 年在中国北方地区收藏的。收藏地域包括了山西、陕西、内蒙古、北京与河北。这批藏品最初共有 477 件，后有 13 件遗失。这批数量巨大的藏品几乎囊括了我们今天所了解的鄂尔多斯式青铜器的所有类型，其历史意义与研究价值极为丰富。

  对于生活在中国的外国人来说，20 世纪上半叶似乎可以被称作收藏中国文物的黄金时期。大量博物馆负责人和文物采集者都在不同的基金或政府资助下，大量涌入北京及其他城市与地区，借机在中国进行田野调查并大量搜集中国文物。但是我们今天要介绍的这批文物收藏者，至少在他们于 20 世纪初进入中国时，并未卷入这一股收藏热潮之中。

  伊萨贝尔·盈格兰（1902—1988），英文名为 Isabel Ingram，便是这批文物的收藏者之一。伊萨贝尔的父亲盈亨利（James Henry Ingram，1858—1934）是北美公理会的成员，早年就被派遣到北京，是组建北京协和医学院的主要成员之一。伊萨贝尔便是在北京出生并长大。她在成年后才前往美国韦尔斯利学院学习艺术史，并且在 1922 年获取本科学位后又回到了北京。回到中国后，她接替了她姐姐的一个特殊的家庭教师职务，学生是当时已经成为皇后的婉容。她父亲的交际圈以及在故宫清廷里的特殊地位，让她能够有机会与当时在北京的学者、探险家以及旅行者们建立起联系。从伊萨贝尔的后辈保存的一张照片可以看到，当 1924 年泰戈尔

[①] 即"盈爱德"。

遥望与亲历 | 一个西方家庭眼中的中国 (1887—1950)
Outsider and Insider: China from a western family's records (1887—1950)

在徐志摩、林徽因的陪同下游北京、拜会溥仪时，伊萨贝尔曾与他们在庄士敦（溥仪的家庭教师）的家中相见并合影。令他们没有预料到的是，也正是在这一年的年底，溥仪和婉容被冯玉祥的军队赶出了故宫。于是伊萨贝尔和庄士敦便都结束了他们的宫廷教师生涯。

伊萨贝尔不久之后又回到美国，担任当时费城艺术博物馆的东方部主任（curator）霍拉斯·翟荫（Horace H. F. Jayne）的助手。翟荫在中国并不以费城艺术博物馆、宾大艺术博物馆或大都会博物馆的东方部主任而闻名，而以随同后来臭名昭著的华尔纳前往敦煌盗取壁画而闻名。伊萨贝尔则借此工作机会扩展自己的艺术史方面的研究，先后在《宾州博物馆期刊》上发表了对中国绘画与佛教塑像的文章。当时的费城艺术博物馆还处在如日中天之时，博物馆也抱着与欧洲博物馆一争高下之心大举收藏。据费城艺术博物馆档案记载，1928年，伊萨贝尔便曾随同翟荫前往中国和日本购买大型的建筑结构以供展览。也许正是在这一趟从美国驶往中国的游轮上，伊萨贝尔结识了威廉·梅迩。这个在太平洋上结识的人后来便成为她的丈夫，此人也是宾大博物馆馆藏鄂尔多斯式青铜器的另一位收藏者。

伊萨贝尔与威廉·梅迩于1930年左右成婚。与伊萨贝尔不同的是，梅迩于1892年出生于美国纽约一个平民家庭。因为家中兄弟姐妹太多，梅迩并未获得接收高等教育的机会，便早早离家谋生。成年后梅迩选择了参加美国军队。1928年，他是首次以一位美国军官的身份被派驻中国。在1928年至1939年，梅迩一直在美国驻华或者驻菲律宾使馆担任军事观察员。1941年与1942年间，梅迩又被派往重庆成为驻华武官。虽然从梅迩的教育背景来看，似乎他应与收藏中国古物并无关联。但事实上，梅迩在这一批鄂尔多斯式青铜器的收藏者中是主导者，他对这类青铜器的收藏抱有很深的兴趣。伊萨贝尔与梅迩结婚后因为梅迩工作的原因，两人继续留在了中国。而在结婚后不久，伊萨贝尔与梅迩便踏上了搜集鄂尔多斯式青铜器的旅程。

附录 | 伊萨贝尔的鄂尔多斯式青铜器收藏

今天看来，在20世纪20与30年代的中国北方，已经兴起了一股收藏鄂尔多斯式青铜器的热潮。究其原因，应与当时在欧美正盛的斯基泰（Scythian）研究有关。在希罗多德的笔下，斯基泰人是居住在黑海与里海周边以及南俄草原的游牧人群。而这批人群在当时的波斯帝国的记载中，被称为塞人（Saka）。今天的学界多将其定位为公元前7世纪至4世纪生活在中亚欧亚草原上的伊朗语族人群。1763年，斯基泰特有的动物纹饰的精美金银器在南俄草原首次被发现，随后激起了贵族们收藏的热情。随着动物纹饰金器的大量发现，斯基泰研究在19世纪也成为当时的学术研究热点。到19与20世纪时，大量类似的动物纹饰的青铜器在南俄草原之外的广大欧亚草原地区被发现，这些在中亚、蒙古与中国北方地区青铜器在当时也被称为斯基泰式，或者中-斯基泰式（Sino-Scythian）青铜器。Ellis H. Minns（1874—1953）是一位从事斯基泰研究的英国著名考古学家，在他的关于斯基泰研究的著作中，讨论的地域范围便从东欧草原一直扩展蒙古高原。也许正是当时的斯基泰研究的热潮，激起了伊萨贝尔与梅迩的收藏热情。在Ellis H. Minns赠予梅迩的一张欧亚草原带的地图中，上面写道："来自地图中最西之外的Ellis H. Minns，赠予来自地图中最东之外的威廉·梅迩。这象征着对于斯基泰研究的兴趣的地域延展。"除了Ellis Minns，在伊萨贝尔写给当时已经是宾大学博物馆东方部主任的翟荫的信中，她还提到了数位当时的斯基泰研究的著名学者。

除了当时的斯基泰研究热潮，也许还有其他原因让伊萨贝尔与梅迩对于鄂尔多斯式青铜器的收藏产生了兴趣。弗朗斯·拉森（Frans August Larson）是伊萨贝尔家族的世交，他一直居住的内蒙古地区，与内蒙古地区的活佛交从甚密，影响颇大，并且自称"公爵"。也许与"拉森公爵"的交往也让伊萨贝尔对内蒙古地区的文明与历史产生了兴趣。值得一提的是，从当时的学者的研究来看，许多外国的考古学家都对中国文明的"外来因素"或者"外来说"充满兴趣。中国北方的斯基泰式青铜器也许便可以作为这些观点的重要证据之一。这些观点产生的原因固然与当时所谓的"欧洲中心论"或者"西亚起源说"密不可分,但作为当时在中国的既非政客亦非学者的普通外国人,也许收集这些所谓"斯基泰式青铜器",能够为他们作为外国人而在中国生活正名吧!

大约在1930年初,伊萨贝尔与梅迩正式开始了他们的"斯基泰式青铜器"的收藏之旅。根据今天宾大博物馆档案馆所藏的伊萨贝尔整理的收藏记录,他们的藏品大体收集于内蒙古地区、张家口地区、陕西地区、山西地区与北京。在1931年3月6日,伊萨贝尔寄与翟荫的信件中,她兴奋地写道:"我们对这批藏品感到非常自豪,它们代表了我们一年的努力,以及从西安到绥远及内蒙古的旅行。我们在内蒙古东北部、绥远与陕西北部找到了最为丰富的资源。如果北京还有哪一家古董店我们没去搜罗过的话,那只能是因为这家店并非肉眼可见。"从梅迩夫妇留下的档案来看,他们的旅行路线大体是沿着长城而行,由陕西北部一直旅行到张家口、内蒙古与北京。而这些地区正是古代中国文明中农耕和游牧交界与交错的地区,也恰恰是今天我们为所熟知的鄂尔多斯式青铜器或中国北方青铜器的出土区域。他们的主要收集手段是到当地的古董店或者从当地人手中购买。

这批藏品在1931年初收集完毕、运往北京之后,这个消息便在当时北京的外国学者与收藏者圈子里传开了。1931年5月4日,当时弗利尔艺术博物馆(Freer Gallery of Art)在北京的代表毕安祺(Carl Whiting Bishop)写信向梅迩表示感谢,因为后者曾向他展示了这一批藏品。瑞典学者卡尔贝克(Orvar Karlbeck)当时也在北京为斯德哥尔摩博物馆以及一些私人藏家收集中国艺术品。在看到这批藏品之后,他赞扬了这批藏品的质量,并协助伊萨贝尔与梅迩对这批藏品进行分类、命名、描述与记录。此外,他还向自己在瑞典的学者朋友描述了这一批藏品,以至于当时有学者在论文中已经引用藏品中的物品作为论据。

也许因为当时伊萨贝尔与翟荫有着良好的私人关系,或者是因为当时宾州大学博物馆的雄厚财力,伊萨贝尔与梅迩很早决定将这批藏品中一大

附录 | 伊萨贝尔的鄂尔多斯式青铜器收藏

部分售予宾州大学博物馆。在1931年1月16日，伊萨贝尔便向翟荫致函提出此事。宾州大学博物馆积极回应，马上向伊萨贝尔支付了1000美元的预付款，让他们将藏品运往美国费城。然而在4月份，当这批藏品终于到达费城时，却并没有引起翟荫更大的兴趣。他在给伊萨贝尔的信中提到，他为藏品中"缺乏善品和大件"而感到失望。20世纪30年代的美国博物馆，无论是收藏者还是参观者，在审美与收集热情上还是主要集中在较大型的青铜礼器上。因此宾大博物馆最初并不希望接收这一整批藏品，翟荫在信中建议道："博物院将选出藏品中的一部分抵付之前的1000美元预付金，而后将剩下的部分以总价不低于5000美元的价格分散卖到其他地方。"但是，梅迩在回复的电文中并没接受这个建议，他提议将这批藏品先留在宾大博物馆，以保持这个收藏的完整性。这批藏品一直保持暂存的状态到1941年。在前一年的12月31日，翟荫辞去了宾大博物馆的职务，前往纽约大都会博物馆就职。1941年5月12日，宾大博物馆向伊萨贝尔提出以2000美元的总价购下这一整批藏品。在获得伊萨贝尔的同意后，这一次交易就此完成。从那时候起，伊萨贝尔与梅迩的这批藏品便被静静地放置在宾大博物馆的仓库中，鲜有问津者。

前文提到，梅迩夫妇卖给宾大博物馆的这批藏品，是他们在1930年收藏之旅中所获藏品的一大部分。除此之外，他们自己还保留了一小部分藏品。今天这一小部分藏品却比宾大博物馆中的藏品更加为人所熟知。梅迩夫妇将保留的这一部分藏品在20世纪50年代出售给了著名的古董商人卢芹斋。1960年，赛克勒（Arthur M. Sackler）又从卢芹斋的公司购下了这批藏品。1997年，在学者艾玛邦克（Emma Bunker）的主持下，《赛克勒所藏东部欧亚草原的古代青铜器》一书出版，梅迩夫妇搜集这一部分青铜器便在此书中被详细的公布。从所公布的材料来看，梅迩夫妇从自己最初的搜集的每一类型的藏品中，都选择保留了一件或数件保存状况较好或者比较有特色的藏品。而除了青铜弓形器这种器型，其他所有类型的藏品都能够在宾大博物馆藏品中找到相对应的且数量更多的藏品，如匕首、青铜刀、饰件等。在《赛克勒所藏东部欧亚草原的古代青铜器》中，学者卡瓦米（Trudy Kawami）在介绍梅迩夫妇的这部分藏品时提到："尽管我们可以假设梅迩保持了他的鄂尔多斯式青铜器收藏的完整，他的家族成员也许也还保留着几件，然而对于梅迩所收藏青铜器的其他部分的去向，我们依旧一无所知。"7年前的疑问今天得到了解答，现在我们可以明确地说伊萨贝尔和梅迩所收藏的大部分鄂尔多斯式青铜器都完整地保存在了宾州大学博物馆。

在介绍完宾大博物馆所藏鄂尔多斯式青铜器的收藏者与收藏史以后，让我们将目光转向这批藏品的内容本身。首先我们可以借助当时的收藏与整理者的眼光来了解一下这一批青铜器。前文已经提到，虽然我们今天将这批藏品统一称为"鄂尔多斯式青铜器"，梅迩夫妇在最初收藏与整理之时，主要参考的是当时的斯基泰研究，因此并未如此命名。在他们为宾大图书馆提供的藏品介绍与目录中，我们可以看到他们出售给宾大博物馆的这一批藏品最初共有477件，被分成了两大类：斯基泰式青铜器与中—斯基泰式（Sino-Scythian）青铜器。其中的斯基泰式青铜器又被分为了17个小类，他们分类命名的标准并不统一，其中既有以纹饰主题命名，如马、虎、鹿与猪，又有以类型或功能命名，如匕首、刀、勺、武器等。这些器物都被梅迩夫妇称之为"真正的斯基泰式青铜器"。而中—斯基泰式青铜器则被分为5类，包括带钩、饰品、马具等。之所以称之为中—斯基泰式青铜器，伊萨贝尔解释说因为这些藏品"与那些纯粹的斯基泰式青铜器是来自同一地点或者同一批次的发掘，这意味着直接的文化交流以及展示了强烈的斯基泰文化的影响，尤其是在动物纹饰方面"。从梅迩夫妇对这批藏品的分类与描述，可以看出当时人们对于这一类材料的认知与审美。

而随着西方此类藏品的逐渐丰富，以及中国在这一方面的考古材料的进一步增加，学界对于这类材料的认知逐渐发生了改变。在这里虽无须对研究史赘言，但值得一提的是，文中所用的名称"鄂尔多斯青铜器"最早为瑞典学者安特生（J. G. Andersson）于1932年提出，后来中国学者田广金与郭素新进一步扩大这类青铜器的外延,他们用"鄂尔多斯式青铜器"泛指与鄂尔多斯地区青铜器类似的、中国北方地区出土的所有青铜器。今天的学者还会使用"北方式青铜器"或者"中国北方青铜器"来称呼它们。随着今天对于这一青铜器群体的研究逐渐丰富,我们对于他们的分期与类型分析也已十分成熟。对照今天的类型分析来看,宾大博物馆所藏的这批藏品覆盖了鄂尔多斯式青铜器中的绝大部分类型。虽然藏品中并不包括如铜鍑这样的大型青铜器,但是在小型青铜器方面,宾大博物馆藏品往往覆盖了同一类青铜器中的各个时期的不同类型,如各种青铜刀、青铜匕首和带钩等。本文在这里将选取几件比较有代表性的藏品稍作介绍。

藏品41-37-22与41-37-23是西伯利亚野驴纹饰牌,也有人认为表现的是大耳鹿。饰牌中表现了动物竖耳微蹲、回首而望的前半部分,两两纵向并置,其中有一个中间有竖栏分开。两个藏品的背后都没有扣环,这说明这两个饰件也许是通过饰牌中的孔来固定住的。类似的饰牌曾在河北怀来县的甘子堡墓地出土过许多,但由于这些物品并非由严格的考古发掘出土,所以其具体的使用细节并不十分明确。但是通过这个墓地,我们可以得知这两个藏品大约是属于春秋时期物品。

藏品41-37-8与41-37-9为同一类型的牛纹饰牌。由于磨损,41-37-9号藏品保存状况并不如另一个那么好。拧绳纹边框内站立着一头两耳竖直、体型敦厚的牛。牛头正面与弯曲的牛角都朝向观看者,似乎带着一种攻击的野性。每个饰牌的背面都有两个垂直的圆环,用来将其固定在衣饰上。这两个饰牌可能使用失蜡法铸造,并在表面镀上了水银。这种饰牌往往成对出现,但是宾大博物馆的这两件藏品却并非一对,都是一对中的左面一只。类似的物品曾经在中国北方出土过,铸造时间大约可以定为西汉时期。

藏品41-37-229与41-37-230为相似设计的青铜匕。青铜匕的把手部分装饰着数个小圆环,末端则是马的头像。藏品41-37-230的把手正面有两个相邻的圆环，其中一个环上坠着一个椭圆形吊饰。藏品41-37-229的把手与勺子都要更直些，在把手正面上有一个环，背面有两个环，且都坠着一个"8"字形吊饰。同类型的青铜匕在山西吕梁和临汾地区出土过，其中一个在死者的腰部位置被发现，铸造年代大约为公元前13世纪到公元前11世纪。同时在山西的这一地区，还曾出土过相同年代的类似圆环和吊坠装饰的青铜器，如铎形器。

腰带饰牌，即固定在腰带上的饰牌，在无论是考古发掘，还是私人收藏的鄂尔多斯式青铜器中都极为常见。在宾大博物馆的这批藏品里，有一种被称为双鸟纹饰牌的腰带饰牌。今天的研究者发现，这种双鸟纹饰牌的双鸟纹有一个从最初的非常具体且生动的双鸟纹饰逐渐转变为抽象的圆形或者涡卷形的过程。这个转变的过程在各个阶段的饰牌上都得到了体现。有意思的是，宾大博物馆的这批藏品中的双鸟纹饰牌几乎覆盖了这种转变的各个阶段。藏品41-37-171、41-37-172、41-37-173和41-37-174是第一型。在"8"字形的饰牌上，两个动物的头部相互背对弯曲。其中的动物很难确定为"龙"抑或为"鸟"。藏品41-37-175与41-37-176是双鸟纹饰牌的第二型。与第一型相比，这一型的饰牌纹饰更加接近"鸟"，尤其是鸟喙与眼睛十分清晰。藏品41-37-185、41-37-186、41-37-187与41-37-184则被称为第五型。在第五型中，大体构图与之前的几个类型保持着一致，只是鸟喙和眼睛都已经被圆形和涡卷状所取代，并且逐渐固定下来。一些学者也将其称为"云纹"。藏品41-37-177、41-37-188和41-37-189则构成了双鸟纹饰牌的第六型。此时，原有的构图已经无迹可寻，已被一个单独的涡卷纹所取代。这些各个型号的双鸟纹饰牌通常被断代于春秋时期及战国早期。有学者认为这种双鸟纹饰应该起源于东周早期的玉器纹饰。类似的双鸟纹饰牌通常在死者的腰部位置被发现，比如位于内蒙古的毛庆沟墓地。

尽管本文一直以"鄂尔多斯式青铜器"称呼这批藏品，但值得强调的是，这批藏品并非皆为"鄂尔多斯式青铜器"，而是一批混杂的收藏。我们通常所说的鄂尔多斯式青铜器，年代限制一般为公元前12世纪到大约公元3世纪。而伊萨贝尔与梅廸收集的这批藏品中，有一部分来自更晚些的年代，包括公元4世纪、辽代甚至金代。在当时的收藏条件与研究水平下，这种混杂是难以避免的，但是也正是因为这些年代较晚的藏品的存在，使梅廸夫妇的这批藏品更具有多样性与研究价值。本文在这里略举几例。

藏品41-37-36、41-37-37、41-37-38、41-37-39、41-37-40与41-37-41皆为铜马形牌饰。除了其中两个有所残损外，其他的几个都是大马背上附上一小马的造型。无论是大马还是小马，在前额上都有一个突出的菌状物。这种菌状物被学者认为是马前额的鬃髻式样。这种马形牌饰在早期的收藏与后期的考古中都有较多的发现，一般都被定性为匈奴遗存。但后来的考古证实，这种类型的牌饰更可能是鲜卑文化的代表性器物。除了铜马形牌饰，在山西、河北等地还出土过金马形牌饰，时代均为东汉晚期到魏晋时期。

藏品41-37-310、41-37-311与41-37-312在宾大博物馆的介绍中均被称为"游戏道具"。这种铜器实际上是模仿羊距骨的形状铸造而成，且在一侧铸有"飞马"形象。羊距骨又被称为羊拐骨，蒙语中称其为"shagai"，满语中称其为"galaha"。这种羊距骨实物最早在位于乌克兰境内的特里波列（Tripolye）文化遗址中被发现，时间大约是公元前两千年。这种作为游戏道具的羊拐骨在希腊罗马世界里被记载称呼为"astragaloi"。因此有学者认为对于游戏道具羊拐骨的使用是逐渐由西到东，由草原族群传播的。值得注意的是，考古学者在商代晚期的殷墟遗址中也发现了许多了牛距骨。与羊距骨相比，牛距骨的体积要大很多，因此有些牛距骨上还刻有铭文，并且铭文宣称这个刻有字的牛距骨是为王所用。有学者便认为这些牛距骨在当时的功能可能与那些羊距骨并无差异。目前中国境内发现的最早的铜羊距骨应该是北魏时期。此外，由铜、玉，甚至水晶制作而成的羊拐骨还在辽金元墓中大量被发现，其中有许多在一侧都加工有"飞马"

纹饰。最后值得一提的是，如同宾大博物馆藏品，这些晚期的羊拐骨的中间往往都钻有一孔。这说明这些由其他材料做成的羊拐骨应该还有佩挂的功能。由此看来，这几件藏品可能是来自辽金元时期的北方地区。

藏品41-37-295则是近年已被讨论得比较充分了的所谓"骑马造像"。该藏品残损较为严重，马的四蹄与尾巴皆已残缺，但仍然可以看出该藏品所表现的"猴骑马"的造型。这种猴与马相结合的图案早在汉代的画像砖中便能找到，有学者认为这可能起源于汉代的"猿骑"表演形式，也有人认为这可能与当时"猴子能够防止马的疾病"的观念相关。到后来，这一"猴与马"结合的主题也被人以"马上封侯"的吉祥语来解读。可惜的是，这一类藏品多为在西北地区与内蒙古收集，至今尚无考古发现，但学者仍多推测其年代可能晚至辽代，甚至明代。该批藏品中还有一件类似主题的藏品，41-37-296。但这件藏品似乎更有可能表现的是"人骑马"像。并且尽管两者皆为饰品，穿戴方式却不尽相同。前面所说的"猴骑马"像为立体造像的吊饰，在中间偏上的位置有一穿孔。而藏品41-37-296则只是单面成像，背面凹入且有3个穿孔，可能是用来固定在衣饰上的小饰品。

尽管在收藏之初，梅迩夫妇以"斯基泰式青铜器"与"中—斯基泰式青铜器"来称呼与归类这批藏品并不恰当。但是随着考古的不断发现与学术研究的深入，我们发现这些鄂尔多斯式青铜器或者说中国北方式青铜器，的确与欧亚草原带其他地区的族群和文化有着千丝万缕的联系。许多如刀、短剑、斧等器型都有着很丰富的欧亚草原带文化因素。宾夕法尼亚大学考古与人类学博物馆并非以欧亚草原地区的文物收藏而著称，但是除了这一大批鄂尔多斯式青铜器之外，该博物馆还收藏了大量出土于南俄地区的迈科普（Maikop）文化的文物，其中包括了大量的金鹿、金格里芬等。因为这两批藏品目前都存于库房而未展出，所以都并不为人所熟知，尤其是梅迩夫妇的这批藏品。但是坐拥此一东一西的欧亚草原文化的藏品，宾大博物馆也可称为欧亚草原带文物收藏的重镇了。